Le monde est bien plus passionnant quand on ne voit pas seulement de lui ce qu'il daigne nous montrer, mais aussi ce qu'il nous cache. Prenons par exemple l'un de ces arbres qui bordent nos routes. Un arbre n'est pas une cuillère. Pourtant, c'est *grosso modo* la forme que perçoivent nos yeux : une barre toute droite (le tronc), surmontée d'une forme ovale (les branches). L'œil, face à cette forme, nous dit : "cuillère". Sauf qu'il y a au moins autant de racines sous terre que de branches s'étirant vers le ciel. Devant cette symétrie, le cerveau devrait donc plutôt clamer quelque chose comme "haltères" ou "bâton de majorette". Mais non. Le cerveau tire la plupart de ses informations de ce que voient les yeux : il ne se fie que rarement aux illustrations d'une encyclopédie montrant à quoi ressemble un arbre dans son ensemble. Résultat : devant le paysage qui défile, le cerveau commente la forme des arbres en répétant "cuillère, cuillère, cuillère, cuillère".

Et tandis que nous parcourons ainsi le monde en deux coups de cuillères à pot, nous passons à côté de quantité de choses formidables. Au plus profond de nous, en effet, sous le rempart protecteur de notre épiderme, on ne chôme pas : on écoule, on pompe, on aspire, on écrase, on désagrège, on répare et on réorganise. Toute une équipe d'organes sophistiqués s'active joyeusement, tant et si bien qu'en une heure, un adulte consomme à peu près autant d'énergie qu'une ampoule de 100 watts. Chaque seconde, nos reins filtrent et nettoient soigneusement notre sang – un peu comme un filtre à café, mais à un tout autre niveau de précision. Sans compter qu'en général, nos reins ne finissent pas à la poubelle aussitôt après usage… Et le poumon ? Le poumon, vous dis-je, est si malin qu'il n'utilise de l'énergie qu'au moment de l'inspiration. L'expiration, elle, se fait en mode automatique. Si nous étions transparents, notre poumon nous apparaîtrait dans toute sa beauté et nous pourrions alors voir dans sa masse cotonneuse cette machinerie bien huilée, comme mue par un remontoir. Enfin, qui n'a jamais songé, le cœur gros : "Personne ne m'aime", alors que ce cœur, justement, entamait sa dix-sept-millième journée de travail de vingt-quatre heures – et aurait bien raison, en entendant ça, de se sentir un peu négligé ?

Si nous pouvions discerner plus que le visible, nous serions aussi témoins de ce qui se passe dans le ventre des mères et verrions comment un amas cellulaire se transforme en être humain. Nous saurions alors qu'en gros, notre développement se fait à partir de trois tuyaux. Le premier tuyau nous traverse tout entier et fait un nœud à peu près en son milieu. Il s'agit de notre système sanguin, à partir duquel se forme le cœur, nœud principal de la circulation. Le deuxième tuyau se constitue presque en même temps que le premier et forme une bulle qui remonte jusqu'à l'extrémité supérieure de notre corps pour s'y installer. Voilà, ancré dans la moelle épinière, notre système nerveux. Il donne naissance au cerveau et à un réseau de nerfs qui rayonnent dans tout le corps. Le troisième tuyau nous traverse de haut en bas. C'est notre tube digestif.

Le tube digestif est l'architecte intérieur de nos entrailles. Il dessine à droite et à gauche des bourgeons qui gonflent de plus en plus jusqu'à devenir nos poumons. Un peu plus bas, il se retourne comme une poche de pantalon pour former notre foie. Il donne aussi naissance à notre vésicule biliaire et au pancréas. Mais surtout, le tuyau en lui-même devient de plus en plus malin. Il participe aux chantiers de construction dans la cavité buccale, élabore un œsophage pro du remue-ménage et forme un petit "panier-repas" où nous pouvons stocker des provisions pendant plusieurs heures. Enfin, cerise sur le gâteau, le tube digestif crée son chef-d'œuvre : l'intestin.

Les deux "chefs-d'œuvre" des deux autres tuyaux – le cœur et le cerveau – ont toute notre considération. Nous jugeons le cœur indispensable à la vie parce qu'il permet au sang de circuler dans tout notre corps, et nous admirons le cerveau parce qu'il est capable de former des pensées étonnantes à chaque seconde. Pour ce qui est de l'intestin, en revanche, la plupart d'entre nous pensent qu'il n'est bon qu'à se vider. Le reste du temps, il feignante sans doute, pendouille inutilement dans le ventre et lâche peut-être un pet de temps à autre. Compétences particulières ? Aucune, à ce qu'on croit savoir. Il faut le dire : nous le sous-estimons et, pour être franc, il nous fait même honte. L'intestin, ça craint.

Avec ce livre, les choses vont changer. Nous voulons faire ce que les livres font de mieux : concurrencer le visible. Les arbres ne sont pas des cuillères ! Et l'intestin, c'est le fin du fin !

L'ART DU BIEN CHIER
EN QUELQUES LEÇONS – ET POURQUOI
LE SUJET A SON IMPORTANCE

Un jour, mon colocataire est entré dans la cuisine en demandant : "Dis-moi, Giulia, toi qui fais médecine – comment est-ce qu'on fait pour bien chier?" J'irai pas citer ses propos en introduction de mes Mémoires, mais cette phrase a quand même eu sur moi l'effet d'une bombe. Je suis allée dans ma chambre, je me suis assise par terre et j'ai commencé des recherches dans trois ouvrages différents. En trouvant la réponse, je suis tombée des nues. Car cette activité si banale, si routinière, était en réalité bien plus raffinée et impressionnante que je ne l'avais jamais imaginé.

Notre défécation est un véritable tour de force : deux systèmes nerveux agissant de concert veillent à ce que nos déchets soient éliminés de la manière la plus discrète et la plus hygiénique qui soit. L'homme est quasiment le seul animal à faire ses besoins aussi convenablement. Pour décrocher cette place à part, notre corps a développé une cohorte de dispositifs et d'astuces, à commencer par les sphincters, ces ingénieux mécanismes de fermeture. Presque tout le monde connaît le sphincter externe de l'anus, que l'on peut contracter de manière volontaire et ouvrir ou fermer à l'envi. À quelques centimètres de là, il existe un autre muscle similaire – sur lequel nous ne pouvons cependant pas agir consciemment.

Chacun des deux sphincters est le porte-parole d'un système nerveux. Le sphincter externe répond aux ordres de notre conscience. Quand notre cerveau estime que le moment est mal choisi pour notre tube digestif de déposer le bilan, le sphincter externe obéit à notre conscience et fait barrière du mieux qu'il peut. Le sphincter interne, lui, est le porte-parole de ce qui se passe en nous et dont nous n'avons pas conscience. Que notre tante Hélène voie les pets d'un mauvais œil ne l'intéresse pas pour deux sous. La seule chose qui compte pour lui, c'est que tout soit pour le mieux dans le meilleur des mondes intérieurs. Un pet qui coince ? Le sphincter interne est là pour nous débarrasser de tout ce qui nous retourne les tripes. Si cela ne tenait qu'à lui, la tante Hélène aurait plus souvent affaire à nos flatulences. Pourvu que nos entrailles se portent bien et que rien ne nous chatouille ni ne nous grattouille entre les boyaux.

Les deux muscles que sont le sphincter externe et le sphincter interne doivent travailler main dans la main. Quand les résidus de notre digestion arrivent au sphincter interne, le muscle s'ouvre automatiquement, mais sans laisser aussitôt passer toute la marchandise vers son collègue du dehors. Pour commencer, il n'ouvre la porte qu'à un petit échantillon test. Dans la zone qui sépare le sphincter interne du sphincter externe, un grand nombre de cellules sensorielles s'activent. Elles analysent le produit livré, vérifient sa consistance – solide ou gazéiforme – et envoient les informations recueillies à l'étage supérieur : le cerveau. Le cerveau se dit alors : "Oh, il faut que j'aille au petit coin", ou peut-être seulement : "Tiens, je lâcherais bien une perle." Et fort de son "conscient consciencieux", il fait ce qu'il sait si bien faire : il s'adapte à notre environnement. Pour cela, il collecte des informations à partir des yeux et des oreilles et fait appel à ce qu'il sait de la vie. Une première estimation réalisée *illico presto* est ainsi renvoyée au sphincter externe : "Bon alors, j'ai inspecté le terrain, on est dans le salon de la tante Hélène – un petit pet passe encore, si tu le laisses sortir discrètement. Pour ce qui est du solide, il va falloir attendre."

Le sphincter externe saisit la situation et, dans son immense bonté, se ferme encore un peu plus. Un signal qu'enregistre aussi le sphincter interne. Dans un premier temps, il se plie à la décision de son collègue. Les deux muscles unissent leurs forces et mettent l'échantillon test en attente. Il faudra bien qu'il sorte un jour ou l'autre, mais surtout pas ici, et si ce n'est pas tout de suite, ce n'est pas plus mal non plus. Dans quelque temps, le sphincter interne fera une nouvelle tentative avec un échantillon test. Et le moment venu, si l'on est alors tranquillement assis à la maison à se tourner les pouces, alors... Ouvrez les vannes !

Notre sphincter interne est un petit gars tout en muscles. Sa devise : "Quand il faut que ça sorte, il faut que ça sorte." Et il n'y a pas là matière à tergiverser pendant des heures. Le sphincter externe, lui, doit toujours faire face à la complexité du monde extérieur : en théorie, on pourrait utiliser les toilettes de la tante Hélène – à moins que... Est-ce qu'on ne se connaît pas assez bien maintenant pour pouvoir faire un petit prout sans que l'autre en soit offusqué – et dois-je vraiment être le premier à briser la glace ? Si je ne vais pas aux toilettes maintenant, la prochaine occasion ne sera qu'en fin de journée, et ça pourrait bien devenir désagréable...

Les élucubrations des sphincters n'ont aucune chance de leur valoir un prix Nobel, je l'avoue, mais elles n'en sont pas moins fondamentales pour l'être humain : quelle importance accordons-nous à notre univers intérieur et quels compromis sommes-nous prêts à faire pour vivre en harmonie avec notre environnement ? Certains retiendront à tout prix le petit pet disgracieux jusqu'à rentrer chez eux avec des maux de ventre, tandis que d'autres, pendant l'anniversaire de mémé Jeanne, demanderont qu'on leur tire le petit doigt et feront du pet ainsi déclenché un spectacle pour amuser la galerie. À long terme, la solution idéale est sans doute quelque part entre ces deux extrêmes.

En nous interdisant régulièrement d'aller aux toilettes alors que le besoin s'en fait sentir, nous effarouchons notre sphincter interne. Nous risquons même de lui donner de mauvaises habitudes. Son collègue externe l'a si souvent rappelé à l'ordre que le sphincter interne est complètement démotivé, et avec lui les muscles qui l'entourent. Et quand ça coince au niveau communication entre les deux sphincters, ça risque aussi de coincer au niveau digestif.

D'autres situations peuvent également entraîner une mauvaise communication entre les deux portes de sortie. Un accouchement, par exemple, peut endommager les petites fibres nerveuses qui assurent habituellement la communication entre les deux sphincters. Mais pas de panique : les nerfs, comme les os, ont la capacité de se ressouder. Quelle que soit l'origine des dégâts, la thérapie dite de rétrocontrôle biologique *(biofeedback)* est une option. Les sphincters qui traversent une crise réapprendront alors à se comprendre et à resserrer leurs liens. Pour ce traitement proposé dans certains cabinets de gastroentérologie, on utilise un appareil qui mesure la productivité avec laquelle le sphincter interne et le sphincter externe collaborent. Si le travail d'équipe fonctionne, un signal sonore retentit et une lumière verte est là pour nous récompenser. Encore un peu et on se croirait sur le plateau d'un jeu télévisé, avec des lumières qui clignotent et des *jingles* approbateurs à chaque bonne réponse – sauf qu'on est dans la salle d'examen d'un médecin, avec une électrode coincée entre les fesses. Mais le jeu en vaut la chandelle : quand l'intérieur et l'extérieur sont redevenus les meilleurs amis du monde, s'installer sur le trône est un passe-temps bien plus agréable.

Sphincters, cellules sensorielles, conscience et électrode fessière sur fond de spectacle son et lumière – mon colocataire ne s'attendait pas à tous ces détails sophistiqués. Pas plus que le troupeau de sages étudiantes en économie qui avait entre-temps débarqué dans notre cuisine pour son anniversaire. Mais non, je n'ai pas cassé l'ambiance. Au contraire. Je me suis rendu compte que l'intestin avait des fans secrets. Et j'ai fait provision de nouvelles questions. Est-ce vrai que nous sommes mal assis sur le trône ? Comment se fait-il que nous puissions produire de l'énergie à partir d'un steak, d'une pomme ou de patates sautées alors qu'une voiture roule toujours avec le même type de carburant ? À quoi sert l'appendice et pourquoi nos excréments sont-ils toujours de la même couleur ?

Aujourd'hui, mes colocataires sont habitués à me voir arriver en trombe dans la cuisine et il leur suffit de voir ma tête pour savoir que l'heure est venue d'écouter les dernières nouvelles de l'intestin – comme l'histoire des toilettes à la turque et des bols alimentaires fluorescents.

BIEN EN SELLE ?

Il faut parfois savoir remettre en question ses habitudes. Le chemin que je prends pour aller jusqu'à l'arrêt de bus est-il vraiment le plus court et le plus agréable ? L'habitude que j'ai de plaquer sur le sommet de mon crâne chauve les quelques cheveux qui me restent est-elle vraiment appropriée ? Ou encore : suis-je bien assis pour faire caca ?

Il ne sera pas possible d'apporter des réponses sans équivoque à toutes les questions – mais quelques expériences peuvent déjà suffire à faire souffler le vent du changement. C'est aussi ce qu'a dû se dire Dov Sikirov. Dans le cadre d'une étude, ce médecin israélien a demandé à vingt-huit participants d'aller quotidiennement à la selle dans trois positions différentes : assis sur une cuvette classique, mi-assis mi-accroupi sur une cuvette anormalement petite ou accroupi comme en plein air. L'action était chronométrée et, à l'issue des festivités, les participants devaient répondre à un questionnaire. Résultat : en position accroupie, faire ses besoins prenait en moyenne cinquante secondes et les participants estimaient ensuite avoir pleinement accompli leur mission, tandis qu'en position assise, la même procédure durait en moyenne cent trente secondes et n'était pas considérée comme aussi efficace. (Sans oublier que, quoi qu'on y fasse, une petite cuvette, c'est forcément plus mignon.)

Pourquoi cette disparité de résultats ? Parce que la sortie de secours de notre système digestif n'est pas conçue pour s'ouvrir tant que nous sommes assis ou debout. Dans ces deux positions, un muscle enserre notre intestin comme un lasso et le tire de manière à ce que se crée un coude. Par rapport aux deux assurances que sont les autres muscles chargés de surveiller la sortie, ce mécanisme est un peu comme une mutuelle. Pour comprendre comment fonctionne ce coude, rappelez-vous le jeu du tuyau d'arrosage. On demande à sa grande sœur ou à son grand frère pourquoi l'eau ne coule plus et, quand ils inspectent l'embout du tuyau, on relâche le coude. Après ça, il n'y a plus qu'à attendre quatre-vingt-dix secondes avant d'être "puni-au-lit-sans-manger".

Mais revenons-en à notre coude de fermeture du rectum : les excréments arrivent donc tout d'abord à un virage, qu'on appelle l'angle ano-rectal. Comme une voiture qui s'engage sur une bretelle de sortie d'autoroute, ils sont alors forcés de ralentir. Du coup, en position assise ou debout, les sphincters ont moins d'efforts à fournir pour contenir la circulation quand le feu est rouge. Dès que le muscle en question se relâche, le coude disparaît. La route est droite, le feu est vert : on peut mettre les gaz…

De tout temps, la position accroupie a été la position naturelle pour faire ses besoins : l'art de trôner sur une cuvette ne remonte qu'au XVIIIe siècle, date à laquelle les petits coins ont trouvé leur place entre quatre murs. Mais les explications à la "de tout temps on a…" posent souvent problème aux médecins, qui préfèrent démontrer par a + b. Après tout, qui dit que la position accroupie détend vraiment ce muscle et que la route des excréments cesse alors de se prendre pour une petite route de montagne ? Pour le savoir, des chercheurs japonais ont fait avaler des substances fluorescentes à leurs sujets tests, puis radiographié leur défécation en différentes positions. Conclusion no 1 : c'est vrai – en position accroupie, le canal intestinal est droit comme une autoroute et tout ce qui y circule va droit au but. Conclusion no 2 : il y a des gens sympas qui avalent des substances fluorescentes et se font radiographier pendant qu'ils font caca, tout ça pour servir la science. Deux résultats qui, à mon avis, ne devraient laisser personne indifférent.

Les hémorroïdes et la diverticulite (une maladie inflammatoire de l'intestin) n'existent presque que dans les pays où l'on trône pour faire ses besoins. Chez les sujets jeunes, notamment, ce type de troubles n'est pas forcément dû à des tissus distendus, mais plutôt à une pression trop forte

sur l'intestin. En situation de stress, par exemple, certaines personnes rentrent constamment le ventre, souvent sans même le remarquer. Les hémorroïdes préfèrent alors se soustraire à la pression intérieure en allant faire un petit tour hors de l'anus. Dans le cas des diverticules, ce sont les tissus qui tapissent l'intérieur de l'intestin qui subissent une pression vers l'extérieur. De minuscules petites poches en forme de poire apparaissent alors sur la paroi intestinale – ce qui peut conduire à une inflammation.

Notre préférence pour le confort de la cuvette n'est certainement pas la seule cause d'hémorroïdes ou de diverticules. Mais la population qui s'accroupit pour faire ses besoins (soit 1,2 milliard d'êtres humains) ne souffre que rarement de ces maux. Nous autres Occidentaux, nous préférons pousser comme des forcenés, jusqu'à expulsion des tissus par l'anus, et faire ensuite éliminer ce qui dépasse chez le médecin – tout ça parce que trôner dignement vaut mieux que de s'accroupir bêtement ? De plus, pour la médecine, ces tours de force répétés sur le trône augmenteraient considérablement le risque de varices, d'accident vasculaire cérébral ou encore de malaises aux toilettes.

Un ami en vacances en France m'a un jour envoyé ce texto : "Pays de fous. Cuvettes WC volées dans les trois dernières stations essence !!!" Son message m'a bien fait rire. D'abord parce que je savais qu'il était tout à fait sérieux en l'écrivant, et ensuite parce que je me suis revue quelques années plus tôt, pendant des vacances en France, lors de mon premier face-à-face avec des toilettes turques[1]. Pourquoi

---

1. En France, on parle de "toilettes turques" ou de "toilettes à la turque". Mais les Turcs revendiquent-ils cette invention ? Pas vraiment… Ils

devrais-je donc m'accroupir alors que vous auriez tout aussi bien pu installer une cuvette? avais-je pensé, à la fois mortifiée et choquée par ce trou béant devant moi. Dans une grande partie de l'Asie, en Afrique et dans le Sud de l'Europe, on adopte brièvement une position digne des sports de combat ou du "tout schuss" pour se soulager sur des toilettes turques. Ailleurs, en revanche, on attend la fin des négociations digestives en lisant le journal, en pliant des feuilles de papier toilette, en repérant les coins de la salle de bains à nettoyer ou en fixant patiemment le mur d'en face.

La première lecture de ce texte, dans le salon familial, a jeté comme un froid. Quoi, fallait-il donc désormais que nous descendions tous de nos trônes de porcelaine et fassions nos besoins dans un trou au-dessus duquel nos jambes tremblantes nous maintiendraient tant bien que mal en position accroupie? La réponse est non. Fi des hémorroïdes! Même s'il pourrait s'avérer très drôle de grimper sur la cuvette pour s'y accroupir et de faire la grosse commission depuis ce poste de vigie, rassurez-vous : ce n'est pas nécessaire. On peut aussi s'accroupir en restant assis. Si. Vous verrez, le résultat est d'autant plus gratifiant que ça coince : il suffit de poser les pieds sur un petit tabouret bas et de pencher légèrement le buste en avant. Et voilà : les angles retrouvent leur valeur optimale et l'on peut lire, faire des origamis et méditer la conscience tranquille.

---

préfèrent parler de "toilettes grecques". Et les Grecs? Ces toilettes existent bien dans leur pays, oui, mais elles sont appelées "toilettes bulgares". Et ainsi de suite jusqu'à l'autre bout du monde : au Japon, on parle de "toilettes chinoises"! *(Toutes les notes sont de la traductrice.)*

OUVREZ LA BOUCHE ET DITES "AAAH"

On pourrait être tenté de croire que si l'extrémité de notre intestin a encore des secrets pour nous, c'est parce que nous n'y sommes confrontés que rarement. Mais si vous voulez mon avis, la raison est ailleurs. La cavité buccale, ce vestibule qui s'ouvre sur notre tube digestif, a elle aussi de quoi nous surprendre – et pourtant, armés d'une brosse à dents, nous passons chaque matin plusieurs minutes à l'explorer.

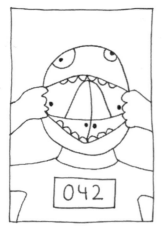 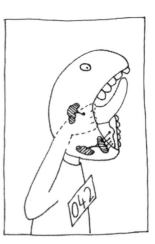

● = papilles salivaires   ⬭ = glandes salivaires

Pour découvrir son jardin secret numéro un, il nous faut envoyer notre langue en éclaireuse. En inspectant le vestibule, elle va trouver quatre petites papilles. Les deux premières se situent à l'intérieur des joues, à hauteur de la rangée de dents supérieures, à peu près au milieu. En découvrant ces petites bosses, à gauche et à droite, vous croirez peut-être, comme beaucoup de gens, vous être mordu la joue. En réalité, ces deux protubérances existent chez tous les êtres humains. Les deux autres papilles se trouvent sous la langue, de part et d'autre du frein. C'est par ces quatre petits trous qu'est excrétée la salive.

Les orifices des joues fournissent de la salive quand la situation s'y prête, par exemple au moment des repas. Les orifices cachés sous la langue, eux, travaillent en continu. Si l'on pouvait entrer par ces petits trous et nager à contre-courant dans le canal excréteur, on arriverait aux glandes salivaires en chef, qui produisent la majeure partie de la salive – à raison d'environ 0,7 à 1 litre par jour. Palpez votre cou en remontant vers la mâchoire, et vous sentirez deux petites saillies molles. Ce sont les chefs.

Les deux papilles de ces glandes dirigent leurs sécrétions tout droit sur la face palatine de nos incisives inférieures. Résultat : le tartre s'y installe volontiers. La salive contient en effet des ions calcium dont le rôle est de renforcer l'émail des dents, ce qui est plutôt sympa. Mais pour une dent qui se trouve constamment dans la ligne de mire, le mieux est l'ennemi du bien : avant même d'avoir eu le temps de dire "ouf", d'innocentes petites molécules qui passaient par là sont alors pétrifiées avec le reste. Jusque-là, rien de dramatique. Sauf qu'une dent couverte de tartre devient rugueuse. Et que les bactéries à l'origine de la parodontite ou des caries se fixent plus facilement sur cette surface irrégulière que sur notre émail naturellement lisse.

Mais comment ces ions calcium aux superpouvoirs pétrifiants arrivent-ils dans notre salive ? La salive, c'est du sang filtré, passé au chinois par les glandes salivaires qui retiennent les globules rouges, plus utiles dans nos veines que dans notre bouche. Le calcium, les hormones et les anticorps du système immunitaire contenus dans le sang, en revanche, passent dans la salive. C'est ce qui explique que sa composition varie légèrement d'un individu à l'autre. Un prélèvement de salive peut même permettre de déceler une maladie immunitaire ou la présence de certaines hormones. Par ailleurs, les glandes salivaires peuvent aussi ajouter quelques ingrédients supplémentaires, comme les ions calcium superpétrifiants ou encore des antidouleurs.

Notre salive contient une substance antalgique bien plus puissante que la morphine : l'opiorphine. Celle-ci n'a été mise en évidence que récemment, en 2006, par les chercheurs de l'Institut Pasteur. Évidemment, nous ne produisons cette substance qu'en très petites quantités : notre salive n'est pas là pour nous mettre KO. Mais qu'importe, une dose infime suffit déjà, car notre bouche est une âme sensible. Les terminaisons nerveuses y sont plus nombreuses qu'en n'importe quel autre endroit du corps : un minuscule morceau de fraise coincé entre deux dents a le don de nous agacer prodigieusement, et nous remarquons le moindre grain de sable dans une salade mal lavée. Dans la bouche, une petite plaie qui passerait inaperçue au niveau du coude nous paraît démesurément grosse et devient une vraie torture.

Sans les antidouleurs de notre salive, ce serait pire. En mâchant, nous sécrétons une dose supplémentaire de ces substances salivaires. Du coup, nos maux de gorge semblent s'atténuer après les repas et les petites plaies de la cavité buccale nous font moins mal. D'ailleurs, il n'est même pas nécessaire de manger : pour ouvrir les portes de notre propre armoire à pharmacie, il suffit de mâcher un chewing-gum. Et ce n'est pas tout : quelques études récentes ont aussi montré que l'opiorphine avait des propriétés antidépressives. Se pourrait-il donc que notre tendance à manger pour faire passer une frustration ou une angoisse ait un rapport avec les vertus de notre salive? Dans les années à venir, les recherches menées sur la douleur et la dépression seront peut-être à même de nous le dire.

Dans la cavité buccale, la salive joue ainsi le rôle d'un grand frère protecteur qui tient à distance la douleur, mais aussi les bactéries. C'est là qu'interviennent les mucines. Ces protéines visqueuses contenues dans notre salive offrent à chacun de nous quelques heures de grand spectacle – quand, enfant, nous nous apercevons que nous pouvons faire des bulles avec notre salive. Grâce à qui? Grâce aux mucines. Les mucines enveloppent nos dents et nos gencives dans un film protecteur. Nous les projetons à partir des papilles salivaires, un peu comme Spiderman déploie sa toile depuis ses poignets. Les bactéries sont emprisonnées dans ce film avant même de pouvoir attaquer. Et tandis qu'elles sont ainsi neutralisées, d'autres substances antibactériennes contenues dans la salive se chargent de faire le ménage.

Comme pour les antidouleurs salivaires, la concentration en substances tueuses de bactéries est plutôt modérée. Il ne s'agit pas d'un nettoyage à l'eau de Javel. Au contraire, il nous faut toujours avoir sous la main – ou plutôt sous la langue – une petite équipe de joyeux microbes. Les plus sympathiques des bactéries bucco-dentaires ne sont pas exterminées par la salive, car elles occupent ainsi une place qui, sans elles, pourrait être colonisée par des germes dangereux.

Pendant notre sommeil, la sécrétion de salive est nettement ralentie. C'est une bonne nouvelle pour tous ceux qui dorment la bouche ouverte, car si nous produisions la nuit les quantités journalières habituelles, soit 1 à 1,5 litre de salive, le résultat sur l'oreiller ne serait pas beau à voir le matin. Mais cette réduction nocturne de la salivation a aussi des effets moins agréables : beaucoup de gens, au lever, ont mal à la gorge ou mauvaise haleine. Huit heures de rationnement salivaire, pour les microbes bucco-dentaires, cela signifie en effet : à nous la liberté! Les vilaines bactéries ne sont plus aussi bien chaperonnées, et les muqueuses de la bouche et du pharynx attendent avec impatience le déclenchement matinal de l'arrosage automatique.

Voilà pourquoi le brossage des dents au coucher et au lever est une invention ingénieuse. Le soir, on réduit le nombre de bactéries dans la bouche, et la liste des invités à la super-soirée microbienne s'en trouve limitée d'autant. Le matin, on fait le ménage et on élimine les restes de la fiesta nocturne. Par chance, nos glandes salivaires se réveillent en même temps que nous et lancent aussitôt la production. Au plus tard avec la première tartine ou le brossage de dents, la salivation atteint son rythme de croisière, et les microbes sont éliminés ou transportés vers l'estomac, où le suc gastrique prend la relève.

Si la mauvaise haleine persiste au cours de la journée, c'est peut-être parce qu'on n'a pas réussi à éliminer assez de bactéries nauséabondes. Les petites malignes aiment se cacher sous le film de mucine fraîchement déployé, où elles sont moins accessibles pour les substances salivaires antibactériennes. Dans ce cas, il peut être utile de recourir à un racloir à langue… ou encore de mâcher du chewing-gum : mâcher stimule la salivation, et le flux de salive emporte avec lui les bonnes planques. Si tous les traitements s'avèrent inefficaces, il faut chercher ailleurs : il existe encore un endroit où les bactéries fétides peuvent trouver refuge. Nous y viendrons dans un instant, mais d'abord, laissez-moi vous ouvrir la porte du deuxième jardin secret de la bouche.

Partir à sa découverte, c'est répéter une expérience classique : on croit connaître son prochain et on découvre soudain un aspect complètement inattendu de sa personnalité. La secrétaire au brushing impeccable gère sur Internet un élevage illégal de furets. Le guitariste du groupe de métal est aussi le meilleur client de la mercerie, parce que le tricot, c'est zen et ça assouplit les doigts. La première impression nous cache souvent de bonnes surprises, et notre langue n'échappe pas à la règle. Quand on tire la langue en se regardant dans la glace, on n'a pas encore tout vu. Les natures curieuses se demanderont : Hé, mais comment ça continue, tout au fond ? La langue semble en effet ne pas s'arrêter là où s'arrête notre champ de vision. Et c'est là que commence l'aspect complètement inattendu de sa personnalité : à la racine.

Ici, le paysage est tout autre, vallonné de petites collines rosées. Qui n'a pas un réflexe vomitif développé outre mesure peut, du bout du doigt, s'avancer prudemment à tâtons le long de la langue. On se croirait alors arrivé sur une piste noire. La mission du champ de bosses de la langue est de contrôler tout ce que nous avalons. Les minuscules mamelons attrapent chaque particule de nourriture, de liquide ou d'air et les attirent à l'intérieur. Là, une armée de cellules immunitaires au garde-à-vous est impatiente de tester sa réactivité face aux substances étrangères venues du monde extérieur. Un morceau de pomme? Les petits soldats immunitaires ne bronchent pas. Mais s'il s'agit d'agents pathogènes qui en ont après notre gorge, un seul mot d'ordre : À l'attaque! Quand notre doigt part à la découverte de la racine de la langue, on est donc en droit de se demander qui est l'explorateur et qui est la contrée explorée, car le tissu qui la compose a fait de la curiosité sa raison d'être : il s'agit du tissu lymphoïde, qui joue un rôle déterminant au sein de notre système immunitaire.

Le tissu lymphoïde compte plusieurs de ces casernes dédiées à la curiosité. Pour être plus exact, il faudrait dire que le pharynx tout entier est ceint d'un anneau de tissu lymphoïde. Cette zone qu'on appelle aussi l'anneau de Waldeyer fait le tour de la gorge : en bas, nous retrouvons notre champ de bosses (les tonsilles linguales), à droite et à gauche, nous avons les amygdales, dites "tonsilles palatines", et au premier étage, à proximité du nez et des oreilles, se trouvent les tonsilles pharyngiennes – ce sont elles qu'on appelle "végétations" quand elles sont hypertrophiées. On en débarrasse parfois les enfants d'un coup de bistouri. Vous avez subi une ablation des végétations et des amygdales? Ne passez pas tout de suite au chapitre suivant, ces lignes vous concernent aussi. Vous avez toujours des amygdales.

Ill. Les tissus lymphoïdes, à la base de la langue, également appelés tonsilles linguales.

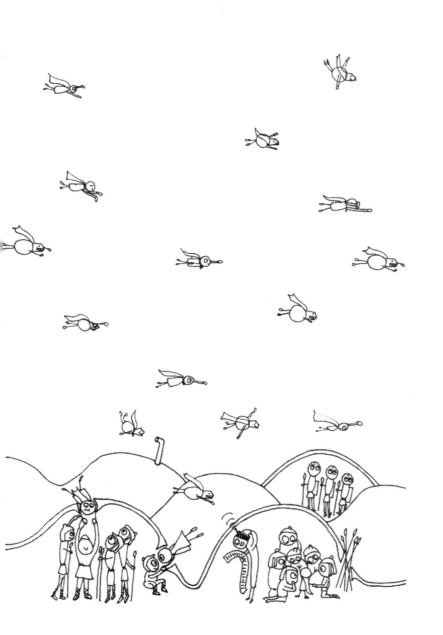

Si. Tous les éléments de l'anneau lymphoïde sont en effet considérés comme des amygdales ou tonsilles. Et toutes les tonsilles (linguales, palatines et pharyngiennes) ne font qu'une seule et même chose : elles palpent les corps étrangers avec curiosité et apprennent aux cellules immunitaires à se défendre.

Avouons-le : les amygdales, celles qui nous valent souvent de passer sur le billard, ne s'y prennent pas de la meilleure façon qui soit. Au lieu de jouer les pistes noires, comme la langue, elles préfèrent former de profonds sillons, les cryptes – une façon comme une autre d'augmenter la surface habitable disponible. Seulement voilà : parfois, les corps étrangers qui élisent domicile dans ces cryptes sont trop nombreux ou peinent à en ressortir, ce qui entraîne une inflammation des tissus. "Voilà ce qui arrive quand on est trop curieux!", pourrait-on dire à nos amygdales. En cas de mauvaise haleine, quand on a exclu comme facteur déclencheur la langue et les dents, pourquoi ne pas aller faire un tour du côté des amygdales – si elles sont encore là?

Il arrive en effet que s'y dissimulent de petites concrétions blanches qui dégagent une odeur nauséabonde. La plupart des gens ne connaissent pas même l'existence de ce qu'on appelle le caséum. Pendant des semaines, ils se battent contre une haleine pestilentielle ou un drôle de goût dans la bouche : les brossages de dents, les gargarismes, les nettoyages de langue – rien n'y fait. Un jour ou l'autre, les concrétions de caséum s'en vont d'elles-mêmes et tout rentre dans l'ordre. Mais on n'est pas forcé d'attendre si longtemps. Avec un peu d'exercice, on peut faire sortir ces concrétions de leur cachette, et la mauvaise haleine disparaît alors du jour au lendemain.

La meilleure façon de savoir si le problème vient de là, c'est de passer le doigt ou un coton-tige sur cette zone. Une mauvaise odeur? Il est temps d'entreprendre des fouilles à la recherche des concrétions. On peut aussi faire retirer le caséum chez un médecin ORL – c'est plus sûr et plus confortable. Ceux qui apprécient les vidéos un peu "dégueu" trouveront leur bonheur sur YouTube : on peut y voir différentes méthodes d'extraction et admirer quelques exemplaires hors du commun. Âmes sensibles s'abstenir.

Quant à éviter la formation de ces concrétions, les propositions ne manquent pas : certains font des garga-rismes quotidiens à l'eau salée, d'autres ne jurent que par la choucroute crue vendue dans les magasins de diété-tique. D'autres encore prétendent qu'on résout définiti-vement le problème en supprimant les produits laitiers de son alimentation. La science n'a entériné l'utilité d'aucun de ces remèdes. En revanche, elle s'est penchée sur l'âge à partir duquel on peut procéder à une ablation des amyg-dales. La réponse : mieux vaut attendre d'avoir sept ans.

À cet âge, on a plus ou moins vu tout ce qu'il y avait à voir. Enfin, peut-être pas nous, mais nos cellules immu-nitaires : après avoir fait l'expérience d'un monde complè-tement étranger, de baisers par milliers, de promenades en forêt ou de jeux dans le jardin, de poils de chien ou de chat, de rhumes à répétition et d'un tas d'enfants incon-nus à l'école, notre système immunitaire a fini ses études et peut se mettre au boulot pour le restant de nos jours.

Avant notre septième anniversaire, nos amygdales sont encore d'importants centres de formation continue. Or, l'apprentissage de notre système immunitaire est essentiel, et pas seulement quand il s'agit de lutter contre un rhume.

Il joue aussi un rôle dans des domaines aussi variés que notre santé cardiaque ou notre poids. Un enfant opéré des amygdales avant sept ans a par exemple plus de risques de se trouver en surpoids. Pourquoi ? Les médecins ne le savent pas encore. Pour les enfants qui sont en deçà de la courbe moyenne de poids, l'effet "remplumeur" de l'ablation des amygdales peut présenter un avantage. En prenant du poids, ils vont se retrouver dans la zone dite normale. Pour tous les autres, il est conseillé aux parents de veiller à l'équilibre de l'alimentation de l'enfant après l'opération.

Avant l'âge de sept ans, on ne devrait donc pas se débarrasser de ses amygdales à la légère. Toutefois, quand les tonsilles palatines sont si enflées qu'elles gênent le sommeil ou la respiration, l'effet "remplumeur" peut bien passer au second plan. Certes, à voir l'enthousiasme que notre système immunitaire met à nous défendre, on ne peut qu'être ému. Mais il arrive un moment où trop de zèle nuit. Un petit coup de laser peut alors s'avérer bénéfique. D'ailleurs, en général, les médecins n'enlèvent pas complètement les amygdales, mais seulement la partie gênante. En cas d'infection chronique, c'est autre chose. Nos cellules immunitaires sont alors soumises à un stress permanent et, à long terme, ce n'est pas bon pour elles. Qu'on ait quatre, sept ou cinquante ans, quand le système immunitaire est hypersensible, il est parfois préférable de dire adieu à ses amygdales.

Prenons l'exemple de personnes atteintes de psoriasis. Constamment en état d'alerte, leur système immunitaire déclenche une inflammation de la peau et des démangeaisons (à commencer souvent par la tête) ou des problèmes articulaires. Par ailleurs, ces patients souffrent plus souvent que d'autres de maux de gorge. Parmi les facteurs déclencheurs, on suppose la présence de bactéries qui peuvent se cacher durablement dans les amygdales et, de là, titiller le système immunitaire. Depuis plus de trente ans, les médecins évoquent régulièrement des cas où l'ablation des amygdales entraîne une amélioration très nette de la maladie de peau, voire une guérison. En 2012, des chercheurs islandais et américains se sont donc penchés sur cette relation. Ils ont réparti en deux groupes vingt-neuf patients atteints de psoriasis qui souffraient aussi de maux de gorge fréquents. La première moitié a subi une ablation des amygdales, l'autre pas. Chez treize des quinze "désamygdalisés", on a pu noter une amélioration nette et durable de la maladie. En revanche, aucun changement notable n'a pu être relevé chez les patients qui cohabitaient toujours avec leurs amygdales. Aujourd'hui, on suppose aussi que certaines maladies rhumatismales sont liées aux tonsilles palatines : quand l'hypothèse tient la route, il vaut donc mieux se faire enlever les amygdales.

Avec ou sans – il y a des arguments pour et contre l'ablation. Si vous avez dû vous séparer de vos amygdales au plus jeune âge, pas d'inquiétude! Votre système immunitaire n'a pas raté toutes les leçons dispensées dans la bouche. Heureusement, il reste encore le champ de bosses de la langue et les tonsilles du premier étage. Et si vous avez encore vos amygdales, n'ayez crainte des bactéries cachées : généralement, les cryptes ne sont pas si profondes et ne posent donc aucun problème. Quant aux tonsilles linguales et pharyngiennes, elles ne servent pratiquement jamais de repaire aux germes. Leur conception n'est pas la même et elles disposent de glandes qui leur permettent de s'auto-nettoyer à intervalles réguliers.

En une seconde, il s'en passe des choses dans notre bouche : les papilles salivaires projettent des films de mucine, prennent soin de nos dents et nous évitent de pleurnicher au moindre bobo. Notre anneau lymphoïde surveille les particules inconnues et prépare ses armées immunitaires à réagir. Tout cela serait inutile si, plus bas, le programme ne se poursuivait pas. La bouche n'est que le vestibule qui s'ouvre sur un monde où l'être humain fait sien ce qui était autre.

VISITE GUIDÉE DU TUBE DIGESTIF

Il y a des choses qui déçoivent pour peu qu'on les regarde de trop près. La confiture de fraise de la publicité n'est pas mitonnée avec amour par une grand-mère au chignon blanc, mais sort tout droit d'une chaîne de production éclairée au néon. À l'école, on ne s'amuse finalement pas tant qu'on l'aurait cru le premier jour. Dans la vie hors champ, les protagonistes sont sans fard. Et beaucoup de choses se révèlent alors nettement moins attirantes de près que de loin.

Côté boyaux, il en va tout autrement. De loin, notre tube digestif a plutôt l'air d'un drôle d'énergumène. Derrière la bouche, l'œsophage, large de deux centimètres, dégringole dans les profondeurs de la gorge et manque de peu le sommet de l'estomac pour aller s'aboucher avec lui un peu plus loin sur le côté. La paroi droite de l'estomac est bien plus courte que la gauche, si bien que notre panse se contorsionne pour former une petite poche bancale aux airs de croissant mal cuit. Quant à l'intestin grêle, il promène ses sept mètres de longueur sans trop savoir où cela le mènera, puis débouche finalement sur le gros intestin. Après s'être acoquiné avec un appendice *a priori* bien inutile, qui ne semble rien savoir faire d'autre que de s'infecter, le gros intestin se repaît de plis et de poches. On dirait que son créateur s'est appliqué à imiter un gros collier de perles sans y parvenir vraiment. Vu de loin, le tube digestif est un tuyau mal fichu, sans grâce ni cohérence.

Mais ce n'est pas pour rien qu'on a inventé le microscope. Quel autre organe du corps humain a cette faculté de voir grossir la fascination qu'il exerce au fur et à mesure qu'on grossit l'image ? Plus on en apprend sur le tube digestif, et plus il nous épate. La preuve ? Allons voir de plus près ce qu'il a à nous offrir d'étonnant.

L'ŒSOPHAGE, PRO DU REMUE-MÉNAGE

Ce qui saute tout d'abord aux yeux, c'est que l'œsophage ne sait pas viser. Au lieu de prendre le chemin le plus court et d'arriver au sommet de l'estomac, bien au milieu, il débouche sur le côté droit. Et c'est un coup de génie. (Les chirurgiens, eux, parlent plutôt d'anastomose termino-latérale. Mais le résultat est le même.) L'œsophage fait ainsi un détour, oui, mais ce n'est pas pour rien. À chaque pas, nous contractons les muscles du ventre, et la pression infligée à notre abdomen double. Quand nous rions, quand nous toussons, la contrainte est encore plus forte.

Ill. Pour permettre une représentation plus claire de la poche à air gastrique, la répartition exacte entre les blancs et les noirs caractéristique des radiographies n'a pas été respectée ici. Sur une vraie radio, certains matériaux denses, comme les dents ou les os, apparaissent dans des tons clairs, tandis que les zones moins denses, comme la poche à air gastrique ou l'air contenu dans les poumons, sont foncées.

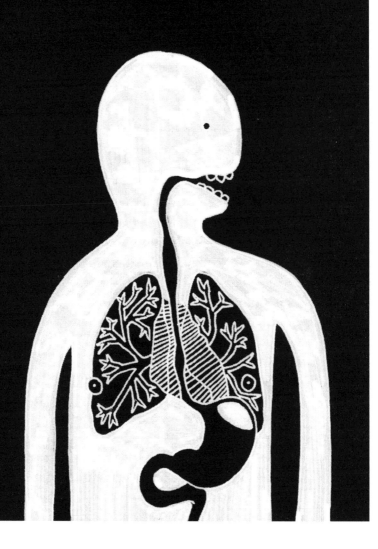

Et comme la pression exercée par l'abdomen provient du bas, mieux vaut que l'œsophage ne se trouve pas juste au sommet de l'estomac. Ainsi arrimé sur le côté, il n'est soumis qu'à une fraction de la pression exercée. Résultat : pendant la traditionnelle promenade digestive, nous ne sommes pas obligés de roter à tout bout de champ. Et quand nous éclatons de rire, c'est grâce à cet angle ingénieux et à ses mécanismes de fermeture que nous pouvons nous contenter de parfois lâcher un pet de joie. Vomir de joie, en revanche, est une pratique quasi inconnue.

Cette entrée par la petite porte a aussi des effets secondaires : la poche à air gastrique, par exemple, cette petite bulle d'air qu'on peut distinguer sur n'importe quelle radio, dans la partie supérieure de l'estomac.

Évidemment, l'air monte tout droit vers le ciel sans chercher une éventuelle porte de sortie sur le côté. Du coup, avant de pouvoir éructer, il nous faut souvent avaler d'abord une bouffée d'air. L'air inspiré décale alors légèrement l'ouverture de l'œsophage vers la poche à air et, zou, le rot peut s'échapper. Même chose quand un rot nous taraude alors que nous nous prélassons sur le canapé : il suffit de se tourner du côté gauche, et les choses seront bien plus faciles. Enfin, pour mettre fin à des lourdeurs d'estomac qui surviennent quand on est allongé du côté droit, il n'y a qu'à changer de côté.

Si l'œsophage, au premier abord, a des airs de Quasimodo, son aspect devient plus avenant dès lors qu'on daigne s'en approcher. On distingue alors plusieurs fibres musculaires qui s'enroulent autour de lui en formant une spirale. C'est grâce à ces fibres que l'œsophage, pro du remue-ménage, se dandine et se trémousse en cadence. Quand on les étire, les fibres ne se déchirent pas, mais se resserrent ensuite comme le câble d'un vieux téléphone. L'œsophage est relié à la colonne vertébrale par des fibres nerveuses. Quand vous êtes assis le dos bien droit et que vous relevez le menton, votre œsophage s'étire comme un chat au soleil. Il se rétrécit, et la fermeture vers le haut et vers le bas est plus efficace. Pour lutter contre le reflux acide après un repas copieux, il vaut donc mieux se tenir droit que de s'affaler sur la table.

L'ESTOMAC, PETITE POCHE DE GUINGOIS

Notre estomac se situe bien plus haut que nous ne le pensons. Il commence un peu plus bas que le mamelon gauche et se termine au-dessous de l'arc costal droit. Si ça fait mal plus bas, alors ce n'est pas la petite poche de guingois qui est en cause. On dit : "J'ai mal à l'estomac", mais en réalité, c'est souvent au niveau des intestins que se situe le problème. Ce qui peut nous rester sur l'estomac, en revanche, ce sont le cœur et les poumons, qui sont situés juste au-dessus. Voilà pourquoi, après un repas gargantuesque, nous avons des difficultés à respirer vraiment à fond.

Le syndrome de Roemheld est un syndrome que les médecins généralistes n'identifient pas toujours. Il s'agit d'une accumulation d'air dans l'estomac, si importante qu'une pression est alors exercée sur le cœur et les nerfs splanchniques. Les symptômes varient selon les patients, qui évoquent par exemple des vertiges ou des palpitations. Certains souffrent même d'anxiété ou se plaignent de difficultés respiratoires. D'autres ressentent de fortes douleurs dans la poitrine, semblables à celles qui annoncent un infarctus du myocarde. Bien souvent, le médecin classera ce type de patients dans la catégorie "hypocondriaque en proie à tout un tas de symptômes imaginaires". Alors qu'il suffirait de poser cette simple question : "Dites-moi, vous avez essayé de roter ou de péter récemment ?" À long terme, si le diagnostic se confirme, il vaut mieux renoncer aux aliments qui favorisent les gaz et les ballonnements, rétablir l'équilibre de la flore intestinale et limiter la consommation d'alcool. L'alcool peut en effet accélérer la prolifération des bactéries méthanogènes, car certaines en sont friandes (c'est ce que nous indique aussi le goût alcoolisé des fruits qui ont fermenté sous l'action des bactéries). Et si le système digestif est assiégé par ces bactéries pétomanes, la soirée arrosée en boîte risque de se transformer en matinée musicale pour instruments à vent. Et on ose encore dire que l'alcool est un désinfectant…

Penchons-nous à présent sur sa forme étrange. L'estomac est beaucoup plus long d'un côté que de l'autre : il n'a donc pas d'autre choix que de se recroqueviller sur le côté le plus court, tandis qu'à l'intérieur, de gros plis se forment. Mais son apparence difforme n'est pas vaine : quand nous buvons une gorgée d'eau, le liquide qui descend dans l'œsophage peut s'écouler directement le long du côté droit de l'estomac (le plus court) et arriver ainsi aux portes de l'intestin grêle. La nourriture, en revanche, atterrit dans la partie renflée de l'estomac. Maligne, notre petite poche digestive fait ainsi le tri entre ce qui doit être malaxé et ce qui peut continuer son chemin plus rapidement. Avec son petit air de guingois, notre estomac héberge surtout deux savoir-faire différents. D'un côté, c'est le domaine des liquides, de l'autre, celui des matières solides. Deux casquettes pour un seul organe, en somme.

L'INTESTIN GRÊLE, GRAND ZIGZAGUEUR DEVANT L'ÉTERNEL

Notre ventre abrite entre trois et six mètres d'intestin grêle formant des lacets que rien ne maintient. Un tour sur le trampoline? L'intestin fait des bonds lui aussi. L'avion décolle? L'intestin est comme nous pressé contre le siège. Sur la piste de danse, il swingue en rythme et quand, pris de maux de ventre, nous faisons la grimace, il contracte ses muscles à peu près à l'identique.

Rares sont ceux qui ont déjà vu leur intestin grêle. Même pendant une coloscopie, le médecin concentre généralement toute son attention sur le gros intestin. Pourtant, ceux qui ont la chance d'avaler une caméra miniature et de partir à la découverte de leur intestin grêle ne sont jamais déçus du voyage. Au lieu de se trouver face à un tuyau morose, ils font la connaissance d'un être venu d'ailleurs – d'une brillance veloutée, d'une humidité rosée et d'une délicatesse plutôt étonnante. Vous voulez un scoop? Le tout dernier mètre du gros intestin est la seule partie de notre tube digestif à être concernée par nos excréments. En amont, tout est incroyablement propre (et quasiment sans odeur), le reste du métrage se contentant de traiter tout ce que nous avalons avec un dévouement et une élégance exemplaires.

Bon, c'est vrai, au premier abord, l'intestin grêle peut paraître un peu moins développé que les autres organes. Notre cœur a ses deux ventricules et ses deux auricules, notre foie a ses lobes, nos veines leurs valves et le cerveau ses régions. L'intestin grêle, lui, n'a rien de tout cela. Il se contente de zigzaguer sans but. Son vrai visage ne prend forme que sous la lentille du microscope. Car l'organe auquel nous avons affaire ici ne saurait mieux incarner ce qu'on appelle "l'amour du détail".

Notre intestin veut nous offrir la plus grande surface possible et, pour y parvenir, il se plie en quatre pour nous. Prenons pour commencer les plis visibles à l'œil nu : sans eux, pour que nous puissions bénéficier de la même surface digestive, il nous faudrait un intestin de 18 mètres. Mais perfectionniste comme il l'est, l'intestin grêle n'en reste pas là. Sur un seul millimètre carré, il accumule une trentaine de villosités, sorte de petits fanons qui se dressent dans notre repas ou ce qu'il en reste. Ces villosités sont trop petites pour que nous puissions les distinguer vraiment à l'œil nu – mais nous les devinons : la frontière entre le visible et l'invisible est traitée par notre œil avec une précision telle que nous percevons encore une structure veloutée. Sous le microscope, nous distinguons comme de grosses vagues formées de nombreuses cellules : les villosités. (En cela, la structure du tissu intestinal est d'ailleurs semblable à celle du velours.) En utilisant un microscope plus puissant, on s'aperçoit que chacune de ces cellules est elle-même sertie de nombreux fanons. Des villosités de villosités, pour ainsi dire. Ces "villosités au carré" présentent elles aussi une surface d'aspect velouté ou feutré, car elles sont hérissées d'innombrables structures glucidiques qui ressemblent aux bois d'un cerf : le glycocalyx. Et si l'on mettait tout cela à plat – les plis, les villosités, et les villosités des villosités –, notre intestin atteindrait une longueur d'environ sept kilomètres.

Ill. Les villosités intestinales, les microvillosités et le glycocalyx.

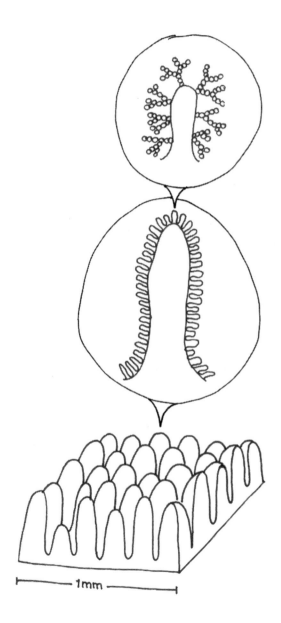

1mm

Mais pourquoi donc faut-il qu'il soit si long? Au total, la surface dédiée à la digestion est cent fois plus importante que celle de notre épiderme. Cela peut paraître démesuré, surtout quand on pense qu'il ne s'agit que de faire face à une petite portion de frites ou à une simple pomme. Mais c'est justement sur cette disproportion que s'appuient les processus en œuvre dans nos bedaines : nous nous grandissons pour réduire en petits morceaux tout ce qui vient de l'extérieur – jusqu'à ce que les fragments soient assez infimes pour être assimilés et devenir une part de nous-mêmes.

Le travail commence très en amont, dès la cavité buccale. Si la pomme dans laquelle nous mordons à pleines dents nous paraît juteuse, c'est parce que nos dents font éclater comme des ballons des dizaines de millions de cellules de pomme. Plus la pomme est fraîche, et plus le nombre de cellules intactes – et donc utiles à notre organisme – est important. Voilà pourquoi nous aimons les pommes bien croquantes.

Nos papilles se fient au croquant des aliments frais, tout comme elles ont un faible pour les aliments protéinés quand ils sont cuits. Viande au barbecue, œufs brouillés et tofu grillé sont plus appréciés que la viande crue, l'œuf battu ou le tofu froid. Là encore, c'est parce qu'intuitivement, nous faisons un choix utile. Dans l'estomac, un œuf cru subit en effet la même transformation que dans la poêle : le blanc d'œuf blanchit, le jaune pâlit, et tous deux coagulent. Que se passerait-il si, assez longtemps après avoir gobé un œuf cru, nous rendions le contenu de notre estomac ? Eh bien, sans avoir eu recours à la moindre source de chaleur, nous obtiendrions de beaux œufs brouillés. Qu'elles soient confrontées à une plaque chauffante ou au suc gastrique, les protéines réagissent en effet de la même manière : elles se dénaturent. Leur structure étant désorganisée, elles ne peuvent plus passer inaperçues dans le blanc d'œuf : des grumeaux blancs se forment, et elles sont ainsi plus facilement assimilables. La cuisson nous permet donc de faire des économies d'énergie, puisque notre estomac n'a plus besoin de déployer l'énergie nécessaire à la dénaturation. En cuisinant, nous délocalisons tout simplement une partie de notre activité digestive.

L'ultime désintégration des aliments est du ressort de notre ami zigzagueur. À l'entrée de l'intestin grêle, au niveau du duodénum, la paroi intestinale est perforée d'un petit trou qui ressemble un peu aux papilles salivaires de la bouche, mais en plus grand : la papille duodénale. C'est par ce petit orifice que les sucs digestifs sont projetés sur les aliments réduits en bouillie. Dès que nous mangeons quelque chose, la production de ces sucs est lancée dans le foie et le pancréas, qui les livrent ensuite en colis express à la papille duodénale. Dans la liste de leurs composants, on retrouve la même chose que sur les étiquettes des bidons de lessive ou des bouteilles de liquide vaisselle du supermarché : des enzymes digestives et des dégraissants. Si la lessive agit contre les taches, c'est parce qu'elle "digère" les substances graisseuses, protéagineuses et glucidiques et les rejette dans les eaux usées pendant que le linge est malaxé dans le tambour. C'est à peu près ce qui se passe dans l'intestin grêle. Sauf qu'en comparaison, les morceaux de protéines, de graisses ou de glucides qui sont ici désintégrés pour pouvoir traverser la paroi intestinale et rejoindre le sang sont énormes. Un petit morceau de pomme n'est plus un petit morceau de pomme, mais une solution nutritive composée de plusieurs milliards de molécules riches en énergie. Pour pouvoir les accueillir toutes, rien de tel que de disposer d'une très grande surface : sept kilomètres de long, c'est parfait. C'est assez pour avoir toujours un peu de marge et ne pas se laisser abattre par une vilaine grippe intestinale ou une inflammation de l'intestin.

Dans chaque villosité intestinale, les molécules résorbées alimentent un minuscule vaisseau sanguin. Et tous les vaisseaux de l'intestin grêle convergent ensuite pour passer par le foie, qui détecte la présence de substances nocives et de toxines dans notre nourriture. Résultat : les dangers peuvent être écartés avant de passer dans ce qu'on appelle "la grande circulation" (entre le cœur et les organes). En outre, si nous avons trop mangé, le foie est aussi capable de constituer les premières réserves d'énergie. Une fois nettoyé, le sang nutritif s'écoule directement du foie vers le cœur. De là, il est pompé à grands coups vers les nombreuses cellules de notre corps. Une molécule de sucre, par exemple, atterrira dans une cellule épidermique du mamelon droit. Elle y sera assimilée et brûlée à l'oxygène, ce qui va générer de l'énergie et maintenir la cellule en vie. D'autres produits secondaires résulteront aussi de cette transformation : de la chaleur et de très faibles quantités d'eau. Et comme ce phénomène a lieu simultanément dans un très grand nombre de petites cellules, nous pouvons maintenir constante notre température corporelle de 36-37 °C.

Le principe de base de notre métabolisme est assez simple : pour qu'une pomme mûrisse, la nature consomme de l'énergie. Nous autres humains, nous désintégrons la pomme et la brûlons jusqu'à atteindre le niveau moléculaire. Et cette énergie ainsi libérée, nous l'utilisons pour vivre. Tous les organes formés à partir du tube digestif sont en mesure de fournir du combustible à nos cellules. À chaque inspiration, nos poumons eux-mêmes ne font rien d'autre que d'ingérer des molécules. "Prendre une bouffée d'air" revient donc à prendre une *bouchée* d'air, à avaler de la nourriture sous forme gazeuse. Une partie non négligeable de notre poids est induite par les atomes inspirés – et non par le saucisson-beurre. D'ailleurs, les plantes tirent la plus grande part de leur poids non pas de la terre, mais de l'air! Cela étant, loin de moi l'idée de lancer un nouveau régime alimentaire…

Nous investissons de l'énergie dans tous nos organes – et ce n'est qu'au niveau de l'intestin grêle que nous récupérons finalement les fruits de notre investissement. Vu sous cet angle, manger est un passe-temps plutôt payant. Mais ne vous attendez quand même pas à une vague d'énergie dès la dernière bouchée avalée. De fait, après avoir mangé, on a plutôt tendance à se sentir fatigué. D'ailleurs, le menu de midi n'est pas encore arrivé dans l'intestin grêle : il patiente encore en salle de préparation digestive. L'estomac a été distendu par la nourriture, et la sensation de faim a donc disparu – mais pas la fatigue, puisque nous devons mobiliser des forces supplémentaires pour procéder au brassage et à la dégradation de notre repas. Pendant ce temps, le sang irrigue copieusement nos organes digestifs. Et beaucoup de scientifiques supposent donc que si nous nous sentons fatigués, c'est parce que notre cerveau est moins irrigué.

L'un de mes professeurs disait par exemple à ce sujet : "Si tout le sang de la tête était mobilisé dans le ventre, on tomberait dans les pommes ou l'on mourrait." En réalité, d'autres explications au "petit coup de barre d'après repas" peuvent aussi être envisagées. Certains médiateurs chimiques émis quand nous sommes rassasiés sont par exemple en mesure de stimuler des zones du cerveau responsables de la fatigue. Une fatigue qui est peut-être gênante pour notre cerveau, mais pas pour notre intestin grêle : c'est quand nous sommes détendus qu'il travaille le mieux. Il dispose alors de la plus grande quantité d'énergie possible et notre sang n'est pas gorgé d'hormones de stress. Quand il s'agit de digestion, le paisible lecteur de romans-fleuves est plus efficace que le PDG hyperactif.

L'APPENDICE SUPERFLU ET LE GROS INTESTIN DODU

Allongé dans la salle de soins d'un cabinet médical, un thermomètre dans la bouche et un autre dans les fesses… On a connu des jours meilleurs. En cas de suspicion d'appendicite, voilà ce à quoi vous pouviez vous attendre autrefois. Une température anale nettement plus élevée que la température buccale ? Le médecin détenait alors un indice précieux. Aujourd'hui, les médecins ne se fient plus aux différences de température. La fièvre et des douleurs à droite, plus bas que le nombril (là où se trouve l'appendice chez la plupart des gens), sont considérées comme les premiers signes d'une appendicite.

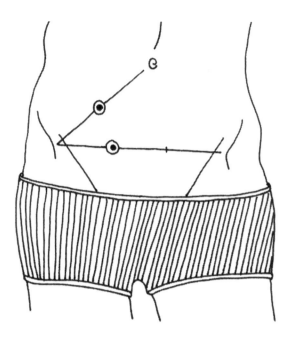

Souvent, une pression au niveau de l'appendice s'avère douloureuse, alors qu'une pression sur la gauche, étrangement, paraît soulager la douleur. Et dès qu'on retire le doigt à gauche – aïe! Pourquoi? Parce que les organes de l'abdomen baignent dans un liquide protecteur. Quand on appuie à gauche, l'appendice, à droite, barbote dans une plus grande quantité de liquide, et se sent mieux. Parmi les autres symptômes révélateurs d'une appendicite, on note encore des douleurs survenant quand le patient lève la jambe droite tandis qu'on exerce une pression contraire, un manque d'appétit ou des nausées.

Si elle est souvent considérée comme superflue, cette excroissance peut au moins se vanter d'avoir un nom à rallonge : l'appendice iléocæcal. Comme son nom l'indique, il se trouve à la jonction entre l'iléon (la dernière partie de l'intestin grêle) et le cæcum (la première partie du gros intestin). J'ai parlé de jonction, je devrais plutôt dire "à la presque jonction" – mais nous y reviendrons. D'ailleurs, il ne ressemble même pas à un vrai bout d'intestin, mais plutôt à ces ballons que les clowns transforment en épée, en fleur ou en girafe – avant d'avoir été gonflés, s'entend. Pas étonnant, donc, qu'en dépit de son nom savant, on ait du mal à le prendre au sérieux…

Non seulement notre appendice est trop petit pour s'occuper de notre repas, mais en plus, il est placé à un endroit où ne passe presque aucun aliment. L'intestin grêle débouche légèrement plus haut sur le côté du gros intestin, et l'appendice se retrouve littéralement hors circuit. Coincé en fin de voie, il regarde de loin passer ce qui défile au-dessus de lui. Si vous avez encore en tête les paysages vallonnés de la cavité buccale, vous devinez peut-être déjà quelles peuvent être les compétences de ce drôle d'observateur. Bien qu'il soit loin de ses collègues, l'appendice fait partie du tissu lymphoïde des tonsilles, et donc de notre système immunitaire.

Notre gros intestin se charge de ce qui n'a pas pu être assimilé dans l'intestin grêle. Il n'a donc pas le même aspect velouté que ce dernier. À quoi bon installer encore une fois ici toute une armée de villosités avides? Au lieu de cela, le gros intestin accueille les bactéries intestinales, qui se chargent de décomposer pour nous les restes de notre repas. Et ces bactéries, quant à elles, intéressent beaucoup notre système immunitaire.

Contre toute attente, l'appendice a donc choisi la bonne place. Il est assez loin pour ne pas avoir à se soucier de toute la mangeaille qui défile au-dessus de lui, mais assez près pour avoir à l'œil tous les microbes étrangers de passage. Tandis que les parois du gros intestin abritent d'importants stocks de cellules immunitaires, l'appendice, lui, n'est pratiquement composé que de tissus lymphoïdes, qui relèvent du système immunitaire. Qu'un mauvais germe vienne à passer par là, et il est aussitôt cerné. Le revers de la médaille, c'est qu'en cas d'inflammation, l'appendice risque gros et peut être touché de toutes parts. Quand le petit appendice enfle alors démesurément, il devient encore plus difficile pour lui d'évacuer les germes qui l'assaillent. C'est la raison pour laquelle on envisage alors de l'enlever[1].

Mais ce n'est pas tout. Si les gentils sont les seuls à survivre dans ce petit paradis et qu'une attaque systématique est menée contre tous les méchants, cela signifie *a contrario* qu'un appendice en bonne santé ne loge qu'une sélection de belles et bonnes bactéries triées sur le volet. Telle est la conclusion des études menées par deux chercheurs américains, Randal Bollinger et William Parker, qui ont formulé cette hypothèse en 2007. Un dispositif qui peut s'avérer bien pratique, par exemple après une colique de type tsunami. Car la diarrhée emporte souvent dans son sillage bon nombre des locataires habituellement installés dans l'intestin, et les microbes n'attendent qu'une chose : prendre leur place. Une lutte territoriale qu'on préférerait ne pas laisser au hasard. D'après Bollinger et Parker, c'est là qu'intervient l'équipe d'urgence stationnée dans

---

1. En 2012, 83 400 appendicectomies ont été pratiquées en France, tendance à la baisse (source : www.e-sante.fr).

l'appendice : venue d'en bas, elle se déploie dans tout le gros intestin et y forme un rempart protecteur.

En France, les agents pathogènes de la diarrhée ne sont pas légion. Même s'il nous arrive d'attraper une grippe intestinale, les microbes qui peuplent notre environnement sont moins dangereux qu'en Amérique du Sud ou en Afrique, et l'appendice est plus superflu ici que là-bas. Pas de panique, donc, si vous avez été opéré de l'appendice ou si vous lisez ce livre juste avant l'opération. Dans le reste du gros intestin, les cellules immunitaires ne sont pas aussi denses, certes, mais au total, elles sont bien plus nombreuses que celles de l'appendice et assez qualifiées pour bien faire leur boulot. En cas de diarrhée, ceux qui préfèrent jouer la carte de la sécurité pourront aussi acheter en pharmacie de "bonnes bactéries" permettant de rééquilibrer la flore intestinale.

Le rôle de l'appendice devrait maintenant être clair. Mais le gros intestin qui va avec, à quoi sert-il ? La nourriture a déjà été assimilée, il n'y a plus de villosités intestinales et qu'est-ce que la flore intestinale peut bien vouloir faire de ces restes indigestes ? Notre gros intestin ne serpente pas au hasard. Il borde l'intestin grêle à la manière d'un cadre à photo. Et il ne se vexe pas qu'on le traite de "gros". Pour accomplir sa tâche, il a besoin de plus de place, voilà tout.

Il n'y a pas de petit profit, c'est la devise du gros intestin. Pour parer aux vaches maigres, il prend tout son temps et digère méticuleusement les restes. Dans l'intestin grêle, le deuxième, voire le troisième repas a déjà été livré, mais le gros intestin ne se laisse pas impressionner pour autant. Il consacre toute son attention aux moindres riens qu'on lui a laissés – une tâche minutieuse qui lui prend environ seize heures et lui permet d'assimiler des substances que nous aurions sinon pu négliger dans notre empressement. Des minéraux importants comme le calcium peuvent alors être enfin résorbés. La collaboration efficace entre le gros intestin et la flore intestinale nous offre en outre une dose supplémentaire d'acides gras très énergétiques, de vitamine K, de vitamine B12, de thiamine (vitamine B1) et de riboflavine (vitamine B2). Un cocktail utile dans bon nombre de domaines, comme la qualité de la coagulation, l'équilibre nerveux ou encore la prévention des migraines. Le dernier mètre de notre intestin est aussi l'endroit où l'on vérifie en détail l'équilibre hydrique et salin du corps : nos excréments ont toujours exactement la même teneur en sel. Ce dosage précis nous permet d'économiser un litre de liquide. Sans cela, nous serions forcés de boire un litre d'eau en plus par jour.

La procédure est la même qu'au niveau de l'intestin grêle : tout ce que le gros intestin a pu résorber est transféré au foie par voie sanguine. C'est là qu'a lieu le contrôle de rigueur, avant expédition vers la grande circulation. Sur les derniers centimètres de l'appareil digestif, en revanche, les vaisseaux sanguins irradiants ne passent pas par le foie : ils rejoignent directement le système circulatoire. En règle générale, il n'y a de toute façon plus rien à assimiler, puisque tout le travail a déjà été fait en amont. À une exception près : les suppositoires. Par rapport à une gélule ou un comprimé, un suppositoire peut être plus faiblement dosé en substance active et agir pourtant plus rapidement. Car si l'on dose plus fortement les sirops et les comprimés, c'est parce que le foie se charge d'éliminer une grosse partie de ces "poisons" avant qu'ils n'arrivent là où ils sont censés agir. Or, ce sont justement ces "substances toxiques" que nous voulons utiliser. Pour ne pas gaver inutilement le foie de fébrifuges et autres friandises, le raccourci par le rectum est donc tout indiqué. Une idée de génie, notamment pour les enfants et les personnes âgées.

LES PARTICULES ALIMENTAIRES

La phase la plus importante de la digestion humaine se déroule dans l'intestin grêle, où sont réunies à la fois la plus grande surface digestive et les plus petites particules de nourriture. C'est là que sont prises des décisions fondamentales : est-ce que je supporte le lactose, qu'est-ce qu'une alimentation saine, quels sont les aliments qui déclenchent une réaction allergique ? Lors de cette étape, nos enzymes digestives agissent comme de minuscules paires de ciseaux qui découpent la nourriture en confettis jusqu'à trouver le plus petit dénominateur commun avec les cellules de notre corps. La nature, maligne, a en effet doté tout ce qui vit des mêmes matériaux constitutifs : molécules de sucre, acides aminés et lipides. Et tout ce que nous mangeons provient d'organismes vivants – puisque d'un point de vue biologique, le pommier comme la vache font partie de cette catégorie.

Les molécules de sucre ont la capacité de former ensemble des chaînes complexes et perdent alors leur goût sucré : ce sont les glucides que l'on trouve par exemple dans des aliments comme le pain, les pâtes ou le riz. Quand vous mangez une tranche de pain de mie, une fois accompli le travail de découpage des enzymes, vous obtenez ceci : la même quantité de molécules de sucre que si vous aviez avalé quelques cuillérées de sucre en poudre. La seule différence, c'est que le sucre en poudre ne demande pas de traitement enzymatique : quand il arrive dans l'intestin grêle, les fragments qui le composent sont déjà si petits qu'il peut être aussitôt assimilé dans le sang. Son ingestion en grande quantité "sucre" donc notre sang pendant un petit moment.

Il ne faut pas beaucoup de temps aux enzymes pour venir à bout des glucides qui entrent dans la composition d'une tranche de pain de mie blanc. Quand il s'agit de pain complet, en revanche, la digestion est plus lente. Le pain complet renferme des glucides particulièrement complexes qui doivent être décomposés progressivement. À ce titre, il doit plutôt être considéré comme un dépôt de glucide bien utile que comme une "orgie de sucre". Quand on lui fournit d'un seul coup une grosse dose de sucre, le corps doit d'ailleurs réagir de manière excessive afin de rétablir l'équilibre général. Il libère alors de grandes quantités d'hormones, principalement de l'insuline. Résultat : une fois dissipés les effets du commando spécial, la fatigue s'installe en un rien de temps. À l'inverse, quand le sucre n'est pas assimilé trop rapidement, il constitue une matière première essentielle. Nous l'utilisons alors comme bois de chauffage pour nos cellules ou comme matériau de construction pour créer nos propres structures glucidiques. Voilà comment nous coiffons nos cellules intestinales de bois de cerf, avec le glycocalyx ainsi constitué.

Il n'empêche : notre corps aime tout ce qui est bien sucré, car cela lui évite du travail. Comme les protéines chaudes, ce sucre est assimilé plus rapidement. Et peut être converti tout aussi vite en énergie. Cet apport énergétique rondement mené est alors récompensé par le cerveau, qui envoie sa dose de sentiments positifs. Oui, mais voilà, il y a un piège : jamais dans l'histoire de l'humanité nous n'avons été confrontés à une telle surabondance de sucre. Dans les supermarchés américains, le sucre entre dans la composition d'environ 80 % des produits proposés. D'un point de vue évolutif, on peut dire que notre corps vient juste de découvrir le placard où maman cache bonbons et friandises, et qu'il se goinfre sans se douter de rien. Prochaine étape : maux de ventre et état comateux sur le canapé.

Nous le savons : abuser de sucreries, c'est mal. Mais nous ne pouvons quand même pas en vouloir à notre instinct de se servir copieusement. Nous mangeons trop de sucre, qu'à cela ne tienne! Nous le stockons tout simplement pour des temps plus difficiles. Il faut dire que c'est assez pratique. Pour le stockage, il y a deux options : soit nous retransformons le sucre en glucides complexes entreposés dans le foie – c'est le glycogène –, soit nous le transformons en graisse stockée dans les tissus adipeux. Le sucre est la seule substance que notre corps soit capable d'utiliser pour produire de la graisse sans trop d'efforts.

Il suffit d'un petit jogging pour épuiser les réserves de glycogène, ce qui correspond à peu près au moment où nous nous disons : "Je commence à fatiguer, là…" Quand on veut brûler des graisses, les nutritionnistes conseillent donc de faire au moins une heure de sport. Car le corps ne se met à puiser dans les vraies réserves qu'après la première chute de performances. Nous avons peut-être du mal à accepter que les poignées d'amour ne fondent pas tout de suite, mais notre corps, lui, est ravi. À l'instar des cellules qui le composent, il vénère le gras.

De toutes les particules alimentaires, les graisses sont les plus efficaces et les plus précieuses. Grâce à leurs atomes liés de manière ingénieuse, les lipides sont capables de concentrer deux fois plus d'énergie par gramme que les glucides ou les protéines. Grâce à eux, nous constituons une enveloppe autour de nos nerfs – un peu comme une gaine en plastique recouvre un câble électrique –, et c'est cette gaine qui permet à nos pensées de circuler à la vitesse de l'éclair. Les graisses servent aussi de base à quelques-unes des hormones fondamentales de notre corps et, enfin, chacune de nos cellules est enveloppée d'une membrane graisseuse. Un dispositif aussi précieux est évidemment protégé : il n'est pas question d'y toucher dès le premier petit sprint venu. En cas de famine – et les derniers millénaires en ont vu beaucoup –, chaque gramme de graisse constituera une formidable assurance vie.

Les lipides occupent aussi une place à part dans notre intestin grêle. Contrairement aux autres nutriments, ils ne peuvent pas être tout simplement assimilés dans le sang. Ils ne sont pas solubles dans l'eau : ils boucheraient aussitôt les minuscules vaisseaux sanguins des villosités intestinales et, dans les veines plus larges, ils flotteraient à la surface comme l'huile d'olive dans l'eau des pâtes. L'assimilation des lipides emprunte donc un autre chemin : notre système lymphatique. Les vaisseaux lymphatiques sont aux vaisseaux sanguins ce que Robin est à Batman : chaque vaisseau sanguin, même la plus petite veine de l'intestin grêle, est escorté d'un vaisseau lymphatique. Tandis que les vaisseaux sanguins rouges et rebondis acheminent héroïquement les nutriments vers nos tissus, les vaisseaux lymphatiques minces et blanchâtres vont y chercher du liquide, la lymphe, et transportent ainsi un peu partout les cellules immunitaires qu'elle contient.

Les vaisseaux lymphatiques peuvent nous paraître un peu malingres. C'est que leurs parois, à l'inverse de celles des vaisseaux sanguins, ne sont pas pourvues de gros muscles. Le plus souvent, les vaisseaux lymphatiques se contentent d'utiliser la pesanteur. Résultat : le matin, au réveil, nous avons les yeux gonflés. En position allongée, la pesanteur ne peut en effet pas faire grand-chose, et même si les petits vaisseaux lymphatiques de notre visage ont la gentillesse d'ouvrir leurs portes, il faut d'abord que nous nous levions pour que le liquide transporté jusqu'ici pendant la nuit puisse à nouveau s'écouler vers le bas. (Et après une longue promenade, si nos cuisses ne sont pas gorgées de liquide, c'est parce qu'à chaque pas, les muscles des jambes font pression sur les vaisseaux lymphatiques, ce qui fait remonter la lymphe.) En général, la lymphe fait plutôt partie des mauviettes mal considérées – sauf dans l'intestin grêle, où elle occupe enfin le devant de la scène. Pour pouvoir recueillir toutes les graisses digérées sans risquer de se boucher, tous les vaisseaux lymphatiques convergent vers un gros vaisseau.

Ce gros vaisseau, c'est le conduit thoracique. Son nom passe-partout est trompeur : plutôt que "conduit", il aurait été plus juste de l'appeler "maître de bonne conduite", car il suffit de l'observer pour comprendre pourquoi les bonnes graisses sont bonnes et les mauvaises… mauvaises. Suivez le guide! Les lipides sont collectés dans les vaisseaux lymphatiques, puis regroupés dans le conduit thoracique.

Celui-ci remonte le long de la colonne vertébrale, puis décrit un arc de cercle au niveau du cou et débouche... paf! en plein dans le cœur. (C'est là qu'afflue tout le liquide collecté, qu'il provienne des jambes, des paupières ou de l'intestin.) Les graisses – qu'il s'agisse de l'huile d'olive la plus noble ou de l'huile de friture la plus rance – sont donc déversées directement dans le cœur. Contrairement à tout ce que nous digérons d'autre, elles ne font pas de détour préalable par le foie.

Pour que les graisses nocives et dangereuses soient neutralisées, il faut d'abord que le cœur pompe dans le corps tout ce qui lui a été livré et que les gouttelettes de graisse atterrissent par hasard dans un vaisseau sanguin du foie. Comme il y a beaucoup de sang dans le foie, la probabilité d'une telle rencontre est élevée – mais avant cela, le cœur et les vaisseaux sont exposés sans protection à ce que McDonald's & Co. auront pu acheter à bas prix.

Si les mauvaises graisses peuvent avoir des effets néfastes, les bonnes graisses, elles, sont capables de faire des miracles. Dépenser quelques euros de plus pour s'offrir une bouteille de véritable huile d'olive pressée à froid (vierge extra), c'est donner à son morceau de baguette l'occasion de barboter dans un bain bienfaisant pour le cœur et les vaisseaux. De nombreuses études suggèrent que l'huile d'olive pourrait protéger de l'artériosclérose, du stress cellulaire, de la maladie d'Alzheimer et des maladies oculaires (comme la dégénérescence maculaire). En outre, des effets bénéfiques dans les pathologies inflammatoires telles

---

Ill. A = les vaisseaux sanguins passent par le foie, puis rejoignent le cœur.
    B = les vaisseaux lymphatiques vont droit au cœur.

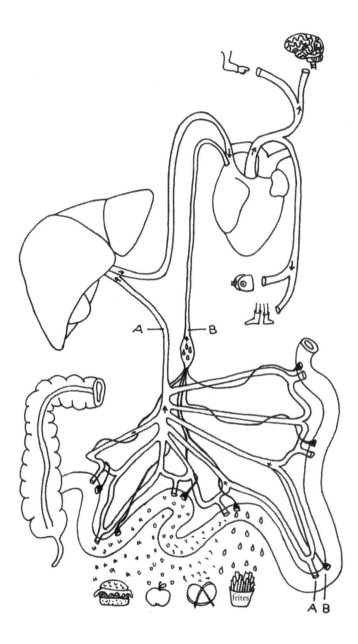

A——B

A B

frites

que l'arthrite rhumatismale ou encore dans la prévention de certains types de cancers ont été mis en évidence. Et ce n'est pas tout (que les ennemis du gras ouvrent grand leurs oreilles) : l'huile d'olive peut aussi déclarer la guerre à ces vilaines poignées d'amour qui nous chagrinent. Elle bloque en effet dans les tissus adipeux l'acide gras synthase, une enzyme qui a un petit faible pour les excédents de glucides, à partir desquels elle fabrique de la graisse. Et puis, nous ne sommes pas les seuls à profiter de l'huile d'olive : les bonnes bactéries intestinales apprécient elles aussi ses bienfaits.

Pour un ou deux euros de plus, vous avez une bonne huile d'olive, qui n'est ni grasse ni rance au goût, mais verte et fruitée, et qui, quand on l'avale, laisse parfois sur la langue une sensation un peu râpeuse due aux tanins qu'elle contient. Pour la dégustation, il ne vous reste plus qu'à étudier les différents labels de qualité et à trouver LA bonne bouteille.

Mais réfrénons tout de suite les plus zélés : n'allez pas verser une grosse cuillerée d'huile d'olive vierge extra dans la poêle, car la chaleur a des effets dévastateurs sur elle. Un bon coup de chaud, oui, pour les steaks et les œufs, mais pas pour les huiles nobles, qui peuvent alors subir des modifications chimiques. Pour faire revenir les aliments, mieux vaut utiliser des huiles spécialement recommandées pour la cuisson ou des graisses solides comme le beurre ou la graisse de coco. Même si celles-ci regorgent de ces acides gras saturés qu'on a tant récriés, elles sont plus stables quand il s'agit de passer à la casserole.

Les huiles nobles ne sont pas seulement sensibles à la chaleur, elles ont aussi tendance à capter les radicaux libres en présence dans l'air. Et ces radicaux libres font pas mal de dégâts dans notre corps, parce que en réalité, ils n'aiment pas tant que ça leur liberté et préfèrent se fixer définitivement. Ils s'accrochent alors à tout ce qu'ils trouvent – aux vaisseaux sanguins, à la peau du visage, aux cellules nerveuses – et engendrent des irritations vasculaires, un vieillissement cutané ou des maladies nerveuses. S'ils veulent faire corps avec notre huile, ma foi, c'est parfait, mais ils sont priés de le faire dans notre tube digestif, et pas dans la cuisine. Après utilisation, le mieux est donc de bien refermer la bouteille et de la stocker au réfrigérateur.

Les graisses animales qu'on trouve dans la viande, le lait ou les œufs contiennent bien plus d'acide arachidonique que les huiles végétales. Or, l'acide arachidonique sert de base à notre corps pour produire des messagers chimiques médiateurs de la douleur. Des huiles végétales telles que l'huile de colza, de lin ou de chanvre contiennent quant à elles plus d'acides alpha-linoléniques aux propriétés anti-inflammatoires. Même chose pour l'huile d'olive, qui contient une substance dont l'effet est similaire : l'oléocanthal. Ces graisses agissent comme l'ibuprofène ou l'aspirine, mais à une échelle bien moindre. Si elles ne sont pas efficaces contre des maux de tête graves, une utilisation régulière peut cependant s'avérer bénéfique en cas de maladie inflammatoire, de migraines fréquentes ou de douleurs menstruelles. Pour lutter contre la douleur, il suffit parfois de veiller à consommer plus de graisses végétales qu'animales.

L'huile d'olive n'est pas un remède miracle pour autant. Son prétendu effet bénéfique pour la peau et les cheveux est contestable et contesté : des études dermatologiques ont ainsi montré que l'huile d'olive pure pouvait être légèrement irritante pour l'épiderme et qu'après un soin des cheveux à l'huile, le rinçage nécessaire était tel qu'il annulait l'effet bénéfique du traitement.

Trop de graisse, ce n'est pas bon pour notre corps. Qu'il s'agisse de bonnes ou de mauvaises graisses, trop, c'est trop, et nos capacités d'assimilation sont débordées. Le résultat est comparable à ce qui se passe quand, au lieu d'étaler une noisette de crème sur le visage, on tartine la moitié du pot. Selon les nutritionnistes, les lipides ne devraient couvrir au maximum que 30 % de l'apport énergétique quotidien. En moyenne, cela équivaut à 55-66 grammes par jour, la dose pouvant être supérieure pour les plus grands et les plus sportifs d'entre nous. Inversement, si vous ne dépassez pas tout le monde d'une tête et que votre activité sportive se résume à appuyer sur le bouton de l'ascenseur, mieux vaut rester en deçà de cette limite. Mangez un Big Mac, et la moitié des apports journaliers recommandés en lipides est déjà couverte – sauf que la quantité n'est pas tout… Avec un sandwich "Chicken Teriyaki" de la chaîne Subway, on est en dessous des six grammes – et libre à chacun de choisir ensuite comment il couvrira les 49 grammes restants.

Après les glucides et les lipides, voici le troisième élément constitutif de notre alimentation – et sans doute le moins connu : les acides aminés. C'est difficile à croire, mais le goût du tofu, qui va d'un arôme neutre à une saveur de noisette, et celui de la viande, prononcé et salé, ont la même base : de nombreux petits acides. Comme pour les glucides, ces différentes particules sont organisées en chaînes qui, au final, ont un autre goût et portent un autre nom : ce sont les protéines. Dans l'intestin grêle, les enzymes de la digestion déconstruisent ces chaînes, et la paroi intestinale se rue sur les précieuses particules. Les acides aminés sont au nombre de vingt et les possibilités de les combiner pour former des protéines sont infinies. Entre beaucoup d'autres choses, c'est sur cette base que nous élaborons notre ADN, c'est-à-dire notre patrimoine génétique, transmis aux nouvelles cellules fabriquées chaque jour. Et tous les autres êtres vivants, les animaux comme les végétaux, ont recours à ce procédé. Voilà pourquoi tout ce qui est comestible et provient de la nature contient des protéines.

Se passer de viande sans souffrir de carences est cependant plus complexe qu'on le croit parfois : les protéines présentes dans les végétaux ne sont pas les mêmes que dans les produits animaux et, souvent, les plantes utilisent une quantité d'acides aminés si réduite qu'on qualifie leurs protéines d'incomplètes. Si nous voulons utiliser leurs acides aminés pour produire nos propres protéines, nous ne pouvons constituer la chaîne correspondante que jusqu'au moment où survient la première carence en acide aminé. Les protéines non achevées sont alors à nouveau détruites, et les petits acides évacués dans notre urine ou recyclés autrement. Les haricots, par exemple, ne contiennent pas l'acide aminé méthionine, le riz et le blé (et par conséquent le seitan) n'ont pas de lysine, et le maïs présente même une double carence : il ne contient ni lysine, ni tryptophane. Mais n'allons pas trop vite en besogne : l'heure du triomphe des carnivores sur les phytophages n'a pas encore sonné. Les végétariens et les végétaliens doivent tout simplement miser sur des combinaisons intelligentes.

Les haricots ne contiennent pas de méthionine, certes, mais ils ont de la lysine à revendre. Une tortilla de blé garnie de pâte de haricots et d'une délicieuse farce au choix fournit donc tous les acides aminés dont nous avons besoin pour fabriquer des protéines. En mangeant des œufs et du fromage, on peut aussi compenser des protéines incomplètes. D'ailleurs, dans de nombreux pays, les êtres humains se nourrissent intuitivement de plats qui complètent les pièces du puzzle : du riz avec des haricots, des pâtes au fromage, du pain avec de l'houmous ou des toasts au beurre de cacahuète. En théorie, il n'est même pas nécessaire d'assurer ces combinaisons au sein d'un seul repas. Veiller à un équilibre quotidien suffit (et la nécessité de combiner peut même être une source d'inspiration utile quand on ne sait pas quoi cuisiner). En outre, certaines plantes contiennent tous les acides aminés importants en quantités suffisantes : c'est le cas par exemple du soja, du quinoa, de l'amarante, de la spiruline, du blé noir (sarrasin) et des graines de chia. Si on appelle parfois le tofu "viande des champs", c'est exactement pour ces qualités protéiques qui font de lui un aliment précieux. Avec un bémol, cependant, puisque de plus en plus de gens y sont allergiques.

ALLERGIES, SENSIBILITÉS ET INTOLÉRANCES

L'une des hypothèses sur l'apparition des allergies a pour point de départ la phase digestive qui se déroule dans l'intestin grêle. Si nous ne parvenons pas à fragmenter une protéine en différents acides aminés, de minuscules morceaux peuvent subsister. Normalement, ils ne sont tout simplement pas assimilés par le sang. Mais il faut se méfier des eaux qui dorment – en l'occurrence, de la lymphe. Une fois enfermées dans une gouttelette de graisse, de telles particules pourraient arriver chez elle et être alors repérées par des cellules immunitaires attentives. Au milieu du liquide lymphatique, celles-ci détectent par exemple une minuscule particule de cacahuète. Que font-elles ? Évidemment, elles attaquent cet intrus.

La prochaine fois qu'elles le repèrent, elles sont mieux préparées et peuvent déployer plus de moyens pour l'attaquer. Arrive alors un moment où il suffit même de croquer une cacahuète pour que les cellules immunitaires de la bouche, bien informées, dégainent leurs pistolets-mitrailleurs. La conséquence : des réactions allergiques de plus en plus prononcées, avec par exemple un œdème du visage et de la langue. Cette explication correspond

en aux allergies principalement déclenchées par des aliments à la fois gras et riches en protéines, comme le lait,
les œufs et, en tête de liste, les cacahuètes. Quant à savoir
pourquoi presque personne ne fait d'allergies aux lardons,
la réponse est simple : nous sommes nous-mêmes faits de
chair et n'avons généralement aucun problème à la digérer.

MALADIE CŒLIAQUE ET SENSIBILITÉ AU GLUTEN

Le développement d'allergies en lien avec l'intestin grêle
ne peut pas s'expliquer que par les graisses. Des allergènes
comme les crustacés, le pollen ou le gluten sont loin d'être
des poids lourds côté lipides, et les gens qui ont une alimentation riche en graisses n'ont pas plus d'allergies que
les autres. Pour expliquer l'apparition des allergies, une
autre hypothèse a été avancée : comme la perméabilité
de la paroi intestinale peut parfois brièvement augmenter, des résidus de nourriture profitent de l'opportunité et
se fraient alors un passage dans les tissus intestinaux et le
sang. Les scientifiques étudient surtout cette possibilité en
relation avec le gluten, un amalgame de protéines issues
de céréales telles que le blé.

Les céréales n'aiment pas vraiment qu'on les mange.
Une plante, quelle qu'elle soit, a pour ambition de se
reproduire – et pas de voir ses descendants disparaître
entre nos dents. Au lieu de nous faire une scène, les végétaux n'hésitent pas à empoisonner (à petites doses) leurs
graines. Mais tout cela est bien moins dramatique que ça
n'en a l'air à première vue : d'un côté comme de l'autre,
quelques grains de blé dévorés sont encore du domaine

de l'acceptable. Les êtres humains peuvent ainsi prospérer, et les végétaux aussi. Seulement, plus une plante se sent en danger, plus elle injecte de substances nocives dans ses graines. Et si le blé est ainsi rongé par l'angoisse, c'est parce que ses graines ne disposent que de peu de temps pour pousser et se reproduire. Il n'est donc pas question de louper le coche. Chez les insectes, le gluten bloque une enzyme digestive importante, si bien qu'une sauterelle qui grignote trop de plants de blé se retrouve avec des crampes d'estomac. Elle laisse donc en paix le reste du champ, et tout le monde est content.

Dans l'intestin humain, le gluten peut passer par les cellules intestinales, parfois sans avoir été digéré, puis desserrer de là les liens entre les différentes cellules. Des protéines de blé se retrouvent alors dans des zones où elles n'ont rien à faire, et c'est tout à fait le genre de phénomène qui met notre système immunitaire en colère. Une personne sur cent est concernée par l'intolérance au gluten (dite maladie cœliaque), mais le nombre de personnes qui présentent une sensibilité au gluten est autrement plus élevé.

Dans le cas de la maladie cœliaque, la consommation de blé peut entraîner d'importantes inflammations, détruire les villosités intestinales et affaiblir le système nerveux. Les personnes touchées souffrent de maux de ventre, de diarrhées, présentent dès l'enfance un retard de croissance ou sont très pâles en hiver. Le hic, avec cette maladie, c'est qu'elle peut être plus ou moins prononcée selon les cas. Si les inflammations sont modérées, le patient peut ne rien remarquer pendant plusieurs années. Il a parfois des maux de ventre ou souffre peut-être d'une anémie qui sera découverte par hasard chez le médecin. Actuellement, le meilleur traitement de la maladie cœliaque est de supprimer complètement le blé de l'alimentation.

Dans le cas d'une sensibilité au gluten, on peut manger du blé sans dommages trop importants pour l'intestin, mais il ne faut pas exagérer non plus. Rappelons-nous l'histoire de la sauterelle. Souvent, ce n'est qu'après avoir suivi un régime sans gluten pendant une ou deux semaines que les personnes concernées remarquent une amélioration et, de là, peuvent identifier le problème. Elles ont soudain moins de troubles digestifs ou de ballonnements, moins de maux de tête ou de douleurs articulaires. Certaines voient leur concentration s'améliorer ou se sentent moins souvent fatiguées ou démotivées. La sensibilité au gluten est un champ de recherche assez récent. À l'heure actuelle, la méthode de diagnostic peut être résumée grossièrement comme suit : les symptômes s'amenuisent au cours d'un régime sans gluten, et ce, bien que le test à la maladie cœliaque soit négatif. Il n'y a ni inflammation, ni destruction des villosités intestinales, mais visiblement, le système immunitaire a tendance à s'affoler quand on lui sert trop souvent du pain blanc.

La perméabilité de l'intestin peut aussi n'augmenter que sur une période circonscrite, par exemple après une prise d'antibiotiques, suite à une consommation excessive d'alcool ou en cas de stress. Quand la sensibilité au gluten n'est avérée que dans ce type de situations, le patient peut même présenter les signes d'une véritable intolérance. La meilleure chose à faire dans ce cas, c'est de supprimer le gluten pendant un temps. Le diagnostic définitif s'appuie sur un examen approfondi et sur la présence de certaines molécules au niveau des globules. En dehors des groupes sanguins bien connus A, B, AB ou O, il existe encore de nombreuses autres classifications génétiques, comme le génotypage HLA-DQ. Si vous n'appartenez ni au groupe HLA-DQ2, ni au groupe HLA-DQ8, très majoritaires chez les malades, il est très peu vraisemblable que vous soyez atteint de la maladie cœliaque.

INTOLÉRANCE AU LACTOSE ET MALABSORPTION DU FRUCTOSE

Quand on parle d'intolérance au lactose, il ne s'agit en réalité ni d'une allergie, ni d'une véritable incompatibilité. Cependant, comme en cas d'allergie, la nourriture ne peut pas être décomposée complètement en ses différents éléments. Le lactose est un glucide présent dans le lait. Il est composé de deux molécules liées entre elles par une liaison chimique. L'enzyme digestive qui les dissocie, la lactase, ne vient pas de la papille duodénale (ce petit trou dans la paroi intestinale par lequel sont projetés les sucs digestifs). Elle est fabriquée par les cellules de l'intestin grêle elles-mêmes, à leur extrémité, au niveau de leurs plus petites villosités. Quand il entre en contact avec la paroi intestinale, le lactose se dégrade et les différentes molécules de sucre peuvent alors être assimilées. Sans lactase, les désagréments qui surviennent sont proches de ceux causés par une intolérance ou une sensibilité au gluten : maux de ventre, diarrhées ou encore ballonnements. Mais à l'inverse de ce qui se passe pour les désordres associés au gluten, les particules de lactose mal assimilées ne traversent pas la paroi intestinale. Elles se contentent de glisser le long de l'intestin grêle et de rejoindre le gros intestin où elles nourrissent des bactéries productrices de gaz. Les ballonnements et autres réjouissances sont pour ainsi dire les remerciements que nous fait parvenir une population de microbes trop bien nourris. Si ce n'est pas très agréable, j'en conviens, l'intolérance au lactose reste cependant bien moins grave qu'une maladie cœliaque non dépistée.

Chacun de nous est pourvu d'un gène dédié à la digestion du lactose. Dans de rares cas, il arrive que les problèmes commencent dès la naissance : les nourrissons touchés ne peuvent pas boire de lait maternel sans souffrir aussitôt de violentes diarrhées. Chez 75 % des êtres humains, le gène se désactive progressivement au cours des années. Après tout, à partir d'un certain âge, nous ne sommes plus censés nous nourrir en suçotant un sein ou la tétine d'un biberon. Au-delà des frontières de l'Europe de l'Ouest, de l'Australie et des États-Unis, les adultes supportant encore la consommation de lait sont rares. Et même sous nos latitudes, les produits sans lactose se multiplient dans les supermarchés : à en croire les statistiques, en Europe du Nord, jusqu'à 15 % de la population pourrait être concernée par cette intolérance[1]. Plus on vieillit, et plus la probabilité de ne plus pouvoir dissocier le lactose augmente – mais à soixante ans, on ne pense pas forcément que ce ventre ballonné ou cette petite diarrhée sont la conséquence du traditionnel verre de lait de quatre heures ou de la délicieuse crème qui nappait l'escalope.

---

1. Source : www.passeportsante.net/fr/Actualites/Dossiers/Article-Complementaire.aspx?doc=lait_lactose_do.

Cesser du jour au lendemain de consommer du lait serait cependant exagéré. Dans la plupart des cas, la lactase est encore présente dans notre intestin même si son activité est réduite. Les enzymes qui permettent de dissocier le lactose travaillent à, disons, 10-15 % de leurs capacités d'origine. Si vous constatez que vous digérez mieux en renonçant à un verre de lait, rien ne vous empêche de tester par vous-même la quantité que vous tolérez et à partir de quand ça se gâte. Bien souvent, un morceau de fromage, une goutte de lait dans le thé ou un peu de crème anglaise avec le gâteau au chocolat ne devraient pas poser de problème.

Il en va de même avec une autre intolérance alimentaire très répandue : la malabsorption du fructose, un sucre qu'on trouve notamment dans les fruits. Comme pour l'intolérance au lactose, ce trouble fonctionnel intestinal existe aussi sous une forme sévère congénitale : la fructosémie (ou intolérance héréditaire au fructose), qui génère des problèmes digestifs dès la plus petite quantité de fructose absorbée. La plupart des gens, cependant, souffrent plutôt d'un problème dû à un excès de fructose. Pourtant, ce sucre qu'on trouve notamment dans les fruits, il devrait être bon, non ? On ne sait souvent pas très bien ce que c'est et, sur les emballages des produits alimentaires, la mention "contient du fructose" nous donne l'impression d'acheter un produit meilleur pour la santé que s'il y figurait "contient du sucre". L'industrie agro-alimentaire se fait donc un plaisir d'ajouter du fructose pur à ses produits et contribue elle aussi à ce que notre alimentation soit plus riche en fructose que jamais.

Pour beaucoup, une pomme par jour ne pose aucun problème – s'il n'y avait pas aussi le ketchup sur les frites, le yaourt sucré aux fruits et la soupe en brique qui, tous, contiennent du fructose. Ou encore certaines tomates, spécialement cultivées pour développer une forte proportion de fructose. Pour couronner le tout, nous faisons face aujourd'hui à une offre de fruits qui, sans globalisation ni transports aériens, n'existerait nulle part sur la planète. En hiver, les ananas des zones tropicales voisinent sur nos étals avec les fraises fraîches des serres hollandaises et quelques figues séchées du Maroc. Ce que nous faisons entrer dans la catégorie d'une intolérance alimentaire, ce n'est donc peut-être que la réaction tout à fait saine d'un corps qui, en l'espace d'une génération, a dû s'adapter à une alimentation telle qu'elle n'a encore jamais existé.

Le mécanisme qui se cache derrière l'intolérance au fructose n'est pas le même que pour le gluten ou le lactose. Les personnes qui souffrent d'une intolérance congénitale ont dans leurs cellules peu d'enzymes permettant l'assimilation du fructose. Le fructose peut donc se concentrer petit à petit dans les cellules et entraver d'autres processus. Dans le cas d'une sensibilité qui se développe plus tard, on suppose que le problème se situe plutôt au niveau du transport. Chez ces patients, les canaux de transport du fructose (les transporteurs GLUT-5) sont souvent moins nombreux. Quand ils ingèrent une petite quantité de fructose – par exemple en mangeant une poire –, les canaux de transport sont aussitôt saturés et le sucre de la poire, selon le même schéma que dans une intolérance au lactose, rejoint la flore intestinale, dans le gros intestin.

Aujourd'hui, certains chercheurs se demandent si le nombre réduit de canaux de transport est vraiment à l'origine du mal, puisque des sujets sans troubles digestifs envoient eux aussi une partie du fructose non digéré dans le gros intestin (surtout quand ils ont un peu trop forcé sur la dose). Alors pourquoi le fructose cause-t-il des ennuis à certains et pas à d'autres ? L'une des causes probables se trouve dans la composition de la flore intestinale. Notre mangeur de poire envoie le fructose excédentaire à une certaine catégorie de bactéries intestinales, qui l'utilisent pour générer tout un tas de symptômes gênants. Un phénomène qui s'accentue proportionnellement à la quantité de ketchup, de yaourt aux fruits ou de soupe en brique qu'on a avalée avant.

Quand le fructose est mal absorbé, le moral peut même en prendre un coup lui aussi. Grâce au sucre, de nombreuses autres substances nutritives sont en effet assimilées dans le sang. L'acide aminé tryptophane, par exemple, aime se lier au fructose pendant la digestion. Mais si la quantité de fructose que nous avons dans le ventre est trop importante pour être assimilée dans son ensemble, nous nous en débarrassons et perdons du même coup celui qui s'est accroché à ses baskets : le tryptophane. Or, le tryptophane nous est aussi utile pour produire de la sérotonine. La sérotonine, c'est ce neurotransmetteur qu'on surnomme aussi l'"hormone du bonheur" parce qu'une carence peut engendrer des dépressions. Non décelée, une malabsorption du fructose qui dure depuis plusieurs années peut donc tout à fait être la cause d'humeurs dépressives. C'est là une découverte récente qui se fraie peu à peu un chemin jusque dans les cabinets médicaux.

À nouvelles découvertes, nouveaux questionnements : une alimentation trop riche en fructose pourrait-elle par exemple nuire à notre bonne humeur ? À partir de

50 grammes de fructose par jour (soit cinq poires, huit bananes ou environ six pommes), les transporteurs naturels sont saturés chez plus de la moitié des gens. Au-delà de cette dose, il pourrait y avoir une incidence néfaste sur la santé, comme des diarrhées, des maux de ventre, des ballonnements, voire, à long terme, un état dépressif. Aux États-Unis, la consommation moyenne de fructose est actuellement de 80 grammes par jour. La ration quotidienne de nos parents, qui sucraient leur thé avec une petite cuillérée de miel, consommaient peu de produits tout prêts et mangeaient des fruits en quantité raisonnable, n'était que de 16 à 24 grammes.

La sérotonine n'est pas seulement garante de bonne humeur, elle est aussi responsable du sentiment de satisfaction que nous éprouvons quand nous sommes rassasiés. Grosses fringales et grignotage continuel pourraient ainsi être une conséquence de la malabsorption du fructose, surtout quand apparaissent aussi d'autres symptômes, comme les maux de ventre. Voilà un point qui pourrait également intéresser les mangeurs de salades soucieux de leur ligne. La plupart des sauces salade vendues en supermarché ou servies dans les restaurants contiennent du sirop de fructose-glucose. Des études ont pu démontrer que ce sirop inhibait certains messagers chimiques chargés de la satiété (comme la leptine), y compris chez les personnes ne souffrant pas d'une malabsorption du fructose. Pour le même nombre de calories, une salade simplement assaisonnée d'huile et de vinaigre ou d'une sauce maison au yaourt tient donc bien mieux au ventre!

La fabrication des aliments n'échappe pas au principe d'évolution perpétuelle qui gouverne notre univers. Mais voilà : les innovations sont parfois synonymes de progrès – et parfois de dangers. À l'origine, le salage a par exemple été une méthode révolutionnaire pour empêcher qu'on ne s'empoisonne avec de la viande avariée. Pendant des siècles, il a donc été d'usage de saler abondamment les viandes et charcuteries pour les conserver, ce qui leur donne une teinte rouge et brillante. Voilà pourquoi le jambon, le saucisson ou la palette fumée ne brunissent pas comme un steak ou une côtelette quand on les cuit. En 1980, l'utilisation du nitrite de sodium dans l'industrie alimentaire a finalement été limitée de manière drastique en raison de risques supposés pour la santé. Désormais, la proportion maximale de nitrite de sodium pour les charcuteries s'élève à 100 milligrammes (un millième de gramme) par kilogramme de viande. Et depuis, les cas de cancers de l'estomac ont fortement baissé. Il était donc plus qu'indispensable de revoir et corriger ce qui était apparu un jour comme une innovation astucieuse. Pour conserver la viande sans risques, les charcutiers les plus malins utilisent aujourd'hui un mélange de vitamine C et de nitrite (en faibles quantités).

Alors pourquoi ne pas continuer sur cette lancée et remettre aussi en cause notre utilisation du blé, du lait et du fructose ? Mettre ces aliments au menu est une bonne chose, car ils contiennent des substances extrêmement utiles – mais peut-être devrions-nous revoir les quantités que nous ingérons. Tandis que nos ancêtres, les chasseurs-cueilleurs, mangeaient chaque année jusqu'à cinq cents variétés de racines, d'herbes et de végétaux, nous nous nourrissons aujourd'hui le plus souvent de dix-sept plantes utiles. Rien d'étonnant, donc, à ce que notre tube digestif ait du mal à "digérer" cette évolution.

Les troubles digestifs divisent notre société en deux catégories : dans la première catégorie, on se soucie de sa santé et on surveille très attentivement son alimentation, tandis que dans la deuxième, on commence à en avoir assez de ne plus pouvoir préparer un repas pour des amis sans avoir à passer avant à la pharmacie. Les deux groupes sont dans le vrai. Devant un médecin qui évoque une intolérance alimentaire, beaucoup de patients auront des réactions disproportionnées. Remarquant que leur état s'améliore quand ils s'abstiennent de manger certains aliments, ils supprimeront de leur alimentation tous les fruits, toutes les céréales ou tous les produits laitiers comme s'il s'agissait de produits empoisonnés. En réalité, la plupart des personnes concernées par une intolérance alimentaire ne présentent pas d'allergie génétique complète, mais réagissent à un excès. En général, nous avons tous assez d'enzymes pour pouvoir savourer un peu de sauce à la crème, un morceau de pain blanc ou une salade de fruits.

Il n'empêche : une hypersensibilité alimentaire doit être prise en compte. On veut nous faire avaler beaucoup de choses, et notamment de nouvelles habitudes alimentaires : du blé matin, midi et soir, du fructose dans tous les plats tout prêts ou du lait bien après que nous avons quitté les jupes de nos mères – normal que notre corps trouve qu'il en a assez soupé ! Non, on n'a pas "juste comme ça" des maux de ventre ou des diarrhées à répétition et ce sentiment de lassitude extrême ne vient pas de nulle part. On peut agir contre ces symptômes. Même si le médecin a pu exclure une maladie cœliaque ou une intolérance au fructose, quand on remarque qu'en réduisant certains aliments consommés, on va mieux, il ne faut pas hésiter à se faire du bien !

Au-delà d'un excès général, quelques-uns des facteurs classiques qui peuvent entraîner une hypersensibilité temporaire à certains aliments sont le recours aux antibiotiques, trop de stress ou une gastroentérite. Mais dès que les choses seront revenues à la normale, nos intestins, même sensibles, peuvent retrouver la forme. Dans ce cas, la solution n'est pas de se priver à vie de l'aliment incriminé, mais de le consommer à nouveau – dans les quantités qui conviennent à notre petit ventre.

LE CARNET

SCATOLOGIQUE

COMPOSITION, COULEUR
& CONSISTANCE

Chers lecteurs,

Il est temps pour nous d'aller au fond des choses (et de la cuvette). Toussotez, rajustez vos lunettes et prenez une bonne grosse gorgée de thé! Nous allons maintenant faire la connaissance d'un mystérieux petit tas de m...

COMPOSITION

Beaucoup pensent que les excréments sont principalement composés de ce que nous avons mangé. Erreur!

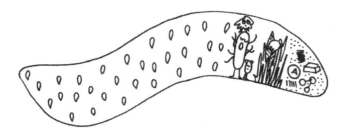

La matière fécale est aux trois quarts composée d'eau. Chaque jour, nous perdons environ 100 millilitres de liquide. Pendant un cycle digestif, l'intestin résorbe déjà environ 8,9 litres. Ce que nous voyons au fond de la cuvette des WC est donc le summum de l'efficacité : le liquide qui est arrivé jusqu'ici n'aurait pas pu se trouver ailleurs. Grâce à un dosage optimal en eau, les selles sont assez molles pour transporter vers la sortie nos résidus métaboliques.

Un tiers des matières solides sont des bactéries. Elles ont fait leur temps au sein de la flore intestinale et se retirent donc de la vie active.

Un autre tiers est composé de fibres non digestibles. Plus on mange de légumes et de fruits, plus la commission est grosse. La quantité quotidienne de matières fécales peut alors sans problème passer à 500 grammes, au lieu des 100-200 grammes de moyenne.

Le dernier tiers est un vrai bric-à-brac. On y trouve toutes les substances dont notre corps veut se débarrasser, comme les déchets médicamenteux, les colorants ou le cholestérol.

COULEUR

La couleur naturelle des selles humaines va du brun au beige. Y compris quand nous n'avons rien mangé de cette couleur. Même chose pour notre urine, qui tire toujours sur le jaune. La raison ? Un produit plus qu'essentiel que nous fabriquons chaque jour : le sang. Chaque seconde, 2,4 millions de globules sont produits. Mais ils sont tout aussi nombreux à être détruits. La couleur rouge qui résulte de cette dégradation vire d'abord au vert, puis au jaune – un phénomène que l'on peut aussi observer après avoir reçu un coup : le bleu que nous avons au genou après avoir raté la marche change lui aussi progressivement de couleur. L'urine permet d'évacuer sans détour une petite partie du jaune.

La plus grande partie passe par le foie et rejoint l'intestin, où des bactéries vont fabriquer à partir du jaune une autre couleur : le marron. La teinte des excréments nous renseigne sur la façon dont se déroule le processus et il peut être très utile de connaître l'origine de couleurs fécales atypiques :

DU MARRON CLAIR AU JAUNE : Cette teinte peut être un effet du syndrome de Gilbert, une maladie bénigne. Une enzyme de dégradation de l'hémoglobine ne fonctionne alors plus qu'à 30 %, si bien que les substances colorées parvenant dans l'intestin sont moins abondantes. Le syndrome de Gilbert touche 8 % de la population, ce qui fait de lui une maladie assez répandue. Ce n'est pas vraiment grave, puisque le dysfonctionnement de cette enzyme n'entraîne quasiment aucun désagrément. Seul effet secondaire : les patients supportent moins bien le paracétamol et devraient par conséquent éviter d'y recourir.

Autre explication pour des selles jaunâtres : les bactéries intestinales ont des soucis. Quand elles ne travaillent pas correctement, elles ne peuvent pas fabriquer de marron. La prise d'antibiotiques ou un épisode diarrhéique, par exemple, peuvent bouleverser la palette de couleurs.

DU MARRON CLAIR AU GRIS : Quand la liaison entre le foie et l'intestin est interrompue ou comprimée (en général, en aval de la vésicule biliaire), l'hémoglobine responsable de la couleur rouge du sang ne parvient plus jusque dans les selles. Les routes barrées n'étant jamais une partie de plaisir, en cas de grisaille dans la cuvette, mieux vaut consulter un médecin.

NOIR OU ROUGE : Le sang coagulé est de couleur noire, le sang frais de couleur rouge. Cette fois, il ne s'agit pas seulement du

colorant qui peut être transformé en marron, et ces couleurs révèlent la présence de globules dans les selles. En cas d'hémorroïdes, la teinte rouge claire n'est pas inquiétante. Pour toutes les teintes plus foncées, mieux vaut consulter un médecin – sauf s'il y avait de la betterave au menu d'hier.

CONSISTANCE

L'échelle de Bristol qui décrit l'aspect des selles humaines a été publiée en 1997, et elle est donc relativement récente si l'on songe au nombre de millénaires pendant lesquels nous avons déféqué sans elle. Elle répartit les selles en sept catégories selon leur consistance. Comme la plupart des gens rechignent à décrire l'aspect de ce que produisent leurs intestins, c'est un outil qui peut s'avérer très utile. J'entends déjà d'ici ceux qui s'insurgent : "On a quand même bien le droit d'avoir ses petits secrets, non ?" Bien sûr, on n'est pas obligé de parler de tout. Mais vous, vous voudriez avoir des selles anormales sans le savoir ? C'est ce qui arrive quand on n'a pas d'élément de comparaison. Une digestion saine, avec au final des selles qui présentent la proportion d'eau idéale, donne un résultat de type 3 ou 4. Les autres catégories ne devraient pas être à l'ordre du jour. Si elles s'invitent trop souvent dans notre cuvette, il peut être utile de consulter un bon médecin et de déterminer avec lui si certains aliments sont mal supportés ou s'il y a quelque chose à faire contre la constipation. La version originale de cette échelle est l'œuvre du médecin anglais Ken Heaton.

Type 1 :

separate hard lumps, like nuts (hard to pass) |
selles dures et morcelées (en forme de
billes), d'évacuation difficile

Type 2 :

sausage-shaped but lumpy | selles dures
moulées, en forme de saucisse, bosselées

Type 3 :

like a sausage but with cracks on the surface |
selles dures moulées, en forme de saucisse,
craquelées à la surface

Type 4 :

like a sausage or snake, smooth and soft |
selles molles mais moulées, en forme de
saucisse ou serpentin (On dirait du dentifrice, *N.d.A.*)

Type 5 :

soft blobs with clear-cut edges | selles molles
morcelées à bords nets

Type 6 :

fluffy pieces with ragged edges, a mushy stool |
selles molles morcelées à bords déchi-
quetés

Type 7 :
watery, no solid pieces. Entirely liquid | selles totalement liquides

Les différentes catégories nous livrent aussi de précieux indices sur le temps qu'il faut à nos intestins pour transporter les résidus alimentaires. Pour le type 1, les résidus ont besoin d'une centaine d'heures pour être évacués (constipation), tandis que pour le type 7, l'affaire est bouclée en une dizaine d'heures (diarrhée). Le type 4 est considéré comme le *nec plus ultra* du caca : c'est celui qui présente le meilleur équilibre entre l'eau et les substances solides. Vous venez d'évacuer un type 3 ou 4 dans la cuvette ? Observez la vitesse à laquelle votre œuvre s'enfonce dans l'eau. Si elle sombre au fond de la cuvette en moins de temps qu'il ne faut pour le dire, c'est peut-être qu'elle contient encore beaucoup de nourriture mal digérée. Pour flotter un temps à la surface, les selles doivent renfermer de petites bulles de gaz. Celles-ci proviennent de bactéries intestinales qui, dans la plupart des cas, font du bon boulot. Si vous ne souffrez pas par ailleurs de ballonnements, cette trace de leur présence est donc un bon signe.

Chers lecteurs,
Nous refermons à présent ce carnet scatologique. Vous pouvez vous détendre, vos lunettes peuvent glisser sur le bout de votre nez. L'œuvre du rectum clôt ce premier chapitre. Et nous nous penchons maintenant sur le réseau électrique de notre corps : le système nerveux.

2

LE CERVEAU D'EN BAS

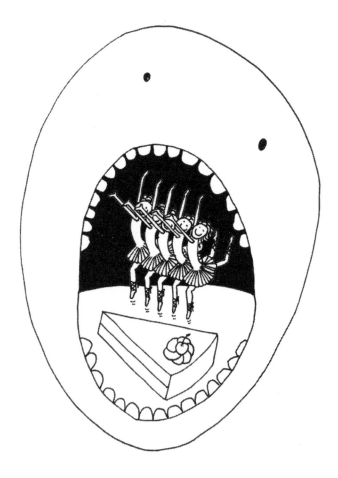

L'inconscient et le conscient voisinent parfois. Je vous donne un exemple : il est midi et, assis dans votre cuisine, vous déjeunez. Ce faisant, vous ne remarquez pas qu'à seulement quelques mètres de là, dans l'appartement d'à côté, une autre personne, assise dans sa cuisine, déjeune elle aussi. Et s'il vous arrive alors d'entendre le plancher craquer, votre horizon s'élargit soudain au-delà de vos quatre murs, au-delà de ce que vous percevez consciemment. Dans notre corps, c'est la même chose : il y a là aussi des zones qui sont pour nous *terra incognita*. Mais que font donc nos organes toute la sainte journée ? Aucune idée, nous ne sentons rien de ce qui s'y passe. Mangeons par exemple une part de gâteau et voyons ce qui se passe : dans la bouche, nous percevons encore le goût et la consistance du gâteau, et nous sentons encore les quelques centimètres qui interviennent au début de la déglutition, mais ensuite – pouf ! – la bouchée de gâteau se volatilise. À partir de là, la matière disparaît dans une sorte de trou noir, auquel la médecine a donné le nom très prosaïque de "muscles lisses".

Les muscles lisses ne sont pas soumis au contrôle volontaire. Au microscope, leur aspect diffère de celui des muscles que nous pouvons commander consciemment, et c'est de là, d'ailleurs, qu'ils tiennent leur nom : ils sont dépourvus des stries caractéristiques des muscles que nous contrôlons volontairement, tel le biceps. Sur les muscles que nous contrôlons, les muscles striés squelettiques, les bandes et les stries sont si bien ordonnées qu'on les croirait tracées à la règle.

Les sous-unités des muscles lisses forment des réseaux organiques entrelacés qui ondulent en vagues harmonieuses. Les muscles lisses enveloppent aussi nos vaisseaux sanguins, et c'est ce qui explique que beaucoup d'entre nous rougissent quand ils se sentent mal à l'aise : sous l'effet d'émotions comme la honte, les muscles lisses se relâchent et les veinules du visage se dilatent. À l'inverse, en situation de stress, la musculeuse des vaisseaux a tendance à se contracter, les vaisseaux se resserrent et le sang doit alors forcer pour passer, ce qui peut induire une hypertension.

Le tube digestif sait s'entourer d'alliés efficaces : avec pas moins de trois couches de muscles lisses, il est extrêmement souple dans ses mouvements et peut exécuter des chorégraphies différentes selon les endroits. Et le chorégraphe chargé de régler les pas et les figures de ces muscles, c'est le système nerveux viscéral ! Cet ensemble de nerfs dédié à nos entrailles a la particularité de faire sa vie sans rien demander à personne. On l'appelle aussi le système nerveux autonome. Si l'on coupe les voies de communication entre ce système et le cerveau, le spectacle donné dans nos viscères ne s'interrompt pas pour autant et les interprètes continuent de s'activer gaiement pour accomplir le travail de digestion. Le phénomène est unique dans le corps humain : les jambes, dans un cas pareil, seraient incapables de nous porter, et les poumons en auraient le souffle coupé. C'est fascinant – et en même temps, on peut regretter qu'il soit impossible pour nous d'assister au travail de ces fibres nerveuses très émancipées. J'en conviens, un rot ou un pet n'ont peut-être rien de très raffiné, mais sachez-le : les mouvements qui les induisent sont aussi élégants que ceux d'une danseuse étoile.

LE GRAND VOYAGE DE LA NOURRITURE

Je vous invite maintenant à suivre le chemin du morceau de gâteau avant et après le grand "pouf!".

LES YEUX

Les particules de lumière qui rebondissent sur la part de gâteau sont projetées sur la rétine et activent les nerfs optiques. À l'issue d'une petite promenade dans les circonvolutions cérébrales, cette "première impression" est envoyée au cortex visuel, situé au centre du cerveau, à peu près à la même hauteur qu'une queue de cheval haute. Le cerveau utilise ici les signaux nerveux délivrés pour bricoler une image, et hop! nous voyons enfin notre part de gâteau. Ce cliché alléchant est alors transmis ailleurs : le centre salivaire, qui contrôle la sécrétion de salive, reçoit une lettre d'information, et nous en avons aussitôt l'eau à la bouche. De même, à la seule vue de cette gâterie, notre estomac s'en lèche les babines et sécrète un peu de suc gastrique.

La cavité nasale ne s'arrête pas là où le doigt, lui, se retrouve coincé quand il part en exploration. Plus haut, nous entrons dans le royaume des nerfs olfactifs, qui sont recouverts d'une couche protectrice de mucus. Tout ce que nous sentons doit d'abord être dissout dans ce mucus pour pouvoir atteindre les nerfs.

Les nerfs olfactifs sont de vrais spécialistes : il y a pour une multitude d'odeurs différentes toute une série de récepteurs spécifiquement dédiés. Certains récepteurs peuvent pendouiller pendant des années dans notre nez sans avoir rien à faire. Puis arrive le grand jour : une seule molécule olfactive de muguet rencontre le récepteur qui n'attendait que ça et celui-ci, enfin, peut lancer fièrement au cerveau : "Muguet!" Après quoi il se retrouve au chômage technique pendant plusieurs années. Pour info, sachez aussi que les chiens disposent de bien plus de récepteurs olfactifs que l'être humain – et pourtant, nous en avons un certain nombre.

Pour que nous puissions humer le délicieux parfum de notre part de gâteau, il faut que certaines molécules surfent sur un courant d'air et soient attirées à l'intérieur de la cavité nasale lors de l'inspiration. Parmi elles peuvent se trouver des arômes de vanille, de minuscules molécules de plastique provenant d'une petite cuillère jetable ou des vapeurs d'alcool dégagées par un biscuit gorgé de rhum… Notre organe olfactif est un goûteur chevronné. Plus la petite cuillère chargée d'une première bouchée de gâteau se rapproche de la bouche, plus il y a de molécules qui s'en détachent et affluent vers les narines. Sur les derniers centimètres de ce parcours, si nous décelons la présence d'alcool, le bras peut alors faire demi-tour, les yeux peuvent entamer une inspection plus approfondie, la bouche peut demander s'il y a de l'alcool dans ce gâteau ou depuis combien de temps il traîne dans le frigo. Et une fois que le cerveau a donné sa bénédiction : snip, snap, gobe, gobé, par le gosier de l'intéressé la bouchée de gâteau est passée – et le rideau se lève sur la première scène du ballet.

LA BOUCHE

La bouche aime les superlatifs. Le muscle le plus puissant du corps humain se trouve être celui de la mâchoire, tandis que celui de la langue est le muscle strié le plus agile. Quand ils travaillent ensemble, ces deux-là font des miracles en matière de puissance de broyage et d'agilité. Au royaume des superlatifs, l'émail de nos dents se défend bien lui aussi, puisque c'est le matériau le plus dur que nous soyons capables de fabriquer. Un record qui a sa raison d'être : avec notre mâchoire, nous exerçons sur une molaire une pression qui peut aller jusqu'à 80 kilos, soit le poids d'un homme adulte ! Pendant un repas, quand nous tombons sur quelque chose de très dur, c'est comme si nous ordonnions à toute une équipe de footballeurs professionnels de piétiner l'aliment incriminé pour que nous puissions l'avaler. Pour une bouchée de gâteau, cependant, inutile d'exercer la force maximale : quelques joueurs de l'équipe des minimes devraient suffire.

La mastication commence et, pour la langue, le moment est venu d'entrer en scène. Ici, c'est elle le coach : quand de petits morceaux de gâteau craintifs s'égarent loin des chaînes de broyage-concassage, la langue les remet gentiment sur le droit chemin. Une fois la bouchée de gâteau suffisamment mâchée (ce qui lui permet d'accéder au rang de "bol alimentaire"), on passe à la déglutition. La langue attrape une petite portion du bol alimentaire (environ 20 millilitres) et la propulse vers le palais mou, juste avant l'œsophage. Cette partie du palais fonctionne comme un interrupteur : il suffit d'appuyer dessus pour mettre en marche le programme de déglutition. La bouche est alors verrouillée (à cette étape, déjà, courant d'air et digestion ne font pas bon ménage). Et notre gâteau mâché est repoussé tout au fond, dans le pharynx : attention ! Carrefour dangereux entre les voies respiratoires et digestives…

LE PHARYNX

Au niveau du pharynx, deux portiers – le voile du palais et le muscle constricteur supérieur – se chargent de fermer cérémonieusement les derniers accès au nez. Le mouvement est si marqué qu'un peu plus loin, on peut encore l'entendre : les oreilles perçoivent alors un "plop". Les cordes vocales sont priées de se taire et l'épiglotte, tel un chef d'orchestre, se dresse majestueusement (le mouvement est perceptible au niveau du cou) tandis que toute la base de la bouche s'abaisse. C'est alors qu'une vague de salive emporte la minuscule portion de gâteau et la fait disparaître dans l'œsophage. Rideau. Applaudissements.

Il a fallu à notre bouillie de gâteau entre cinq et dix secondes environ pour parcourir ce chemin. Pendant la déglutition, l'œsophage fait la ola. Quand le bol alimentaire arrive, il s'élargit, et quand il est passé, il se referme. C'est ce qui permet à notre menu de ne pas repartir dans l'autre sens.

La procédure est si bien automatisée que nous pouvons même déglutir tout en faisant le poirier. Sans se soucier un seul instant de la pesanteur, notre morceau de gâteau descend donc avec grâce le long de notre buste. Les adeptes de break dance rapprocheraient ce mouvement de la figure du serpent ou du ver. Les médecins, eux, ont choisi pour décrire ce phénomène le terme *a priori* moins parlant de péristaltisme, qui désigne l'ensemble des contractions musculaires permettant la progression du bol alimentaire. Le premier tiers de l'œsophage est enveloppé de muscles striés, ce qui explique que nous ayons encore conscience de la première étape du chemin. Le monde de l'inconscient ne commence qu'après le petit renfoncement que nous pouvons palper tout en haut du sternum. À partir de là, l'œsophage n'est plus entouré que de muscles lisses.

La partie inférieure de l'œsophage est fermée par un muscle en forme d'anneau, le sphincter œsophagien inférieur. Tout ce mouvement – qu'on parle de la ola ou de figures de break dance – est communicatif : le muscle swingue un peu lui aussi et se détend pendant huit secondes. L'œsophage s'ouvre ainsi sur l'estomac, et le bout de gâteau saisit l'occasion pour plonger. Ensuite, le sphincter se contracte et l'orifice se referme, tandis qu'à l'étage supérieur, dans le pharynx, on respire à nouveau.

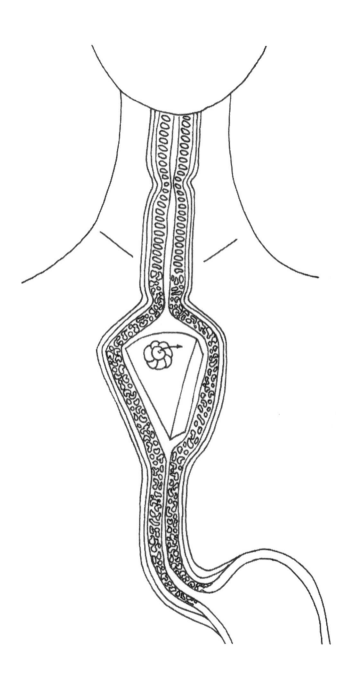

Le premier acte du spectacle, le parcours qui va de la bouche à l'estomac, demande un maximum de concentration et une bonne coordination. C'est un travail d'équipe qui nécessite d'être soigneusement étudié. Dans le ventre de nos mères, déjà, nous nous entraînons à déglutir et pouvons avaler jusqu'à un demi-litre de liquide amniotique. Si jamais nous faisons une fausse route, inutile d'appeler les secours : nous baignons dans ce liquide et nos poumons en sont remplis, de sorte que nous ne pouvons pas vraiment nous étrangler au sens classique du terme.

À l'âge adulte, nous déglutissons entre six cents et deux mille fois par jour. Ce faisant, nous activons plus de vingt paires de muscles – et la plupart du temps, les choses vont comme sur des roulettes. En vieillissant, nous avons tendance à avaler plus souvent de travers : les muscles qui coordonnent le spectacle ne respectent plus aussi bien la chorégraphie, le muscle constricteur supérieur a parfois un temps de retard et l'épiglotte a besoin d'une canne pour se lever. Dans ces moments tragiques, tapoter sur le dos de celui qui s'étouffe part certainement d'une bonne intention, mais le résultat, c'est surtout qu'on flanque la frousse aux vieux interprètes de ballet. Avant que les quintes de toux salvatrices deviennent une habitude, mieux vaut consulter un orthophoniste qui fera faire un peu de sport à toute la compagnie.

L'ESTOMAC

Notre estomac est un vrai contorsionniste. Si, au figuré, il est assez souple pour se retrouver dans nos talons, dans la réalité aussi, c'est un vrai pro des étirements. Juste avant le grand plongeon de notre morceau de gâteau, l'estomac se détend – et tant que la nourriture afflue, il s'étend et s'étire à l'envi. Il fait de la place à tous ceux qui veulent entrer. Un kilo de gâteau, soit à peu près le volume d'une brique de lait? Aucun problème, notre petit hamac extensible l'accueille volontiers. Mais il a quand même aussi ses limites : des émotions comme le stress ou la peur peuvent nuire à la dilatation de ses muscles lisses, et nous sommes alors plus vite rassasiés ou déjà écœurés après une petite portion.

Une fois le gâteau arrivé à destination, les parois de l'estomac accélèrent leurs mouvements comme les jambes sur une piste d'élan, et – paf! – allongent une bonne bourrade au bol alimentaire. Le gâteau fait un vol plané, rebondit sur la paroi stomacale et repart dans l'autre sens. C'est ce que les médecins appellent la rétropulsion. Et les grands frères, "on va voir jusqu'où tu peux voler". Mettons tout le monde d'accord et parlons tout simplement ici de "brassage". Travaillant de concert, le pas de course et la bourrade produisent ensemble ces gargouillis typiques que nous percevons en collant notre oreille contre le ventre de quelqu'un, tout en haut, dans le petit triangle où se rejoignent les arcs costaux gauche et droit. Quand le petit hamac se balance ainsi gaiement, il incite tout le tube digestif à swinguer avec lui. L'intestin fait alors lui aussi avancer son contenu et libère de la place pour ce qui suit. Voilà pourquoi, après un repas copieux, le temps qui s'écoule entre le dessert et le besoin impérieux d'aller aux toilettes peut être relativement court.

Ce petit bout de gâteau que vous avez avalé en début de chapitre suffit déjà à révolutionner vos entrailles. L'estomac va se balancer pendant environ deux heures, brasser son contenu dans un sens et dans l'autre et moudre chaque bouchée en de minuscules particules. La plupart ne dépassent pas 0,2 millimètre. Arrivées à ce stade d'insignifiance, les miettes abandonnent la partie de badminton contre les parois de l'estomac et préfèrent aller faire des glissades : au bout de l'estomac, elles disparaissent par un petit trou comme si c'était la bonde de la baignoire. Ce rétrécissement porte le nom de pylore, du grec "gardien des portes". Son rôle est de surveiller la sortie de l'estomac et l'entrée de l'intestin grêle.

Les glucides simples comme la pâte à tarte, le riz ou les pâtes s'engouffrent rapidement vers l'intestin grêle où ils seront digérés, assurant une augmentation rapide de la glycémie. En revanche, quand il repère des protéines et des lipides, le gardien les retient plus longtemps dans l'estomac. Un morceau d'entrecôte peut par exemple se balancer six heures dans notre petit hamac avant d'être livré intégralement à l'intestin grêle. Pas étonnant, donc, que nous ayons une terrible envie de dessert après avoir mangé de la viande ou des beignets bien gras : notre sang réclame sa dose glycémique, et la mousse au chocolat lui donne déjà un petit acompte. Les repas riches en glucides fournissent ainsi de l'énergie en deux temps trois mouvements, mais ils ne rassasient pas aussi efficacement que les protéines ou les lipides.

L'INTESTIN GRÊLE

Dès que les minuscules miettes sont arrivées dans l'intestin grêle, l'heure de la véritable digestion a sonné. Le moment est venu d'extraire les nutriments. La bouillie multicolore obtenue à partir d'une cuillérée de gâteau change de nom pour l'occasion et, dès le pylore passé, devient le chyme. Au cours de son voyage le long de l'intestin grêle, le chyme va disparaître presque en totalité par les parois – un peu comme Harry Potter traversant le mur pour rejoindre le quai 9 ¾. L'intestin grêle saisit notre bout de gâteau à bras-le-corps. Il le malaxe sur place, le hache menu, y plonge ses villosités et emploie toute son énergie à faire progresser la bouillie remasterisée. Au microscope, on voit que même les plus petites villosités intestinales s'appliquent à faire avancer le schmilblick, montant et descendant comme de petites pattes qui s'agitent. Tout, oui, tout est en mouvement.

Quoi que fasse notre intestin grêle, il suit ce principe fondamental : continuons le combat, ne nous arrêtons pas en si bonne voie. C'est là qu'intervient le réflexe péristaltique. Le premier scientifique à avoir mis en valeur ce mécanisme a isolé un morceau d'intestin, puis y a insufflé de l'air par un petit tuyau – et l'intestin, courtois, a soufflé de l'air en retour. Pour assurer le dynamisme du transit, les médecins recommandent donc un régime riche en fibres : les fibres alimentaires n'étant pas digérées par les enzymes, elles exercent une pression sur les parois de l'intestin, qui répondent alors à l'identique. Cette gymnastique intestinale garantit un traitement plus rapide de la nourriture et une bonne consistance à l'arrivée.

Si le chyme était un chyme attentif, il entendrait peut-être aussi les "hop" lancés d'un bout à l'autre de l'intestin grêle. Celui-ci abrite un très grand nombre de cellules autorythmiques qui génèrent de brefs flux électriques. Pour les muscles de l'intestin, c'est comme si on criait : "Et hop !...

Et hop!" De cette manière, le muscle n'en fait pas qu'à sa tête et suit le rythme imposé par son entraîneur. Et hop, le gâteau ou plutôt ce qu'il en reste continue son chemin dans la bonne direction.

Au département "digestion", l'intestin grêle pourrait être celui des collègues qui obtient la médaille du travail tant il est scrupuleux. Quand on lui confie un projet digestif, il le fait toujours avancer. À une exception près : quand on rend tripes et boyaux.

L'intestin grêle se montre alors très pragmatique : il ne va quand même pas employer toute son énergie à s'occuper de quelque chose qui ne nous profite pas ! Ni une ni deux, il renvoie le tout à la case départ sans prendre la peine de le digérer.

Mis à part quelques résidus, notre gâteau a maintenant disparu dans le sang. Nous pourrions prendre en chasse ces quelques restes et les suivre dans le gros intestin, mais nous raterions alors une étrange créature que nous entendons parfois sans bien la comprendre.

Une fois la digestion accomplie, l'estomac et l'intestin grêle ne contiennent plus que de grossiers résidus : des comprimés gastrorésistants, par exemple, un grain de maïs mal mâché, des bactéries alimentaires qui ont survécu ou un chewing-gum avalé par inadvertance. Notre intestin grêle est un maniaque de la propreté. Il fait partie de ceux qui, après un bon dîner, vont aussitôt débarrasser la table et remettre de l'ordre dans la cuisine. Passez dire bonjour à l'intestin grêle deux heures après la digestion, et vous ne trouverez rien de rebutant : tout est propre et quasiment sans odeur.

Une heure après avoir digéré, l'intestin grêle lance le programme autonettoyant. Les manuels évoquent ce processus sous le nom de "complexe moteur migrant (CMM)". Le pylore (vous vous souvenez : le gardien posté à la sortie de l'estomac) ouvre alors gentiment ses portes et se débarrasse de tous ses déchets dans l'intestin grêle. Celui-ci prend les commandes et génère une onde puissante qui balaie le tout vers la sortie. La scène filmée est si touchante que même les plus scientifiques des scientifiques ont trouvé un petit nom au CMM, baptisé *housekeeper* – la fée du logis.

Chacun d'entre nous a déjà surpris sa petite fée du logis en pleine action. Nous l'entendons s'activer ; ce sont les borborygmes que nous identifions en disant : "J'ai l'estomac qui gargouille." En réalité, plutôt que l'estomac, c'est surtout l'intestin grêle qui gargouille. Et si nous gargouillons, ce n'est pas non plus parce que nous avons faim. Le seul moment où nous pouvons faire un peu de ménage, c'est entre deux cycles digestifs, quand l'estomac et l'intestin grêle sont vides. La voie est alors libre et la petite fée du logis peut se mettre au travail. Quand l'entrecôte se balance plusieurs heures dans notre hamac stomacal, elle doit patienter un long moment avant de pouvoir passer un coup de balai. Six heures maximum dans l'estomac et environ cinq heures dans l'intestin grêle : après l'entrecôte, il faut attendre environ onze heures avant que puisse commencer le grand ménage. Notre fée du logis ne fait pas toujours de raffut, il lui arrive aussi de travailler très discrètement – selon la quantité d'air contenue dans l'estomac et l'intestin grêle. Dès que nous mangeons, elle s'interrompt. Pas question d'évacuer d'un coup de balai ce que nous avalons : la digestion exige du calme ! Vous l'aurez compris : quand on grignote sans arrêt, les coups de balai se font plus rares. Le fonctionnement de notre programme autonettoyant corrobore le conseil des nutritionnistes, qui recommandent une pause de cinq heures entre les repas, même si rien ne prouve que nous ayons tous exactement besoin de ces cinq heures. Ce qui est sûr, en revanche, c'est qu'en mâchant bien les aliments, on simplifie la tâche de sa petite fée du logis. Et quand il s'agit de prévoir l'heure du prochain repas, on peut alors tout simplement se fier à ses tripes.

L'intestin grêle se termine par la valvule iléocæcale, qui le sépare du gros intestin. Les deux intestins, le grêle et le gros, n'ont en effet pas la même philosophie du travail. Le gros intestin est plutôt du genre tranquille. Sa devise n'est pas forcément "Continuons, ne nous arrêtons pas!" Il lui arrive aussi de déplacer des résidus alimentaires dans un sens, puis dans l'autre. Il suit son instinct. Chez lui, pas de petite fée du logis armée d'un grand balai. Le gros intestin est un havre de paix où notre flore intestinale peut s'épanouir en toute quiétude. Quand le grand ménage balaie jusqu'ici ce qui n'a pas été digéré plus haut, c'est elle qui va s'en charger.

Le gros intestin travaille tranquillement parce qu'il doit tenir compte de plusieurs acteurs : notre cerveau n'a pas forcément envie d'aller aux toilettes toutes les deux minutes, nos bactéries intestinales veulent prendre leur temps pour assimiler la nourriture qui ne l'a pas encore été et le reste de notre corps attend de pouvoir récupérer les liquides biologiques mis à disposition pour la digestion.

Ce qui arrive dans le gros intestin n'a plus grand-chose à voir avec notre part de gâteau – heureusement. On retrouvera peut-être encore quelques-unes des fibres de la cerise qui ornait le petit dôme de chantilly, mais pour le reste, il ne s'agit plus que de sucs digestifs qui vont être résorbés dans le gros intestin. Quand la peur nous saisit, notre cerveau arrache notre gros intestin à sa tranquillité. Celui-ci n'a alors plus assez de temps pour résorber les liquides et nous avons la colique. "Chier dans son froc", c'est donc le résultat d'une réalité scientifique.

Le gros intestin (comme l'intestin grêle) est un tuyau bien lisse. Pourtant, quand on le dessine, on le représente toujours sous la forme d'un collier de grosses perles. Pourquoi ? Si on vous ouvrait le ventre, là, maintenant, tout de suite, il ressemblerait effectivement à cela. Mais c'est uniquement parce qu'il est justement en train de faire sa séance de gymnastique. Disons qu'il est plus adepte de qi gong que d'aérobic : comme l'intestin grêle, tandis qu'il malaxe son contenu, il forme des plis et des poches dans lesquels il peut mieux retenir les aliments – mais il travaille au ralenti et reste donc un long moment dans la même position sans bouger. Un peu comme un mime de rue qui se fige avant qu'on lui donne une pièce. Après quelques instants, le gros intestin se détend et va former ailleurs des plis et des poches, puis se fige, et ainsi de suite. Les manuels, eux, s'en tiennent à la version du collier de perles, de même que celui qui louche sur la photo de classe restera à jamais "le bigleux".

Trois à quatre fois par jour, le gros intestin se secoue un peu et montre un peu plus d'entrain à faire avancer le chyme. Si la masse est suffisante, on peut même faire la vidange à chaque fois, soit trois à quatre fois par jour. Pour la plupart d'entre nous, cependant, le contenu du gros intestin correspond à une grosse commission par jour. Si vous êtes plutôt dans la catégorie "trois fois par semaine", pas de panique : vous êtes toujours dans la moyenne saine. Le gros intestin féminin est en général un peu plus flegmatique que son collègue masculin. Pourquoi ? La médecine n'a pas encore la réponse, mais les hormones ne semblent pas jouer ici un rôle prépondérant.

Entre la petite cuillère chargée d'une bouchée de gâteau et le résultat au fond de la cuvette, il s'écoule en moyenne une journée. Les intestins rapides bouclent l'affaire en huit heures, les plus lents en trois jours et demi. Compte tenu du brassage, certaines particules de gâteau peuvent arriver à destination au bout de douze heures, tandis que d'autres ne quitteront le salon de massage du gros intestin qu'après quarante-deux heures. Tant que la consistance est correcte et qu'ils n'ont à se plaindre d'aucuns maux, les intestins tranquilles n'ont pas de souci à se faire. Au contraire : si vous êtes de ceux qui cochent la case "une fois par jour ou moins" ou s'il vous arrive d'être constipé, vous avez, selon une étude néerlandaise, moins de risque d'être un jour atteint de certaines maladies du rectum. Comme dirait le gros intestin : "Patience et longueur de temps font mieux que force ni que rage!"

ÇA VOUS LAISSE UN GOÛT AMER...

L'estomac peut lui aussi rater la marche. Comme les muscles striés des jambes, ses muscles lisses ne sont pas à l'abri d'un faux pas. La conséquence de ce ratage, c'est par exemple du suc gastrique qui se retrouve là où il ne devrait pas être. Résultat : ça brûle. Dans le cas des remontées acides, du suc gastrique et des enzymes digestives remontent jusque dans le pharynx. Dans le cas du reflux gastro-œsophagien, ils n'arrivent que jusqu'à l'entrée de l'œsophage et sont responsables de sensations de brûlure dans la poitrine.

La cause de ces renvois est la même que lorsque nous ratons la marche : les responsables, ce sont les nerfs. Ce sont eux qui régulent les muscles. Si les nerfs optiques n'ont pas repéré la marche, les nerfs des jambes seront mal informés, les jambes vont avancer comme s'il n'y avait pas d'obstacle, et patatras, vous vous retrouvez par terre. Même chose lorsque nos nerfs digestifs reçoivent des informations faussées : ils ne retiennent pas le suc gastrique et le laissent repartir en marche arrière.

Le cardia, qui fait la jonction entre l'œsophage et l'estomac, est un endroit idéal pour rater la marche : en dépit des mesures de sécurité "œsophage étroit, ancrage dans le diaphragme et virage dans l'estomac", il y a toujours des ratés. Il s'agit là d'un trouble courant qui toucherait en France une personne sur trois[1]. Le phénomène n'est pas forcément à mettre sur le compte de nouvelles habitudes de vie : quand il s'agit de remontées acides ou de reflux gastro-œsophagien, les populations nomades dont le mode de vie n'a pas changé depuis des siècles présentent des taux similaires à ceux des autres populations.

Le hic, c'est que dans cette zone de "haute pression" entre l'œsophage et l'estomac, deux systèmes nerveux différents doivent travailler main dans la main : le système nerveux couplé au cerveau et le système nerveux de l'appareil digestif. Les nerfs du cerveau régulent par exemple le sphincter entre l'œsophage et l'estomac. Et le cerveau a aussi une influence sur la sécrétion des sucs. Les nerfs de l'appareil digestif, eux, veillent à ce que l'œsophage ne perde pas le rythme de sa ola et reste bien propre grâce aux milliers de gorgées de salive avalées chaque jour.

Les petits trucs qui permettent de lutter contre les remontées acides et le reflux gastro-œsophagien ont tous pour objectif d'aider ces deux systèmes nerveux à rester sur le droit chemin. Mâcher du chewing-gum et boire du thé, par exemple, c'est sympa pour le tube digestif parce que de nombreuses petites gorgées indiquent alors aux nerfs la direction à prendre : suivez-moi c'est pas ici, direction l'estomac, non, on ne fait pas demi-tour ! Quant aux techniques de relaxation, elles ont pour effet de réduire le nombre de messages précipités envoyés au cerveau. Si

---

1. Source : www-sante. ujf-grenoble. fr/SANTE/corpus/disciplines/ hepgastro/pathtdhaut/280/leconimprim.pdf.

tout se passe bien, la fermeture du sphincter œsophagien inférieur devrait alors être plus stable et la sécrétion de sucs ralentie.

La fumée de cigarette active des zones du cerveau qui sont aussi excitées lors des repas. La conséquence, c'est que le fumeur éprouve une sensation de bien-être, comme en mangeant, mais aussi qu'il produit sans raison plus de suc gastrique et que le sphincter de l'œsophage se relâche. Arrêter de fumer quand on souffre de remontées acides gênantes ou de reflux gastro-œsophagien est donc souvent un "traitement" efficace.

Les hormones de grossesse sont elles aussi susceptibles de causer du désordre. Normalement, leur rôle est de veiller à ce que l'utérus se détende et reste bien douillet jusqu'à la naissance. Mais elles en font un peu trop et agissent aussi sur le sphincter œsophagien. Résultat : les portes de l'estomac ferment mal et, avec la pression exercée par le ventre qui s'arrondit, le suc remonte. Même chose pour celles qui utilisent un contraceptif à base d'hormones féminines : les remontées acides font parties des effets secondaires possibles.

La fumée de cigarette comme les hormones de grossesse nous font prendre conscience d'une chose : nos nerfs ne sont pas des câbles électriques isolés. Ils serpentent dans nos tissus auxquels ils sont liés organiquement et réagissent à toutes les substances qui les entourent. C'est pourquoi les médecins conseillent aussi de supprimer tous les aliments susceptibles de nuire à l'efficacité du sphincter : le chocolat, les épices fortes, l'alcool, les aliments très sucrés, le café et bien d'autres.

Si toutes ces substances influent sur nos nerfs, elles ne déclencheront pas les mêmes ratés gastriques chez tout le monde. Des études américaines invitent plutôt à tester un à un les aliments qui induisent une réaction excessive de nos nerfs, ce qui évite de se priver pour rien des aliments bien supportés.

Un médicament qui n'a jamais pu être commercialisé à cause de ses effets secondaires a permis de mettre en lumière un parallèle intéressant. Il s'agit d'un médicament qui inhibe les nerfs là où se fixe normalement le glutamate, une substance surtout connue comme exhausteur de goût. Mais le glutamate est aussi formé par nos cellules nerveuses. Au niveau des nerfs de la langue, il entraîne une intensification des signaux gustatifs. Dans l'estomac, cela peut conduire à une certaine confusion, car les nerfs ne savent pas forcément si le glutamate livré est l'œuvre de leurs collègues ou celle du restaurant chinois d'à côté. Cela vaut donc le coup de faire l'expérience et de supprimer temporairement les aliments riches en glutamate. Pour mener à bien cette entreprise, vous aurez besoin d'une paire de lunettes grossissantes qui, au supermarché, vous permettront de déchiffrer les pattes de mouche de la liste des ingrédients. Le glutamate se cache parfois derrière de mystérieuses créatures, comme le E621 (glutamate monosodique) et autres additifs. Si vous remarquez une amélioration, tant mieux. Sinon… eh bien, vous aurez au moins mangé plus sainement pendant un temps.

Pour ceux qui ne ratent la marche gastrique pas plus d'une fois par semaine, il existe des moyens simples : les antiacides vendus en pharmacie et, dans la catégorie "remèdes de grand-mère", le jus de pomme de terre fonctionnent bien. Toutefois, à long terme, neutraliser l'acidité est plutôt une mauvaise solution : le suc gastrique est aussi là pour brûler les allergènes et les mauvaises bactéries alimentaires, et il contribue à la digestion des protéines. Certains des médicaments antiacides contiennent en outre de l'aluminium – une substance très inhabituelle pour notre corps. Mieux vaut ne pas abuser sur les doses et toujours respecter la posologie indiquée.

Les antiacides ne devraient pas figurer à l'ordre du jour pendant plus de quatre semaines. Ignorez ce conseil d'ami et vous aurez vite affaire à un estomac têtu qui réclame sa dose d'acidité. Pour cela, il va tout simplement se mettre à produire plus de suc gastrique – d'une part pour compenser les effets du médicament et d'autre part pour retrouver son niveau d'acidité. Les antiacides ne sont jamais une solution à long terme – même pour lutter contre d'autres phénomènes en lien avec l'acidité gastrique comme la gastrite, une maladie inflammatoire de la paroi stomacale.

Les troubles persistent en dépit de la prise d'antiacides ? Le médecin doit alors faire preuve d'un peu plus de créativité. Pour commencer, il faut faire un bilan sanguin et un examen physiologique. Si les résultats sont normaux, le médecin peut proposer un traitement à base d'inhibiteurs de la pompe à protons, des molécules qui réduisent la sécrétion acide. L'estomac regrettera peut-être ici et là sa chère acidité, mais en pareil cas, la priorité est d'appuyer sur le bouton pause pour que l'estomac et l'œsophage puissent se remettre des attaques acides.

Si les problèmes surviennent principalement la nuit, la juste déclivité de l'oreiller peut y remédier : 30°, c'est parfait. Les plus bricoleurs s'armeront d'un rapporteur et d'un tas de coussins avant d'aller se coucher, les moins aventuriers pourront se procurer un coussin spécial dans le commerce. Et puis, la position du buste à 30° est excellente pour la circulation sanguine. Notre professeur de physiologie a dû nous le répéter une bonne trentaine de fois – et comme la circulation sanguine, c'est sa spécialité et qu'il n'a pas l'habitude de se répéter, je veux bien le croire sur parole (même si, maintenant, je ne peux plus entendre prononcer son nom sans l'imaginer aussitôt dormant à poings fermés, le buste relevé selon un angle d'exactement 30°).

Là où il vaut mieux ne pas dormir sur ses deux oreilles, en revanche, c'est en cas de perte de poids, de tuméfactions ou de pertes de sang sous quelque forme que ce soit. Devant ces symptômes alarmants, il est temps de convier une caméra à une petite promenade digestive dans notre estomac – même s'il y a des choses plus agréables. Le véritable danger des remontées acides, ce n'est pas le suc, mais la bile qui, depuis l'intestin grêle, peut remonter jusqu'à l'œsophage *via* l'estomac. Et si elle ne cause aucune sensation de brûlure, elle est bien plus perfide que le suc gastrique. Heureusement, sur tous les gens qui ont des remontées acides, il n'y en a que très peu qui sont touchés par le reflux biliaire.

La présence d'acide biliaire jette le trouble chez les cellules de l'œsophage. Les voilà qui doutent soudain de leur identité : "Est-ce qu'on est vraiment dans l'œsophage ? C'est plein de bile ici ! Je suis peut-être une cellule de l'intestin grêle ? Et depuis toutes ces années, je ne m'en étais pas aperçue… Comme c'est gênant !" Les cellules, voulant bien faire, font leur possible pour être en conformité avec les informations qu'elles reçoivent et se transforment alors en cellules intestinales. C'est là que les choses peuvent se gâter. Les cellules mutantes risquent de mal se programmer et de proliférer de manière incontrôlée. Mais rassurez-vous : parmi les gens qui ont tendance à rater la marche gastrique, rares sont ceux qui essuient des conséquences critiques.

Le plus souvent, le reflux gastro-œsophagien et les remontées acides sont et restent de petites erreurs de parcours désagréables, mais anodines. Ce n'est pas plus grave que de rater une marche : on se relève, on remet de l'ordre dans sa tenue, on neutralise sa frayeur d'un petit hochement de tête et on reprend son chemin prudemment. Dans le cas qui nous intéresse, on remet de l'ordre en buvant quelques gorgées d'eau, on neutralise l'acide et, pour bien faire, on reprend son chemin un peu plus prudemment.

À VOMIR!

Si l'on plaçait les uns à côté des autres cent sujets qui s'apprêtent à vomir dans les prochaines heures, on obtiendrait un drôle de patchwork! Le nº 14, par exemple, est assis dans un petit wagon, tout en haut des montagnes russes, et lève les bras; le nº 32 fait honneur à une délicieuse salade de pommes de terre à la mayonnaise; le nº 77 n'en revient pas de tenir entre ses mains un test de grossesse positif; et le nº 100 est en train de lire la notice d'un médicament où figure noir sur blanc "susceptible de causer des nausées et des vomissements".

Vomir, ce n'est pas comme rater la marche. Quand il vomit, notre corps suit un plan d'urgence bien précis. C'est même du travail de pro. Des millions de petits récepteurs testent le contenu de notre estomac, analysent notre sang et digèrent des impressions au niveau du cerveau. Chacune des informations intervenant dans ce processus est collectée *via* l'immense réseau de fibres nerveuses, puis envoyée au cerveau. Le cerveau sait faire la part des choses. Selon le nombre et l'intensité des alarmes émises, il décide en son âme et conscience : vomir ou ne pas vomir. Le résultat des délibérations est communiqué à des muscles sélectionnés par le cerveau, qui se mettent aussitôt au travail.

Si l'on passait nos cent sujets aux rayons X tandis qu'ils sont en train de vomir, on obtiendrait cent fois la même séquence : alerté, le cerveau active la zone cérébrale responsable des nausées et déclare l'état d'urgence. Nos cent sujets pâlissent, parce que les troupes sanguines se sont retirées des joues pour aller là où on a besoin d'elles : dans le ventre. La pression artérielle chute et le rythme cardiaque ralentit. Pour finir, un signe avant-coureur presque infaillible est déclenché : la salivation. Dès que le cerveau a informé la bouche de la situation, celle-ci sécrète de grandes quantités de salive pour protéger nos précieuses dents de l'attaque de suc gastrique.

Ensuite, nous passons aux choses sérieuses : l'estomac et l'intestin commencent par faire des vagues. Agités de petites ondes nerveuses, ils poussent leur contenu respectif dans des directions contraires. Cette marche arrière un peu désordonnée se produit au niveau des muscles lisses, placés sous le contrôle du système nerveux autonome, si bien que nous n'en avons pas conscience. Mais, intuitivement, c'est le moment où beaucoup d'entre nous comprennent qu'il leur faut vite dénicher un récipient approprié.

Avoir l'estomac vide n'empêche pas de vomir, puisque l'intestin grêle peut lui aussi renvoyer son contenu en sens inverse. L'estomac ouvre alors ses portes et laisse passer le contenu de l'intestin grêle vers l'étage supérieur. Vu l'ampleur du projet, on ne fait pas de chichis et tout le monde travaille pour un objectif commun. Quand l'intestin grêle renvoie soudain son contenu à l'estomac, cette pression est à même d'exciter certains nerfs sensibles de l'estomac.

Ceux-ci envoient alors des signaux au centre du vomissement, une partie du cerveau qui contrôle l'appareil digestif. L'information est claire : c'est à vomir…

Les poumons prennent une grande bouffée d'air, les voies respiratoires se ferment. L'estomac et le cardia se relâchent et… blam! Le diaphragme et les muscles de la paroi abdominale se contractent, exerçant soudain une pression d'en bas. Tout le contenu de notre estomac se vide alors comme du dentifrice pressé hors d'un vulgaire tube. Et avec fougue, s'il vous plaît, jusqu'à épuisement des stocks!

POURQUOI NOUS RENDONS TRIPES ET BOYAUX ET COMMENT LIMITER LES DÉGÂTS

L'être humain est spécifiquement conçu pour vomir. Et il n'est pas le seul animal à en être capable. Parmi nos collègues vomisseurs, citons les singes, les chiens, les chats, les cochons, les poissons et les oiseaux. En revanche, vous ne verrez jamais vomir une souris, un rat, un cochon d'Inde, un lapin ou un cheval. Leur œsophage est bien trop long et, d'ailleurs, ils ne sont pas dotés de nerfs ès vomissements.

Les animaux incapables de vomir doivent recourir à d'autres stratégies pour s'alimenter en toute sécurité. Les rats et les souris "mordillent" leur nourriture. Ils mâchent de minuscules morceaux en guise de test et n'avalent le reste que si cette première bouchée est bien passée. Si la bouchée test était toxique, ils en sont quittes pour des maux de ventre, ce qui est toujours mieux que de s'empoisonner. Ils apprennent aussi à ne plus retenter l'opération avec l'aliment incriminé. Et puis, les rongeurs sont mieux équipés pour dégrader les poisons : leur foie contient plus d'enzymes prévues à cet effet. Les chevaux, eux, ne peuvent même pas recourir à la méthode du mordillage. Et quand un poison est arrivé jusqu'à leur intestin grêle, le pronostic vital est souvent engagé. Morale de l'histoire : la prochaine fois que vous vous retrouverez penché au-dessus de la cuvette des WC, pensez à la chance que vous avez !

Pendant la scène du vomissement, les silences qui entrecoupent le monologue vomitif nous laissent un peu de temps pour réfléchir. Tiens, la salade de pommes de terre à la mayonnaise du n° 32 est étonnamment bien conservée après son séjour éclair dans les contrées stomacales. On reconnaît sans difficulté quelques morceaux de pomme de terre, des petits pois et des morceaux d'œufs. Le n° 32 se dit alors platement : "Ah ben, j'avais pas bien mâché". Juste après, la deuxième tirade dépose au fond de la cuvette un mélange plus fragmenté. Quand la "quiche" – ainsi qu'on la qualifie parfois – contient des morceaux reconnaissables, c'est vraisemblablement qu'elle a été cuisinée par notre estomac, et pas par notre intestin grêle. Plus le produit livré est haché menu, amer ou acide, plus il est probable qu'il soit l'œuvre de l'intestin grêle. Les aliments nettement reconnaissables n'ont pas été bien mâchés, c'est vrai, mais au moins, ils ont été éjectés de l'estomac à temps et ne sont pas arrivés jusqu'à l'intestin grêle.

La manière de vomir est aussi un indicateur intéressant. Si les vomissements viennent brutalement, presque sans prévenir et en un jet puissant, il y a fort à parier qu'il s'agit d'un virus de gastro. Les récepteurs sont en effet prudents : ils comptent d'abord le nombre d'agents pathogènes

PRODUIT PAR L'ESTOMAC

PRODUIT PAR L'INTESTIN GRÊLE

PRODUIT PAR LE PÉTREL

PRODUIT PAR LA SOURIS

qu'ils rencontrent et quand ils estiment que là, ça commence quand même à faire beaucoup, ils tirent la sonnette d'alarme. En deçà de ce seuil, le système immunitaire aurait encore pu s'en sortir tout seul, mais trop, c'est trop, et le dossier est transmis aux muscles de l'appareil digestif.

Dans le cas d'une intoxication avec des aliments avariés ou de l'alcool, les vomissements sont tout aussi soudains, mais plus sympas. Avant d'arriver, ils ont la gentillesse de nous prévenir en nous envoyant un petit signe : les nausées. La nausée, c'est un peu une enseignante sévère qui nous punit pour nous apprendre à ne pas refaire la même erreur. À l'avenir, le sujet n° 32 sera plus méfiant quand il croisera une salade de pommes de terre à la mayonnaise.

Le n° 14, sur ses montagnes russes, n'est pas plus en forme que le n° 32. Le dégobillage version grand huit fonctionne selon le même principe que le mal des transports. Ici, pas de poison – ce qui n'empêche pas le vomi de nous éclabousser les pieds, de remplir le vide-poches ou, porté par le vent, d'aller s'écraser sur la vitre arrière. Notre corps est placé sous la haute surveillance du cerveau, qui se montre prudent et rigoureux, surtout chez les jeunes enfants. Pour la version *on the road* des vomissements, l'explication la mieux étayée est actuellement la suivante : quand les informations délivrées par les yeux diffèrent très nettement de celles des oreilles, le cerveau ne sait plus où donner de la tête et sonne le tocsin.

En voiture ou en train, quand vous lisez un livre, les yeux transmettent l'information "mouvement quasi nul", tandis que le capteur d'équilibre de l'oreille indique "mouvement puissance 10". Inversement, quand vous observez les troncs d'arbres derrière la vitre tout en bougeant légèrement la tête, vous avez l'impression que les arbres défilent bien plus vite que ne l'implique le mouvement réel. Dans un cas comme dans l'autre, le cerveau ne sait plus où il en est. Pour lui, une telle contradiction entre la vision et le sens de l'équilibre est le signe d'une intoxication. Quand on a trop bu ou consommé des drogues, même affalé sur un canapé, on ressent une impression de mouvement.

Autre cas de figure : les vomissements déclenchés par des émotions fortes – épreuve psychologique, stress ou effroi. En temps normal, nous produisons chaque matin de la corticolibérine, une hormone du stress également appelée CRH *(corticotropin-releasing hormone)*, et constituons ainsi un petit rembourrage douillet et protecteur pour la journée. La CRH est là pour que nous puissions accéder à nos réserves d'énergie, pour empêcher notre système immunitaire d'en faire trop ou pour que notre peau, stressée par les rayons du soleil, brunisse afin de se protéger. Dans une situation particulièrement oppressante, le cerveau peut augmenter la dose de CRH dans le sang.

Seulement voilà : la CRH n'est pas uniquement produite dans les cellules cérébrales, elle provient aussi des cellules gastro-intestinales. Là encore, ce signal signifie : Attention, stress et menace en vue ! Quand les cellules gastro-intestinales détectent une quantité importante de CRH, peu importe que le signal vienne du cerveau ou de l'intestin, cette seule information indiquant que l'un des deux est dépassé par son environnement suffit à déclencher une réaction de secours : une diarrhée, des nausées ou des vomissements.

En cas de stress cérébral, vider son estomac permet d'économiser de l'énergie, que le cerveau va alors utiliser pour venir à bout de ses problèmes. En cas de stress intestinal, le bol alimentaire est catapulté en sens inverse parce qu'il est toxique ou que l'intestin n'est pas en mesure de le digérer correctement. Dans les deux cas, jeter du lest est une sage décision. Le moment est tout simplement mal choisi pour digérer tranquillement. Conclusion : ceux d'entre nous qui vomissent quand ils sont nerveux sont en fait dotés d'un appareil digestif attentif qui "donne le meilleur de lui-même" pour les aider.

Chez certains oiseaux de mer, les vomissements ont encore une autre fonction. Le pétrel, par exemple, vomit pour se défendre. C'est efficace. Les autres animaux le laissent en paix – à la différence des scientifiques qui, eux, profitent de la situation pour s'approcher des nids et récupérer dans un petit sac vomitoire ce que le pétrel voudra bien leur offrir. En laboratoire, le contenu gastrique est ensuite analysé. En étudiant la présence de métaux lourds ou la diversité des poissons consommés, les scientifiques peuvent par exemple dresser un bilan de santé de l'environnement.

Haut les cœurs ! Voici maintenant quelques astuces pour éviter les haut-le-cœur quand ils ne sont pas vraiment justifiés :
- En cas de mal des transports : regarder au loin devant soi – les informations des yeux et celles de l'organe dédié au sens de l'équilibre sont ainsi mieux synchronisées.
- On obtient parfois de bons résultats en écoutant de la musique, en s'allongeant sur le côté ou en faisant quelques exercices de relaxation. Pourquoi ? Sans doute parce que ces techniques ont un effet apaisant sur nous.

Or, plus nous nous sentons en sécurité, moins notre cerveau est susceptible de décréter l'état d'urgence.

- Le gingembre : son efficacité est aujourd'hui attestée par une série d'études. Des substances contenues dans les rhizomes de cette plante bloquent le centre du vomissement et par conséquent l'envie de vomir. Si vous optez pour des bonbons ou tout autre produit à base de gingembre, vérifiez cependant qu'il ne s'agit pas seulement d'un arôme, mais qu'il y a bien du vrai gingembre dedans.

- On trouvera en pharmacie des médicaments contre les vomissements et les nausées. Ces antiémétiques agissent selon différents principes : certains (comme le gingembre) bloquent des récepteurs du centre du vomissement, d'autres anesthésient les nerfs de l'estomac et de l'intestin, d'autres encore répriment certains signaux d'alarme. Les médicaments qui fonctionnent selon ce dernier principe sont presque identiques aux traitements contre les allergies. Dans les deux cas, il y a inhibition de l'histamine, une molécule de signalisation. Toutefois, l'action des médicaments sur le cerveau est bien plus puissante dans le cas des antinauséeux. Les antihistaminiques modernes, eux, ont été beaucoup améliorés ces dernières années et ne se fixent quasiment pas dans le cerveau. Ils contournent ainsi l'un des effets secondaires liés à l'inhibition de l'histamine dans cet organe : la fatigue.

- P6 ! Il s'agit d'un point d'acupuncture désormais reconnu par la médecine classique : plus de quarante études sur les nausées et les vomissements – y compris en comparaison avec des groupes placébos – ont démontré son efficacité. Nous ne savons ni pourquoi, ni comment, mais nous savons que ça fonctionne! Le point P6 se situe deux à trois largeurs de doigt sous le poignet, juste entre les deux tendons fléchisseurs de l'avant-bras. Si vous n'avez pas d'acupuncteur sous la main, vous pouvez effleurer doucement ce point jusqu'à ce que les choses s'améliorent. Même s'il n'y a pas encore d'étude sur la validité de l'automassage, cela vaut le coup d'essayer. D'après la médecine traditionnelle chinoise, le point P6 active des méridiens qui vont des bras vers le cœur, détendent le diaphragme et se prolongent jusqu'à l'estomac ou, plus bas, jusque dans le bassin.

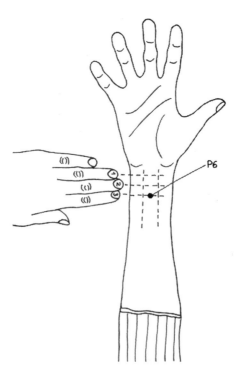

Ces petites astuces ne viendront pas à bout de toutes nos envies de vomir. Les remèdes comme le gingembre, les antiémétiques ou le point P6 ont démontré leur efficacité, mais quand il s'agit de vomissements émotionnels, le remède le plus efficace est sans doute de prendre soin de notre psychisme en lui offrant un cocon douillet et rassurant. Pour exercer nos nerfs à avoir la peau plus dure, on peut recourir à des techniques de relaxation ou à des séances d'hypnose (chez un hypnothérapeute sérieux, et pas chez un hypnotiseur de foire). Plus on s'entraîne, plus on progresse, et le banal stress de bureau ou les examens à venir causeront moins de dégâts dès lors que nous aurons appris à les tenir à bonne distance de notre centre émotionnel.

Vomir n'est jamais une punition que nous inflige notre ventre! Au contraire, c'est plutôt le signe que notre cerveau et notre appareil digestif se donnent à fond pour nous. Ils nous protègent de substances toxiques que nous n'avons pas repérées dans la nourriture, prennent mille précautions en cas d'hallucinations communiquées par les yeux et les oreilles ou activent le mode "économie d'énergie" pour pouvoir résoudre nos problèmes. Les haut-le-cœur sont comme des balises pour l'avenir : qu'est-ce qui est bon pour nous? Et qu'est-ce qui ne l'est pas?

Quand nous ne savons pas d'où vient notre envie de vomir, le mieux est encore de lui faire confiance. Même chose quand ce que nous avons mangé ne passe pas bien, mais que notre appareil digestif semble fermement décidé à tout garder pour lui. Dans un cas comme dans l'autre, nous avons tout intérêt à nous fier à ce que le corps ordonne et à ne rien forcer – ni avec deux doigts dans la bouche, ni avec de l'eau salée, ni avec un lavage gastrique. En cas d'ingestion de produits chimiques acides ou effervescents, c'est même la dernière chose à faire : la mousse produite serait ravie d'aller se loger dans les poumons et l'acide aurait une bonne occasion de brûler une deuxième fois l'œsophage. Depuis les années 1990, on ne pratique d'ailleurs plus les vomissements forcés dans la médecine urgentiste.

Le vrai haut-le-cœur est la manifestation d'un programme millénaire prévu pour prendre le dessus sur la conscience. Ainsi ouvertement dépossédé, notre conscient est parfois vexé, voire choqué de se voir traité de la sorte : enfin quoi, il voulait juste siroter tranquillement des téquilas, et voilà le résultat ? Sauf qu'en général, c'est lui le responsable de notre piteux état. Il peut donc se tenir à carreau et laisser les autres faire leur boulot. En revanche, quand les vomissements sont le résultat de l'hyperméfiance de notre cerveau et d'informations faussées, notre conscient peut bien s'asseoir à la table des négociations et abattre ses jokers antivomitifs.

QUAND ÇA COINCE...

La constipation, c'est comme   . C'est quand on attend
quelque chose qui, en fin de compte, ne vient   . En plus,
ce quelque chose demande le plus souvent beaucoup
d'efforts. Et pour toute cette peine qu'on s'est donnée,
on n'obtient parfois que quelques •••. Ou alors, ça fonctionne, mais

pas souvent.

15 à 35 % des Français sont régulièrement sujets à la
constipation[1]. Pour faire partie de la bande, il faut répondre
au moins à deux des critères suivants : aller à la selle moins
de trois fois par semaine, produire des selles très dures
(pour au moins un tiers de la production totale), souvent
en forme de petits points (•••), être obligé de forcer pour
s'en débarrasser et n'y parvenir qu'avec un peu d'aide (ruses
ou médications) ou encore n'avoir jamais, en sortant des
toilettes, la sensation libératrice de la besogne accomplie.

---

1. Source : www.constipation.comprendrechoisir.com.

Chez le sujet constipé, les nerfs et les muscles de l'intestin font leur travail avec une motivation toute relative. En général, la digestion et le transport fonctionnent à une vitesse normale, mais en fin de parcours, au bout du gros intestin, on ne sait plus très bien s'il faut que ça sorte tout de suite ou pas.

La vraie question quand il s'agit de constipation, ça n'est pas "Combien de fois tu y vas?", mais plutôt "Est-ce que tu peines quand tu y es?" Les moments passés au petit coin devraient en effet s'apparenter à des cures de bien-être – luxe, calme et volupté – sans quoi le malaise risque de s'installer. Il existe différents niveaux de constipation, de la constipation passagère (par exemple en voyage, quand on est malade ou en phase de stress) aux constipations plus sévères qui risquent de virer au problème chronique.

La constipation en voyage, tout le monde ou presque connaît. Les premiers jours, surtout, le transit semble lui aussi avoir pris ses congés. Les explications possibles sont nombreuses, mais se résument en général à cet adage : pour l'appareil digestif, l'habitude est une seconde nature. Les nerfs intestinaux savent ce que nous aimons manger et à peu près à quelle heure. Ils connaissent l'intensité et la fréquence de notre activité physique et la quantité d'eau que nous buvons. Ils remarquent la différence entre le jour et la nuit et à quel moment nous allons aux toilettes. Quand tout fonctionne bien, ils travaillent gaiement et activent les muscles intestinaux pour la digestion.

Quand nous partons en voyage, nous avons la tête pleine : nous pensons à emporter nos clefs, nous éteignons le gaz et n'oublions pas de prendre un livre ou de la musique pour divertir notre cerveau. Il y a une chose cependant que nous oublions presque toujours : nos tripailles pétries d'habitudes sont aussi du voyage et, du jour au lendemain, nous les laissons en plan.

Matin, midi et soir, nous ne leur offrons plus que des sandwichs sous vide, de la nourriture compartimentée dans de petits plateaux en plastique ou de drôles d'épices inconnues. À l'heure du déjeuner, nous sommes coincés dans les embouteillages ou à une billetterie de musée. Nous ne buvons pas autant que d'habitude (qui sait si nous trouverons des toilettes dans les heures à venir ?) et, dans l'avion, nous ignorons les effets déshydratants de la climatisation. Enfin, pour couronner le tout, nous nous amusons parfois à jongler avec les fuseaux horaires.

Les nerfs de l'intestin ont tout à fait conscience de cette situation inhabituelle. Déconcertés, ils attendent qu'on leur donne le signal que les choses peuvent reprendre leur cours normal. Or, la plupart du temps, même quand l'intestin a bien fait son travail malgré la tourmente et qu'il sonne l'heure de monter sur le trône, nous en remettons encore une couche en décrétant que non, vraiment, là, ce n'est pas le moment. Soyons honnêtes : c'est souvent à cause du syndrome "berk-c'est-pas-ma-cuvette". Le syndrome "bcpmc", c'est rechigner à confier sa grosse commission à des latrines étrangères, surtout si elles sont publiques. C'est n'y aller que contraint et forcé, ériger une œuvre d'art en papier toilette sur les rebords de la cuvette et garder une distance rêvée d'au moins 10 mètres entre la porcelaine et la peau du postérieur. Autant de mesures qui restent vaines si le syndrome "berk-c'est-pas-ma-cuvette" est très prononcé : impossible alors de se détendre assez pour que nos chères tripailles pétries d'habitude fassent leur travail comme elles l'entendent. Résultat : on a vite fait de gâcher ses vacances ou de compromettre un voyage d'affaires.

Pour remédier aux "blocages" légers ou passagers, voici quelques méthodes qui permettent de rassurer l'intestin et de lui donner du cœur à l'ouvrage :

• Grâce à certains choix alimentaires, nous pouvons donner un petit coup de pouce à notre paroi intestinale et la motiver. Au menu : les fibres alimentaires. Celles-ci n'étant pas digérées dans l'intestin grêle, elles peuvent, en arrivant dans le gros intestin, toquer gentiment contre la paroi et signaler qu'il y a là quelqu'un qui voudrait bien être raccompagné jusqu'à la sortie. Champions dans leur catégorie : le tégument (enveloppe de la graine) du plantain des Indes ou, plus goûteux, le pruneau. Tous deux riches en fibres, ils contiennent en outre des substances actives qui véhiculent une plus grande quantité d'eau dans l'intestin, ce qui redonne un peu de souplesse à des selles trop dures. Il faut attendre deux à trois jours pour profiter pleinement de leurs effets. L'idéal est donc d'anticiper un peu et de s'offrir une petite ration la veille du départ ou dès l'arrivée – selon ce qui nous paraît le plus rassurant. Le sachet de pruneaux ne rentre pas dans la valise? Passe pour cette fois, vous pouvez aussi vous procurer en pharmacie ou en parapharmacie des fibres alimentaires sous forme de comprimés ou de sachets. 30 grammes de fibres alimentaires, la quantité quotidienne nécessaire, ne pèseront pas lourd dans vos bagages et vous vous sentirez vite plus léger.
Pour ceux qui aiment bien expérimenter en connaissance de cause, une information importante : les fibres

non solubles dans l'eau induisent des mouvements intestinaux plus dynamiques, mais sont aussi plus souvent responsables de maux de ventre. Les fibres solubles dans l'eau ne sont pas aussi efficaces quand il s'agit de gymnastique, mais elles hydratent mieux les selles et sont mieux supportées. La nature est maligne : le tégument des plantes contient souvent de grandes quantités de fibres alimentaires non solubles, tandis que la chair du fruit ou de la graine fournit plus de fibres solubles.

Les fibres, c'est bien, mais ça ne sert pas à grand-chose si on ne boit pas suffisamment : sans eau, elles se changent en gros grumeaux fermes. Gorgées d'eau, elles deviennent de petits ballons avec lesquels les muscles d'un intestin paresseux pourront se divertir pendant que le cerveau suit le programme de cinéma proposé dans l'avion.

• Boire beaucoup n'est utile que si on en a vraiment besoin. Si l'on boit déjà suffisamment, boire davantage n'apporte rien. En revanche, si le corps est déshydraté, l'intestin se sert en eau dans le chyme. Résultat : les selles sont plus dures. Chez un enfant atteint d'une forte fièvre, les pertes d'eau sont parfois telles qu'elles entraînent un ralentissement du transit. Pendant un long voyage en avion, nous nous trouvons dans une situation similaire. Pas besoin de transpirer : il suffit d'être exposé assez longtemps à une atmosphère très sèche, qui va discrètement pomper toutes nos réserves d'eau. Nous ne le remarquons qu'à une sensation de sécheresse, par exemple au niveau du nez. Dans ce cas, il faut effectivement boire plus que d'habitude afin de rétablir l'équilibre.

• Là où il y a de la gêne, il n'y a pas de plaisir. Quand on a besoin d'aller aux toilettes, il faut y aller. Surtout quand notre intestin fait preuve de régularité. Si, côté digestion, vous êtes plutôt du matin et qu'une fois votre valise bouclée, vous réprimez cette envie, vous violez un accord tacite. L'intestin veut travailler selon les horaires habituels. Il suffit de renvoyer quelques fois le bol fécal dans la file d'attente pour habituer les muscles et les nerfs à la marche arrière. Le résultat, c'est qu'il devient de plus en plus difficile de leur faire adopter la marche avant. Sans compter que dans la file d'attente, le temps passe tandis que l'eau continue d'être extraite. Et la commission durcit, durcit... Au bout de quelques jours à réprimer ses envies d'aller à la selle, on se retrouve constipé. Alors, si vous avez encore une semaine de camping devant vous, un conseil : surmontez votre appréhension des toilettes turques avant qu'il ne soit trop tard !

• Les probiotiques et les prébiotiques – de gentils microorganismes vivants – ainsi que leur nourriture préférée peuvent redonner un souffle de vie à un intestin démotivé. Pour se les procurer, rendez-vous en pharmacie ou quelques pages plus loin dans ce livre.

• La fameuse promenade digestive n'est pas forcément efficace. Quand on réduit son activité physique du jour au lendemain, l'intestin peut lui aussi se montrer paresseux, c'est vrai. Mais si on est aussi actif que d'ordinaire, une promenade de plus ou de moins ne changera rien. Des études ont montré que seules des séances de sport vraiment poussées ont un effet mesurable sur les mouvements intestinaux. Si vous n'avez pas l'intention de faire un marathon, vous pouvez donc – pour ce qui est d'améliorer votre transit – laisser tomber la promenade digestive.

Vous aimez les méthodes peu conventionnelles ? Testez la balançoire ! Assis sur le trône, penchez le buste en avant jusqu'à toucher les cuisses, puis redressez-vous en position assise. Répétez le mouvement plusieurs fois – vous verrez : ça marche ! D'ailleurs, au petit coin, il n'y a personne pour vous regarder et vous avez tout votre temps : c'est l'endroit idéal pour tenter ce genre d'expériences incongrues.

Rien n'y fait ? Ni les méthodes énoncées, ni la balançoire ?

Dans le cas d'une constipation sévère, les nerfs de l'intestin ne sont pas seulement désorientés ou vexés, ils ont aussi besoin d'un coup de main. Si vous avez déjà tenté toutes les astuces des pages précédentes et que vos excursions aux toilettes s'éternisent toujours en vain, ne désespérez pas ! Notre armoire à pharmacie a plus d'un tour dans son sac. Attention toutefois de n'y recourir qu'en connaissance de cause, car on ne peut pas choisir la médication adaptée sans savoir exactement ce qui coince.

Quand la constipation survient brutalement ou se prolonge outre mesure, mieux vaut prendre rendez-vous chez son médecin. Elle peut cacher un diabète non décelé ou un problème de tyroïde. À moins que nous ne comptions tout simplement parmi les tortillards du transit.

LES LAXATIFS

Avec les laxatifs, pas de chichis, l'objectif est clair : ce qu'on veut, c'est une bonne grosse commission, de celles qui iront jusqu'à faire perdre sa réserve au plus timide des intestins. Il existe différents types de laxatifs, qu'on peut classer selon leur mode de fonctionnement. Pour tous les globe-trotters résolument constipés, les tortillards du transit, les détracteurs des toilettes turques et les angoissés de l'obstacle hémorroïdal, voyons maintenant ce que notre armoire à pharmacie propose.

Une bonne grosse commission par osmose...
... c'est bien moulé et pas trop dur. L'osmose est le Robin des bois des liquides : quand un liquide contient par exemple plus de sel ou de sucre qu'un autre, l'osmose fait en sorte que le liquide le plus pauvre se mêle au liquide le plus riche. Les deux liquides disposent alors des mêmes richesses et vivent en bonne intelligence. C'est par ce principe qu'on peut redonner un coup de jeune à une salade flétrie : il suffit de la laisser tremper dans un saladier rempli d'eau et – abracadabra – au bout d'une demi-heure, elle en sort toute croquante. L'eau imprègne la salade parce qu'elle contient entre autres plus de sel et de sucre que l'eau pure du saladier.

Les laxatifs osmotiques militent pour l'équité. Ils contiennent des sels, des sucres ou de minuscules chaînes moléculaires qui ont la particularité de parvenir indemnes jusqu'au gros intestin. En chemin, ils emmagasinent toute l'eau qu'ils peuvent et, parvenus dans le côlon, assouplissent les selles au maximum. Si on abuse de ces laxatifs, la quantité d'eau emmagasinée est trop importante : en cas de diarrhée, aucun doute, c'est qu'on a trop forcé sur la dose.

Quand on choisit un type de laxatifs osmotiques, on choisit en fait les employés qui vont être chargés de la collecte des eaux : les sucres, les sels ou de petites chaînes moléculaires. Les sels, comme le sel de Glauber (forme décahydratée du sulfate de sodium), manquent un peu de délicatesse. Ils agissent sans prévenir et, quand on leur demande d'intervenir trop souvent, ils bouleversent notre équilibre salin.

Parmi les laxatifs sucrés, citons le plus connu, le lactulose, dont l'action est double : non seulement il rameute toute l'eau qui veut bien le suivre, mais en plus, il nourrit les bactéries intestinales. Or, ce petit peuple peut lui aussi mettre la main à la pâte, par exemple en fabriquant des substances assouplissantes ou en stimulant la paroi intestinale pour qu'elle fasse un peu plus d'exercice. C'est très pratique, avec tout de même un petit bémol : quand les bactéries sont gavées ou que le lactulose nourrit de mauvaises bactéries, l'effet premier devient un effet secondaire désagréable, avec production de gaz et maux de ventre.

Le lactulose est formé à partir du lactose, par exemple lors du chauffage du lait. Grâce à une brève élévation de sa température, le lait pasteurisé contient plus de lactulose que le lait cru. Et le lait stérilisé par un traitement à haute température (UHT) en contient plus que le lait pasteurisé.

D'autres laxatifs osmotiques sucrés sont sans lactose, comme le sorbitol. Le sorbitol est présent dans certains fruits, par exemple les poires, les pommes ou les prunes. Ce qui explique le rôle de laxatif naturel des pruneaux ou les mises en garde des parents : "Ne buvez pas trop de jus de pomme, les enfants, vous allez avoir la courante !" Le sorbitol (comme le lactulose) n'est quasiment pas absorbé par l'être humain, si bien qu'on l'utilise souvent comme édulcorant. Il porte alors le doux nom de E420 et force les fabricants de bonbons sans sucre à faire figurer sur leurs emballages la mention "une consommation excessive peut avoir des effets laxatifs". Un certain nombre d'études a démontré que le sorbitol avait une efficacité identique à celle du lactulose, mais globalement moins d'effets secondaires (il ne génère par exemple pas de ballonnements désagréables).

De tous les laxatifs, les chaînes moléculaires courtes sont les mieux tolérées. Seuls leurs noms, typiques des ensembles de molécules, demandent un peu d'entraînement, comme le "polyéthylène glycol" – PEG pour les intimes. Le PEG ne bouleverse pas l'équilibre salin comme les sels et n'engendre pas de ballonnements comme les sucres. La longueur de la chaîne nous est souvent donnée par le nom lui-même : le PEG3350, par exemple, est une chaîne d'atomes assez longue pour atteindre le poids moléculaire de 3350. C'est bien mieux que le PEG150 – dont les chaînes sont si courtes qu'elles pourraient être absorbées dans l'intestin sans qu'on le veuille. Sans qu'il y ait là un réel danger, le polyéthylène glycol, qui ne figure d'habitude jamais à notre menu, pourrait bien bousculer notre intestin.

Pas de courtes chaînes moléculaires comme le PEG150 dans les laxatifs, donc. On en trouve en revanche dans certaines crèmes pour le visage, où leur mission est du même ordre : elles sont chargées d'assouplir la peau. Et s'il est peu probable qu'elles soient nocives, la preuve irréfutable de leur innocuité n'a pas encore été apportée. Les laxatifs comme le PEG ne contiennent, eux, que des chaînes non absorbables et peuvent donc être ingérés sans problème sur une durée prolongée. D'après les études les plus récentes, il n'y a pas à s'inquiéter de dépendance ou d'éventuelles séquelles. Certains résultats laissent même entendre qu'ils renforcent les défenses naturelles de l'intestin.

Les laxatifs osmotiques n'agissent pas que sur l'hydratation, mais aussi sur la masse. Plus l'intestin est humide, plus il accueille de bactéries intestinales bien nourries ou de chaînes moléculaires, et plus il est incité à bouger. C'est le principe du réflexe péristaltique.

Par lubrification...
... c'est la version "sport de glisse" de la digestion, le gros intestin se transformant alors en piste de bobsleigh. Robert Chesebrough, l'inventeur de la vaseline, ne jurait que par une cuillérée de vaseline par jour. L'effet devait sans doute être le même qu'avec d'autres corps gras qu'on utilise comme laxatifs lubrifiants : ils emballent la marchandise dans une enveloppe de graisse non absorbable et permettent ainsi un transport rapide. Robert Chesebrough a vécu jusqu'à l'âge de quatre-vingt-seize ans. C'est surprenant, car à ingérer ainsi chaque jour des lubrifiants gras, on perd trop de vitamines liposolubles, qui sont enveloppées et transportées avec le reste. Les carences ainsi induites peuvent favoriser des maladies, surtout si on recourt trop souvent au procédé ou en trop grande quantité. La vaseline ne figure pas parmi les

laxatifs lubrifiants officiels (et ce n'est vraiment pas une bonne idée d'en avaler), mais même quand il s'agit de laxatifs lubrifiants connus et reconnus comme l'huile de paraffine, la prudence est de mise. Leur utilisation n'est judicieuse qu'à court terme, par exemple en cas de petites plaies désagréables ou d'hémorroïdes au niveau du rectum. Dans ce cas, il est même recommandé de veiller à ce que les selles produites soient bien molles afin d'éviter douleurs et blessures. Cela dit, on obtient le même résultat en achetant en pharmacie des fibres alimentaires solubles qui forment de la gélatine. Elles sont nettement mieux tolérées et sans danger.

Par stimulation…

… c'est l'intervention du GIGN dans l'intestin. Les laxatifs stimulants sont destinés aux constipés dont les nerfs intestinaux sont très très timides et vraiment peu réactifs. Différents tests permettent de savoir si l'on fait partie de cette catégorie : l'un d'entre eux consiste à avaler de petites billes et à se faire photographier aux rayons X par un médecin, qui suivra ainsi à la trace leur parcours dans l'intestin. Au bout d'un certain temps, si les billes sont toujours dispersées un peu partout au lieu de s'être sagement mises en rang à la sortie de l'intestin, c'est qu'il va falloir stimuler tout ça.

Les laxatifs stimulants se fixent sur quelques-uns des récepteurs envoyés en reconnaissance par l'intestin curieux, et les récepteurs envoient alors à ce dernier les signaux suivants : Ne laissez pas l'eau s'échapper, capturez-la ! Allez les muscles, secouez-vous ! En gros, quand les laxatifs stimulants sont efficaces, ils se font obéir au doigt et à l'œil,

tandis que les transporteurs d'eau et les cellules nerveuses s'exécutent. Si les laxatifs osmotiques ont échoué dans leur mission de coaching et d'hydratation, c'est que notre intestin réfractaire a besoin qu'on lui parle sur un autre ton. On avale ça le soir, on laisse reposer toute la nuit, et le lendemain, hop, l'intestin se réveille enfin. En cas d'extrême urgence, on peut aussi faire passer le GIGN par la voie express : avec un suppositoire, les ordres sont directement transmis au gros intestin, qui obtempère en général dans l'heure qui suit.

Les laxatifs stimulants ne regroupent pas que des remèdes de cheval. Certaines plantes, comme l'aloe vera et le séné *(senna alexandrina)*, présentent un fonctionnement similaire – avec des effets secondaires plus étonnants. Avis à nos lectrices : celles qui ont toujours rêvé d'assortir leur intestin à leur petite robe noire vont être ravies. La coloration ténébreuse des parois intestinales est sans danger et disparaît avec le temps.

Mais trêve de plaisanterie : certains scientifiques ont aussi décrit des effets secondaires qui, s'ils devaient vraiment s'avérer être induits par ces laxatifs, sont beaucoup moins drôles. Une consommation trop importante de laxatifs stimulants ou d'aloe vera pourrait entraîner des dommages nerveux, car les nerfs trop souvent menés à la baguette finissent par être à vif. Ils se rétractent comme des escargots qui disparaissent dans leur coquille quand on touche leurs cornes. En cas de problèmes persistants, mieux vaut donc toujours laisser un intervalle de deux ou trois jours entre les prises et ne pas recourir à ces médicaments quotidiennement.

Par effet prokinétique...
... c'est le traitement dernier cri. Au propre comme au figuré : les médicaments prokinétiques fonctionnent un peu comme des haut-parleurs. Ils ne peuvent qu'encourager l'intestin dans ce qu'il fait déjà, et non pas lui ordonner d'exécuter des mouvements qui n'auraient pas lieu d'être. Ce qui intéresse beaucoup les scientifiques, c'est que ces médicaments peuvent agir de manière isolée. Certains ne fonctionnent que sur un seul récepteur, d'autres ne sont même pas absorbés par la circulation sanguine. Cela dit, le mode d'action d'un grand nombre de ces substances n'en est encore qu'à la phase de test, ou alors les médicaments correspondants viennent à peine d'être commercialisés. Si vous n'êtes pas contraint et forcé de tester les dernières nouveautés, les traitements traditionnels sont donc pour l'instant plus sûrs.

Ill. Les laxatifs stimulants orchestrent le transit intestinal.

155

Beaucoup de médecins prescrivent des laxatifs sans expliquer la règle des trois jours. Ça ne prend pourtant pas beaucoup de temps et c'est bien utile. La voici : le gros intestin se divise en trois parties, une partie ascendante, une partie transverse et une partie descendante. Quand nous allons à la selle, nous évacuons généralement le contenu de la partie descendante. D'ici au lendemain, elle se remplit et c'est reparti comme en quarante. En prenant des laxatifs puissants, nous pouvons parfois évacuer tout le contenu du gros intestin, c'est-à-dire ce qui remplissait ses trois parties. Jusqu'à ce que le gros intestin se remplisse à nouveau, il peut donc bien s'écouler trois jours.

Quand on ne connaît pas la règle des trois jours, c'est juste le temps qu'il faut pour s'inquiéter. Comment ça, toujours pas de caca ? Ça fait déjà trois jours ! Et, ni une ni deux, voilà encore un comprimé ou un sachet de poudre qui vient chatouiller nos papilles. C'est un cercle vicieux et inutile. Après un laxatif, notre intestin a le droit de prendre deux jours de congé. Et ce n'est qu'à partir du troisième jour qu'on peut à nouveau surveiller le calendrier. Exception à la règle : ceux qui sont certains d'entrer dans la catégorie "tortillards du transit" peuvent donner un coup de pouce à leurs boyaux dès le deuxième jour.

Ill. 1) État normal : un tiers du gros intestin se vide. Il sera à nouveau plein le lendemain.
2) Après un laxatif : le gros intestin se vide complètement. Il peut s'écouler trois jours avant que la situation normale se rétablisse et que l'intestin soit à nouveau rempli.

1)

2)

LA TÊTE ET LE VENTRE

Ceci est une ascidie.

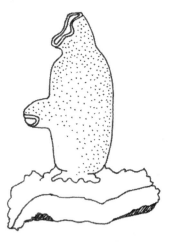

Nous l'avons conviée à nous rejoindre pour qu'elle nous communique sa vision des choses sur la nécessité d'avoir un cerveau. Comme l'être humain, l'ascidie appartient à l'embranchement des chordés. Elle a un peu de cerveau et l'équivalent d'une moelle épinière. La moelle épinière permet au cerveau d'envoyer ses ordres en contrebas, dans le corps, et de recevoir en échange des informations intéressantes. Chez l'être humain, par exemple, les yeux envoient au cerveau l'image d'un panneau de signalisation. Chez l'ascidie, les yeux envoient une information sur la densité de circulation sous-marine à cette heure-là. Chez l'être humain, les capteurs épidermiques envoient des informations sur la température qu'il fait dehors, chez l'ascidie, ils envoient des informations sur la température qu'il fait au fond de l'océan. Chez l'être humain, le cerveau reçoit une information sur la qualité de la nourriture qu'on sert dans le coin, et chez l'ascidie... aussi.

Forte de toutes ces informations, notre jeune ascidie navigue à travers les mers. Elle cherche son petit coin de paradis. Dès qu'elle a trouvé un rocher qui lui paraît sûr, qui a la température idéale et qui se trouve à proximité de réserves alimentaires, elle pose ses valises. Car l'ascidie est un animal sessile, elle vit fixée sur un support. Une fois qu'elle s'est installée, elle reste là où elle est quoi qu'il arrive. La première chose que fait l'ascidie quand elle a trouvé l'endroit de ses rêves, c'est qu'elle mange son cerveau. Ben oui, pourquoi pas? Pour vivre et exister en tant qu'ascidie, on n'a pas besoin d'avoir un cerveau.

En plus d'être un ingénieur et un médecin maintes fois distingué, Daniel Wolpert est aussi un neuroscientifique qui juge très significatif le comportement des ascidies. Sa thèse est la suivante : la seule et unique raison d'être d'un cerveau, c'est le mouvement. À première vue, ça peut paraître tellement banal qu'on a envie de protester. À moins que ce qui nous paraît banal ne le soit pas tant que ça.

Le mouvement est la plus extraordinaire contribution des êtres vivants. Il n'y a pas d'autre justification à nos muscles, pas d'autre justification aux nerfs de ces muscles – et sans doute pas d'autre justification à notre cerveau. Tout ce qui a un jour pu changer le cours de l'humanité n'a été possible que parce que nous sommes doués de mouvement. Le mouvement, ce n'est pas seulement marcher ou lancer un ballon. C'est aussi l'expression du visage, l'articulation des mots ou la réalisation d'un projet. Notre cerveau coordonne ses sens et crée de l'expérience pour générer du mouvement – mouvement de la bouche, mouvement des mains, mouvements dont le rayon s'étend sur plusieurs kilomètres ou sur quelques millimètres seulement. Sans oublier que nous pouvons aussi influer sur le monde en réfrénant le mouvement. En revanche, quand on est un arbre, par exemple, et qu'on n'a pas le choix entre ces deux options, eh bien, on n'a pas besoin de cerveau.

L'ascidie commune n'a plus besoin de cerveau dès lors qu'elle s'est établie en un lieu fixe. L'époque du mouvement est révolue pour elle, et le cerveau n'a plus de raison d'être. Penser *sans* mouvement est moins efficace que d'avoir un siphon oral capable d'aspirer du plancton. Au moins, le siphon oral permet d'influer un tant soit peu sur l'équilibre du monde.

Nous autres humains sommes très fiers de la complexité de notre cerveau. Réfléchir sur des lois fondamentales, des questions philosophiques et religieuses ou encore des problèmes de physique est une performance de tout premier plan, capable de générer des mouvements très évolués. C'est fou tout ce que notre cerveau sait faire! Mais voilà, avec le temps, notre admiration a dépassé les bornes. Nous attribuons au cerveau toute la responsabilité de nos expériences : bien-être, joie, satisfaction – tout relève pour nous de la tête. Et quand nous n'avons pas confiance en nous, quand nous sommes inquiets ou dépressifs, nous avons honte de loger à l'étage supérieur un ordinateur défaillant. Philosopher ou mener des recherches sur les diodes électroluminescentes est et reste une affaire de cerveau – mais notre "moi" est plus que cela.

Sur ce sujet, c'est justement notre intestin qui nous fait la leçon. Quoi ? Cet organe connu pour produire des petits tas nauséabonds et émettre des prouts dignes d'une corne de brume ? Oui, c'est bien à lui qu'on doit aujourd'hui une reconsidération de nos acquis dans la recherche : petit à petit, on remet prudemment en question la suprématie du cerveau. Il faut dire que les nerfs de l'intestin, comparés à ceux du reste du corps, ont de quoi impressionner – tant par leur nombre que par leur singularité. L'intestin a à sa disposition toute une cohorte de messagers chimiques, de matériaux d'isolation cellulaire et de types de connexion. Il n'y a qu'un autre organe qui offre une telle diversité : le cerveau. Voilà pourquoi notre système nerveux entérique est aussi qualifié de "deuxième cerveau", parce qu'il est tout aussi étendu et présente la même complexité chimique. Mais si la mission de notre intestin n'était que de transporter les aliments et nous permettre de roter de temps en temps, un système nerveux si élaboré serait une sacrée perte d'énergie. Quel organisme irait donc constituer un tel réseau de nerfs pour gérer un banal tuyau péteur ? Il y a là de quoi creuser.

Les êtres humains savent en fait depuis longtemps ce que la recherche découvre peu à peu : ce que nous sommes, c'est aussi ce que nous avons dans le ventre. Nous *avons les foies* ou *l'estomac noué* quand nous avons peur (pour ne pas dire : quand nous avons *la peur au ventre*). Nous ne nous *faisons pas de bile* quand tout va bien. Nous *ravalons* notre colère, *digérons* les affronts qui nous sont faits et nos échecs *nous laissent un goût amer.* Et quand nous sommes émus, nous sommes *pris aux tripes.* Notre "moi" est dans l'alliance de notre tête et de notre ventre – pas seulement du point de vue linguistique, mais aussi de plus en plus dans les laboratoires scientifiques.

L'INFLUENCE DE L'INTESTIN SUR LE CERVEAU

Pour étudier les sentiments, un scientifique commence d'abord par faire des mesures. Il attribue des points en fonction de tendances suicidaires, mesure le taux d'hormones pour parler d'amour ou teste des médicaments contre la peur. Vu de l'extérieur, ce genre de procédures n'a souvent rien de très glamour. Dans le cadre d'une étude réalisée à Francfort, en Allemagne, des chercheurs ont même passé les cerveaux des participants au scanner pendant qu'une assistante leur chatouillait les parties génitales à l'aide d'une brosse à dents – l'objectif étant de déterminer dans quelles zones du cerveau arrivaient les signaux provenant de certaines régions du corps. C'est grâce à ce genre d'expériences, entre autres, qu'on peut tracer une carte cérébrale.

Aujourd'hui, nous savons par exemple que les signaux provenant des zones génitales arrivent au sommet du cerveau, à peu près au milieu, juste au-dessous du vertex.

Ill. Les régions du cerveau activées par la vision, la peur, la production du langage, le sens moral et la stimulation des parties génitales.

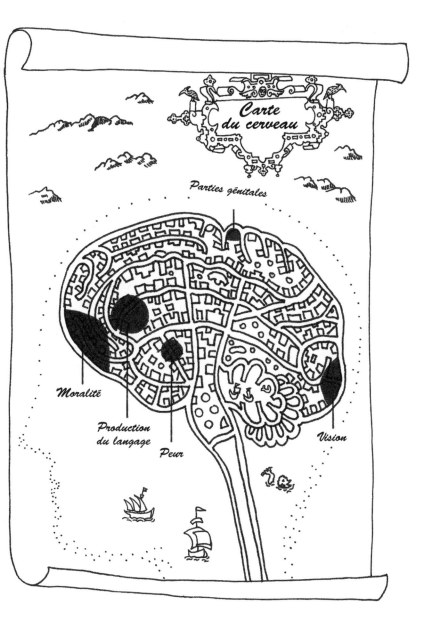

Carte
du cerveau

Parties génitales

Moralité

Production
du langage

Peur

Vision

La peur naît en son centre, à mi-chemin entre les deux oreilles, pour ainsi dire. La production du langage est gérée par une zone qui se trouve légèrement au-dessus de la tempe, tandis que le sens moral est généré derrière le front, et ainsi de suite. Pour mieux comprendre la relation entre l'intestin et le cerveau, il nous faut suivre leurs voies de communication : comment les signaux du ventre arrivent-ils à la tête et quels phénomènes peuvent-ils y déclencher ?

Les signaux en provenance de l'intestin peuvent arriver dans différentes régions du cerveau, mais pas dans toutes. Ils n'ont par exemple jamais pour destination le cortex visuel, au-dessus de la nuque. Si c'était le cas, nous aurions devant les yeux des images ou des projections de ce qui se passe dans l'intestin. Au lieu de cela, nos signaux se rendent dans le cortex insulaire, dans le système limbique, dans le cortex préfrontal, dans le complexe amygdalien, dans l'hippocampe ou dans le cortex cingulaire antérieur. Les neuroscientifiques vont se récrier, mais tant pis – *grosso modo*, on peut résumer le rôle de ces régions comme suit : perception du "moi", gestion des sentiments, moralité, peur, mémoire et motivation. Cela ne veut pas dire que l'intestin commande notre sens moral – mais cela élargit le champ des possibles quant à sa faculté à influencer de tels paramètres. Pour les chercheurs, il s'agit maintenant d'appréhender peu à peu cette thèse en laboratoire et de tester plus en détail sa crédibilité.

La souris qui nage est l'une des expériences les plus significatives de la recherche sur la dépression. Elle consiste à placer une souris dans un petit bassin d'eau où elle n'a pied nulle part. Aussitôt, la souris se met à nager dans l'espoir de retrouver la terre ferme. La question qui se pose alors est la suivante : combien de temps la souris va-t-elle nager dans l'idée de réaliser son souhait ? C'est au fond l'un des archétypes de notre existence : quelle énergie mettons-nous à chercher quelque chose qui, d'après nous, devrait être donné – ce quelque chose pouvant être concret (comme le sol sous nos pieds ou un diplôme) ou abstrait (comme la satisfaction ou la joie) ?

Les souris qui présentent des traits dépressifs ne nagent pas bien longtemps. Elles s'immobilisent régulièrement. Dans leur cerveau, les signaux inhibiteurs sont apparemment beaucoup mieux transmis que les impulsions motivantes et stimulatrices. En outre, elles réagissent davantage au stress. En général, ces souris sont utilisées pour tester de nouveaux antidépresseurs : si elles nagent plus longtemps après administration du médicament, c'est un indice important sur l'éventuelle efficacité d'une substance.

John Cryan – un scientifique irlandais – et son équipe sont allés plus loin. En 2011, ils ont nourri la moitié de leurs souris avec une bactérie connue pour ses effets bénéfiques sur l'intestin : le lactobacille *L. rhamnosus* JB-1. À l'époque, l'idée de passer par le ventre des souris pour influer sur leur comportement était toute nouvelle. L'expérience a montré que les souris à l'intestin boosté nageaient effectivement plus longtemps, mais aussi que leur sang contenait moins d'hormones du stress. En outre, dans les tests de mémoire et d'apprentissage, elles étaient plus performantes que leurs congénères. Enfin, quand les chercheurs coupaient le nerf pneumogastrique (ou nerf vague) de ces souris, elles ne se distinguaient plus en rien du second groupe.

Le nerf vague est la voie de communication la plus importante et la plus rapide entre l'intestin et le cerveau. Il traverse le diaphragme, passe par le médiastin (la région entre les poumons qui contient notamment le cœur), longe l'œsophage, monte dans le cou et arrive au cerveau. Une étude menée sur l'être humain a permis de montrer que les participants se sentaient bien ou au contraire angoissés selon la fréquence avec laquelle on stimulait ce nerf. Depuis 2010, un traitement contre la dépression autorisé en Europe consiste à stimuler le nerf vague de manière à améliorer l'état de santé des patients. Ce nerf, c'est un peu une ligne de téléphone qui relie l'intestin à la centrale cérébrale et lui permet de rendre compte de ses impressions.

Le cerveau utilise ses informations pour se faire une idée de ce qui se passe dans le corps. Car l'organe le mieux isolé et le plus protégé de tous est loin de tout : il siège dans une enveloppe crânienne osseuse, se love dans d'épaisses méninges et filtre chaque goutte de sang qui veut irriguer ses différentes régions. L'intestin, lui, est au cœur de la bataille. Il connaît toutes les molécules de notre dernier repas, attrape avec curiosité des hormones qui se baladent dans notre sang, prend des nouvelles des cellules immunitaires ou prête une oreille attentive au bourdonnement des bactéries intestinales. Il est aux premières loges pour pouvoir ensuite raconter au cerveau des tas de petits ragots sur nous, dont celui-ci n'aurait sinon jamais eu connaissance.

Pour collecter ces informations, l'intestin dispose non seulement d'un système nerveux plutôt conséquent, mais aussi d'une surface si vaste qu'elle fait de lui l'organe sensoriel le plus étendu du corps. À côté, les yeux, les oreilles, le nez ou l'épiderme sont de petits joueurs. Leurs informations sont livrées à la conscience et utilisées pour réagir à notre environnement. En cela, ils fonctionnent un peu comme des systèmes d'aide au stationnement. L'intestin, lui, est une immense matrice, qui ressent tout de notre vie intérieure et travaille au niveau du subconscient.

L'intestin et le cerveau travaillent très tôt main dans la main. Ensemble, ils esquissent une part importante du tout premier univers sensitif du nourrisson. Au début de notre vie, nous aimons la douce sensation de satiété, nous crions au désespoir quand la faim nous taraude et nous pleurnichons sous la torture des ballonnements. Les personnes auxquelles nous faisons confiance sont celles qui nous nourrissent, nous changent, nous font faire notre rot. À l'âge des couches, notre "moi" repose de manière nette et perceptible sur ces deux entités : le tube digestif et le cerveau. En grandissant, nous étendons de plus en plus notre perception du monde à tous les sens dont nous disposons. Nous ne braillons plus quand le plat qu'on nous a servi au restaurant ne nous plaît pas. Ce qui ne signifie pas que la liaison entre l'intestin et le cerveau ait subitement disparu. Seulement, elle est plus nuancée. De là à supposer qu'un intestin mal en point pourrait assombrir notre humeur de manière subtile et, inversement, un intestin bien nourri et en bonne santé booster discrètement notre moral, il n'y a qu'un pas.

Deux ans après l'expérience des souris, en 2013, une étude se penche pour la première fois sur les conséquences que des soins prodigués à l'intestin peuvent avoir sur un cerveau humain en bonne santé. Partis du principe qu'il n'y aurait pas d'effet visible sur l'être humain, les chercheurs sont bien étonnés des résultats obtenus – et avec eux, l'ensemble de la communauté scientifique. Suite à l'ingestion de différentes bactéries durant quatre semaines, certaines zones du cerveau des participants avaient subi de nettes modifications, et notamment les zones impliquées dans le traitement des sentiments et de la douleur.

DE L'IRRITABILITÉ DE L'INTESTIN À LA DÉPRESSION,
EN PASSANT PAR LE STRESS

Il ne faudrait pas que le moindre petit pois mal mastiqué aille embêter le cerveau. Un intestin en bonne santé n'utilise pas le nerf vague pour transmettre des signaux digestifs insignifiants : il les traite en interne, avec son propre cerveau – ce n'est pas pour rien qu'il en a un. Cela dit, si quelque chose lui semble de première importance, il peut en faire part au cerveau d'en haut.

De son côté, le cerveau ne fait pas non plus suivre chaque information à la sphère du conscient. Quand le nerf vague veut communiquer des informations aux zones ultra-importantes du cerveau, il doit d'abord franchir le contrôle de sécurité. L'agent ici en charge de la sécurité, c'est le thalamus. Quand les yeux lui signalent pour la vingtième fois que les mêmes rideaux sont toujours accrochés aux mêmes fenêtres du même salon, le thalamus fait fi de cette information : elle n'est pas vraiment pertinente pour le conscient. Un message concernant de *nouveaux* rideaux, en revanche, passerait sans problème le contrôle de sécurité. Pas avec tous les thalamus, mais avec la plupart.

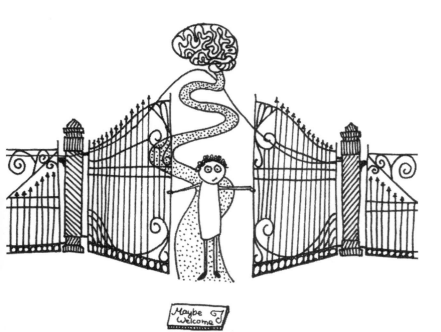

Si un petit pois mal mastiqué ne passe même pas le seuil qui sépare l'intestin du cerveau, d'autres signaux, eux, franchissent le contrôle de sécurité. Des messages vont ainsi du ventre à la tête : ils informent par exemple le centre du vomissement d'une alcoolémie anormalement élevée, rapportent aux responsables du dossier "douleur" des ballonnements gênants ou confient au département "malaises et indispositions" la présence de vilains agents pathogènes. Ces stimuli obtiennent un laissez-passer parce qu'ils sont jugés dignes d'intérêt par le garde-barrière de l'intestin et l'agent de sécurité du cerveau. Et ça ne vaut pas que pour les mauvaises nouvelles. Le soir de Noël, d'autres signaux transmis nous permettent de nous endormir sur le canapé, repus et heureux. Dans certains cas, nous pouvons clairement identifier un message comme provenant du ventre ; d'autres informations, en revanche, sont traitées dans des zones moins conscientes du cerveau, et nous ne saurions dire précisément d'où elles viennent.

Quand on souffre d'une irritabilité de l'intestin, il y a un dysfonctionnement de la communication entre l'intestin et le cerveau – et cela peut être pesant psychologiquement. Si pesant que les effets sont même visibles sur un scanner cérébral. Lors d'une expérience, on a gonflé un petit ballon dans l'intestin des participants tout en surveillant leur activité cérébrale. Chez les personnes tests en bonne santé, l'image du cerveau est normale, sans aucune particularité du point de vue émotionnel. Chez les patients atteints du syndrome de l'intestin irritable, le gonflement du ballon déclenche au niveau du cerveau une activité clairement identifiable dans une zone émotionnelle normalement chargée de traiter les sentiments désagréables. Chez ces participants, le même stimulus avait donc franchi les deux seuils, et ils se sentaient mal à l'aise alors que rien ne le justifiait.

Le syndrome de l'intestin irritable s'exprime souvent par une sensation gênante de pression dans l'abdomen ou des borborygmes et une tendance aux diarrhées et à la constipation. Les personnes touchées sont plus sujettes aux états anxieux et à la dépression. À travers une expérience comme celle du ballon, on a pu montrer que des sentiments de mal-être ou d'inconfort psychologique pouvaient être générés par l'axe intestin-cerveau – quand le seuil limite de l'intestin est abaissé ou que le cerveau veut absolument avoir l'information en question.

170

À l'origine d'une telle situation, il peut par exemple y avoir des micro-inflammations non décelées sur une longue période, une mauvaise flore intestinale ou des intolérances alimentaires non identifiées. En dépit des récentes avancées de la recherche, il y a encore des médecins pour considérer les patients atteints du syndrome de l'intestin irritable comme des hypocondriaques ou des simulateurs. À l'examen, aucun dommage visible ne peut en effet être repéré au niveau de l'intestin.

Il n'en va pas de même pour toutes les pathologies intestinales. En phase aiguë, la maladie de Crohn ou la colite ulcéreuse, par exemple, causent de véritables lésions dans l'intestin des patients qui souffrent de ces inflammations chroniques. Mais le problème, ici, n'est pas dû à des stimuli qui passeraient de l'intestin au cerveau alors qu'ils ne sont pas vraiment pertinents. Le garde-barrière de l'intestin et l'agent de sécurité du cerveau font leur travail et savent retenir les informations insignifiantes. Le problème vient plutôt de la muqueuse intestinale, atteinte par la maladie. Toutefois, comme les patients souffrant du syndrome de l'intestin irritable, les personnes touchées par ces maladies chroniques sont plus souvent concernées par la dépression et les états anxieux.

À l'heure actuelle, il n'y a pas beaucoup d'équipes scientifiques qui axent leurs recherches sur le renforcement des seuils limites de l'intestin et du cerveau, mais ce sont des équipes de choc. Et leur travail pourrait bien ne pas intéresser que ceux qui souffrent de troubles digestifs : elles nous concernent tous. Dans le cadre des échanges entre l'intestin et le cerveau, le stress figure sans doute parmi les plus importants stimuli. Quand notre cerveau identifie un problème de taille (une course contre la montre ou une situation contrariante, par exemple), son ambition est de régler le problème. Il a alors besoin d'énergie. Et cette énergie, il se la procure principalement auprès de l'intestin. *Via* les fibres nerveuses dites sympathiques, l'intestin est informé que l'état d'urgence a été déclaré et que, pour une fois, il doit obéir. Bon camarade, il consomme alors moins d'énergie pour la digestion, produit moins de mucus et ralentit sa propre irrigation sanguine.

Ce dispositif n'est cependant pas conçu pour durer. Si le cerveau passe son temps à déclarer l'état d'urgence, il finit par abuser de la bonne volonté de l'intestin. Et l'intestin exaspéré peut alors envoyer des signaux moins sympathiques au cerveau – sans quoi on n'en finirait jamais. La conséquence pour nous, c'est par exemple un état de fatigue, un manque d'appétit, un mal-être ou des coliques. Dans ce cas comme dans le cas des vomissements émotionnels en situation de stress, l'intestin se débarrasse de nourriture pour faire face au sevrage énergétique prescrit par le cerveau. Avec une différence : les phases de "vrai" stress peuvent être beaucoup plus longues. Quand l'intestin en fait les frais trop longtemps, c'est mauvais pour lui. Moins bien irriguées et moins bien protégées par une muqueuse trop fine, les parois de l'intestin sont plus fragiles. Les cellules immunitaires qui y sont logées sécrètent alors une quantité importante de messagers chimiques qui sensibilisent toujours plus le cerveau de l'intestin, abaissant ainsi le premier seuil. Une phase de stress, cela va donc de pair avec un prêt d'énergie – mieux vaut ne pas trop alourdir l'ardoise et tenter au plus vite de rééquilibrer la balance comptable.

La recherche sur les bactéries permet en outre d'avancer que le stress est antihygiénique. Les bactéries qui survivent dans l'intestin quand les conditions vitales ont changé ne sont en effet pas les mêmes que quand on se la coule douce. Le stress, pour ainsi dire, influe sur la météo intestinale. Il génère des conditions idéales pour les petits durs qui ne se laissent pas impressionner – mais ceux-ci sont-ils vraiment toujours de bonne compagnie ? Ce qui revient à dire que nous ne sommes pas tout simplement les victimes de nos bactéries intestinales et de leur influence sur notre moral, mais aussi les jardiniers de notre propre paysage abdominal. En outre, cela signifie aussi que notre intestin est en mesure de nous faire ressentir les effets de la crise, même après la phase de stress proprement dite.

Les sentiments qui viennent d'en bas, et surtout ceux qui nous laissent un petit goût amer, ont un effet formateur sur le cerveau : la prochaine fois qu'il devra prendre une décision – faire une présentation au bureau ou s'abstenir, manger le *chili con carne* trop épicé ou s'en passer –, il pèsera bien le pour et le contre. Tel pourrait être le rôle de l'intestin dans les décisions que nous appelons *viscérales :* les sentiments négatifs qu'il a éprouvés dans une situation similaire sont stockés et, si nécessaire, pris en considération au moment du choix. Si le mécanisme était aussi adaptable aux sentiments positifs, alors "prendre un homme par le ventre" reviendrait effectivement à faire la conquête de son intestin.

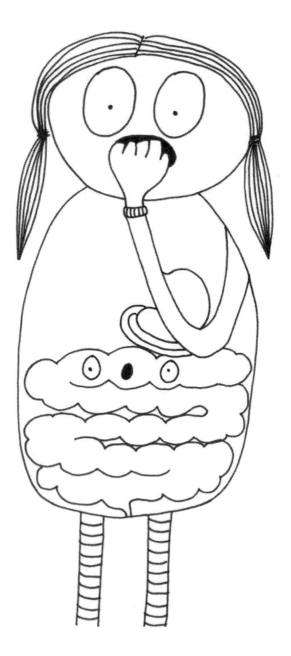

Supposons maintenant que notre ventre n'intervienne pas seulement dans certains sentiments ou certaines décisions (viscérales), mais qu'il puisse aussi avoir un impact sur notre comportement. C'est une hypothèse intéressante que différents scientifiques tentent à ce jour d'étayer. Stephen Collins et son équipe ont par exemple mené une expérience très audacieuse : les participants étaient des souris de deux lignées différentes, dont le comportement a été étudié en détail. Les animaux de la lignée BALB/C sont plus craintifs et plus prudents que leurs cousins issus de la lignée NIH-SWISS, plus téméraires et plus curieux. Les chercheurs ont administré aux rongeurs un mélange de trois antibiotiques différents qui n'agissent que dans l'intestin, éradiquant ainsi la totalité des bactéries intestinales. Ensuite, ils ont transplanté sur les animaux d'une lignée les bactéries intestinales typiques de l'autre lignée, et inversement. Résultat : lors du test comportemental, les rôles typiques des deux lignées étaient inversés! Les souris BALB/C étaient plus téméraires, tandis que les souris NIH-SWISS étaient plus craintives. Preuve que l'intestin pourrait avoir une influence sur le comportement – du moins celui des souris. Pour ce qui est d'une application au genre humain, il est encore trop tôt : il nous manque encore beaucoup de connaissances sur les différentes bactéries, sur notre deuxième cerveau et sur l'axe intestin-cerveau.

En attendant, nous pouvons mettre à profit ce que nous savons déjà. Nul besoin de voir grand, commençons par de petites choses comme nos repas quotidiens, en suivant là aussi cette règle : pas de stress, pas de tensions. Les repas devraient être des zones de calme, sans dispute, sans "tu ne

sortiras pas de table tant que tu n'auras pas fini ton assiette",
sans zapping d'une chaîne de télé à l'autre. C'est évidemment valable pour les jeunes enfants, chez qui les deux cerveaux, celui de la tête et celui du ventre, se développent
parallèlement, mais c'est aussi utile pour les adultes – et
plus on commence tôt, mieux c'est. Le stress sous toutes ses
formes active des nerfs qui inhibent notre digestion. Résultat : non seulement nous tirons moins d'énergie de ce que
nous mangeons mais, en plus, il nous faut plus de temps
pour en arriver là et notre intestin est davantage sollicité.

Nous pouvons aussi jouer avec nos connaissances et
tenter de petites expériences. Parmi les chewing-gums et
remèdes contre les nausées, il en est qui anesthésient certains nerfs de l'intestin. Or, l'anxiété disparaît souvent en
même temps que la nausée. Si l'on suppose qu'une humeur
chagrine ou anxieuse inexpliquée (sans nausée) peut venir
de l'intestin, est-ce à dire qu'on pourrait s'en débarrasser en
utilisant ce type de remèdes ? En pratiquant pour ainsi dire
une anesthésie temporaire sur un intestin inquiet ? L'alcool
n'atteint pas en premier les nerfs du cerveau, mais ceux de
l'intestin – dans quelle mesure le délassement procuré par
un "petit verre de vin au dîner" pourrait-il alors être induit
par l'apaisement du cerveau du ventre ? Quelles bactéries
les différents yaourts du supermarché contiennent-ils ? Un
lactobacille *L. reuteri* me réussit-il mieux qu'une bifido-
bactérie *B. animalis* ? Une équipe de chercheurs chinois a
même pu montrer en laboratoire que les lactobacilles *L. reuteri* étaient capables de bloquer des récepteurs de la douleur dans l'intestin.

Aujourd'hui, le lactobacille *L. plantarum* et la bifido-
bactérie *B. infantis* peuvent déjà être recommandés en

traitement de la douleur chez les patients atteints du syndrome de l'intestin irritable. Quand on souffre d'une hypersensibilité de l'intestin, on se contente souvent de prendre un médicament contre la diarrhée ou la constipation ou encore des antispasmodiques. Cela permet d'atténuer les phénomènes déclencheurs, mais pas de résoudre vraiment le problème. Et quand la suppression de certains aliments éventuellement allergènes ou la reconstitution de la flore intestinale n'entraînent aucune amélioration notable, il est temps de prendre le mal à la racine, c'est-à-dire de s'attaquer aux nerfs. À ce jour, il n'existe que peu de méthodes qui ont fait leurs preuves dans le cadre d'études scientifiques – l'hypnothérapie est l'une d'elles.

Une psychothérapie vraiment efficace est l'équivalent d'une séance de kiné pour nos nerfs. Elle dénoue les tensions et nous enseigne d'autres mouvements sains – au niveau neuronal. Mais comme les nerfs du cerveau sont des personnalités plus complexes que les muscles, leur entraîneur a intérêt à avoir plus d'un tour dans son sac. Les hypnothérapeutes recourent souvent au voyage intérieur ou à des techniques fondées sur l'imagination dans le but d'atténuer les signaux de la douleur et de transformer la perception de certains stimuli. De la même manière qu'on entretient ses muscles en faisant de l'exercice, on peut renforcer certains nerfs en les utilisant plus souvent. Nul besoin pour cela d'être sous hypnose comme à la télé. Cela irait même à l'encontre des règles d'éthique, puisque dans ce type de thérapies, le patient doit rester maître de ce qui se passe.

L'hypnothérapie permet d'obtenir de bons résultats chez les patients atteints du syndrome de l'intestin irritable.

Nombre d'entre eux peuvent alors réduire les doses de médicaments, voire pour certains supprimer tout traitement. Chez les enfants, surtout, cette forme de thérapie est bien plus efficace que les médicaments, avec une réduction de la douleur de plus de 90 % – contre 40 % pour les traitements médicamenteux. Certains hôpitaux s'appuient sur cette transdisciplinarité pour proposer des concepts thérapeutiques complets autour du ventre, comme la clinique de Sarrebruck, en Allemagne.

Un patient qui présente une pathologie intestinale, mais aussi un état anxieux et dépressif prononcé, se verra souvent recommander la prise d'antidépresseurs par son médecin – généralement sans qu'on lui explique le pourquoi du comment. Et pour cause : aucun médecin, aucun scientifique ne connaît vraiment les tenants et les aboutissants. On a d'abord constaté au cours d'études que ces médicaments avaient un effet stimulant sur l'humeur, et ce n'est qu'ensuite qu'on a commencé à s'intéresser aux mécanismes qui se cachent derrière – sans pourtant trouver de réponse claire pour l'instant. Pendant des décennies, on a supposé que cet effet positif était induit par l'activation de la production de sérotonine, notre fameuse "hormone du bonheur". Mais les recherches actuelles sur la dépression se penchent aussi sur d'autres phénomènes comme la plasticité de nos nerfs, qui pourrait être rétablie par la prise de ces médicaments.

La plasticité d'un nerf est sa capacité à se transformer. Si la puberté est une période troublante pour le cerveau humain, c'est parce que les nerfs sont alors incroyablement plastiques – beaucoup de choses ne sont pas encore établies, tout est possible, rien n'est figé, et les informations fusent dans tous les sens. Ce processus est achevé aux alentours de vingt-cinq ans. Un nerf donné réagit alors selon le modèle spécifique appris. Nous conservons ce qui a fait ses preuves et nous éliminons tout ce qui n'était pas terrible. C'est ainsi qu'avec les posters de stars accrochés au mur disparaissent aussi les crises de colère ou les fous rires inexplicables. Il devient alors plus difficile de changer du tout au tout, mais d'un autre côté, on est aussi plus stable, ce qui est quand même plutôt agréable. La mise en place des modèles ne se fait cependant pas toujours sur ce critère et des schémas de pensée déplaisants du type "je ne vaux rien" ou "rien de ce que je fais ne fonctionne" peuvent aussi s'installer. De la même manière, les signaux frénétiques d'un intestin inquiet pourraient s'ancrer dans notre tête de manière durable. En améliorant la plasticité nerveuse, les antidépresseurs peuvent déconstruire ce type de schémas – un traitement d'autant plus efficace qu'il s'accompagnera d'une psychothérapie de qualité, le risque de revenir à nos mauvaises habitudes étant alors réduit.

Les effets secondaires d'antidépresseurs courants comme le Prozac nous apportent par ailleurs des renseignements importants sur la sérotonine. Un patient traité sur quatre fait face aux effets typiques que sont la nausée, la diarrhée et, en cas de prise prolongée, le ralentissement du transit. Pourquoi ? Parce que le cerveau du ventre est doté des mêmes récepteurs nerveux que le cerveau de la tête. Les antidépresseurs, du coup, agissent forcément sur l'un et sur l'autre. Un chercheur américain, Michael Gershon, pousse la réflexion encore plus loin. Il se demande si chez certaines personnes, la prise d'antidépresseurs n'agissant que sur l'intestin, et non plus sur le cerveau, pourrait aussi être efficace.

L'idée n'est pas complètement abracadabrante. 95 % de la sérotonine que nous produisons nous-mêmes est fabriquée… où ? Dans les cellules de l'intestin. Elle est là pour prêter main-forte aux nerfs qui président aux mouvements des muscles et sert aussi de molécule transductrice essentielle. Si l'on faisait des modifications à ce niveau-là, les messages envoyés au cerveau seraient tout autres. Une piste surtout intéressante pour les dépressions graves, quand elles surviennent subitement chez des patients qui n'ont pas sinon de problème notable. Peut-être n'est-ce pas leur tête qui doit s'allonger sur le divan, mais leur intestin…

Toute personne qui souffre d'états anxieux ou dépressifs devrait garder à l'esprit qu'un ventre mal en point peut aussi être à l'origine d'humeurs noires. Il a d'ailleurs parfois de bonnes raisons, par exemple quand il réagit à trop de stress ou à une allergie alimentaire non détectée. Nous ne devrions donc pas toujours chercher la cause de nos maux dans notre tête ou dans ce qui se passe dans notre vie, car nous sommes plus que cela…

LÀ OÙ SE FORME LE "MOI"

Les humeurs moroses, la joie, le doute, le bien-être ou l'inquiétude ne sont pas que le produit de notre seul crâne. Nous sommes des êtres de chair, avec des bras, des jambes, des organes sexuels, un cœur, des poumons et un intestin. L'intellectualisation de la science nous a longtemps empêchés de voir que notre "moi" était plus que notre seul cerveau. Ces dernières années, les recherches sur le système digestif ont beaucoup contribué à remettre prudemment en question l'adage "Je pense, donc je suis."

Parmi les zones du cerveau auxquelles peuvent parvenir les informations de l'intestin, l'une des plus passionnantes est le cortex insulaire, qu'on appelle aussi l'insula. L'insula, c'est le dada d'un des chercheurs les plus géniaux de notre temps : Bud Craig. Pendant plus de vingt ans, armé d'une patience quasi surhumaine, il a coloré des nerfs et suivi à la trace leur parcours dans le cerveau. Un beau jour, il est sorti de son laboratoire et a donné une conférence d'une heure sur cette hypothèse : l'insula est le lieu où se forme le "moi".

Voici – en version courte – la 1re partie de sa théorie : l'insula reçoit des informations affectives en provenance de tout le corps. Chaque information est comme un pixel. Avec tous ces pixels, l'insula crée une image. Cette image est importante, car elle nous fournit une carte géographique des sentiments. Assis sur une chaise, par exemple, nous sentons la peau de nos fesses tout aplatie et constatons peut-être que nous avons froid ou faim. Toutes ces informations réunies donnent un être humain assis sur une chaise et qui a froid ou faim. L'image d'ensemble de ces sentiments ne nous paraît pas formidable, mais pas non plus catastrophique, disons "passable".

2e partie : comme l'a avancé Daniel Wolpert, le rôle de notre cerveau, c'est le mouvement – qu'on soit une ascidie cherchant un beau rocher sous-marin ou un être humain en quête d'une vie heureuse. Les mouvements ont pour objectif d'avoir de l'effet. Grâce à la carte fournie par l'insula, le cerveau peut projeter des mouvements utiles. Quand le moi affamé se gèle les fesses sur une chaise dure, les autres zones du cerveau ont une bonne motivation pour faire changer les choses. L'être humain peut alors se mettre à trembler ou se lever et aller voir ce qu'il y a dans le frigo. L'une des priorités de nos mouvements est de toujours nous conduire vers un équilibre plus sain – du froid vers le chaud, par exemple, du malheur vers le bonheur ou de la fatigue vers la vigilance.

3ᵉ partie : le cerveau n'est lui aussi qu'un organe. Quand l'insula crée une image du corps, elle englobe donc aussi l'étage du haut. Il y a là quelques divisions intéressantes comme le département de la compassion sociale, celui de la morale ou encore celui de la logique. Les zones sociales du cerveau n'aiment sans doute pas les disputes que nous avons avec notre partenaire, tandis que les zones logiques désespèrent devant des mots croisés trop difficiles. Pour que l'image de l'insula soit sensée, la perception de notre environnement ou l'expérience tirée de notre passé y sont sans doute aussi intégrées. Nous ne remarquons donc pas seulement que nous avons froid et sommes aussitôt capables de formuler une pensée en contexte : "C'est bizarre que j'aie froid. La pièce est pourtant bien chauffée. Est-ce que je ne serais pas en train de tomber malade ?" Ou encore : "Bon, vu la température, je ferai mieux de ne pas rester tout nu dans la véranda." Nous sommes ainsi capables de réagir à la première impression "froid" avec beaucoup plus de complexité que d'autres animaux.

Plus nous combinons d'informations, plus les mouvements dont nous sommes capables sont intelligents. Il est même probable qu'il y ait ici une hiérarchie des organes. Ce qui joue un rôle déterminant pour notre équilibre aurait ainsi plus son mot à dire au niveau de l'insula. Et du fait de leur polyvalence, le cerveau et l'intestin pourraient être en bonne place, voire en tête.

L'insula génère une petite image de tout ce qui est ressenti dans notre corps et, grâce à notre cerveau complexe, nous pouvons enrichir cette image. D'après Bud Craig, une telle image composite est générée à peu près toutes les quarante secondes. Ces images finissent par former une sorte de film. Le film du "moi", notre vie.

Le cerveau contribue certainement en grande part à ce phénomène, mais il ne fait pas tout. Pourquoi ne pas ajouter alors notre grain de sel aux paroles de Descartes et déclarer : "Je ressens, de sorte que je pense, donc je suis."

3

LA PLANÈTE MICROBIENNE

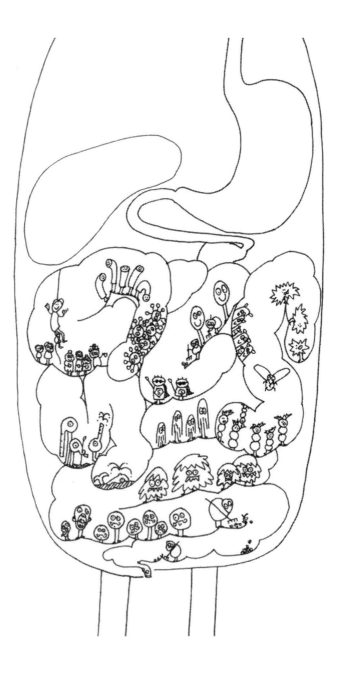

Quand on regarde la Terre depuis l'espace, on ne nous voit pas, nous, les êtres humains. On reconnaît la Terre – un point lumineux parmi d'autres points lumineux sur fond de ténèbres. En se rapprochant, on constate que les êtres humains peuplent des endroits très différents de la planète. La nuit, nos villes sont de petits points luminescents. Certains peuples vivent dans des régions hérissées de grandes villes, d'autres sont disséminés à travers de grands espaces presque vierges. Certains vivent dans les paysages glacés du Nord, d'autres dans la forêt vierge ou aux portes du désert. Et même si on ne peut pas nous voir depuis l'espace, nous sommes à peu près partout.

En examinant les êtres humains de plus près, on s'aperçoit que chacun d'eux est une petite planète. Le front est une prairie dégagée, les coudes une terre désertique, les yeux des lacs salés et l'intestin une forêt, une jungle gigantesque peuplée des créatures les plus étonnantes qui soient. Nous habitons la planète Terre, et sommes nous-mêmes une planète habitée. Sous la lentille d'un microscope, nos habitants – les bactéries – sont faciles à distinguer. Ce sont de petits points lumineux sur fond de ténèbres.

Pendant des siècles, nous avons concentré nos efforts sur le "grand monde". Nous l'avons arpenté pour le mesurer, nous avons étudié sa faune et sa flore et philosophé sur la vie qui y est possible. Nous avons construit d'énormes engins et nous avons marché sur la Lune. Aujourd'hui, qui veut explorer de nouveaux continents et rencontrer de nouveaux peuples doit partir à la découverte du "petit monde" qui se trouve en nous. L'intestin est le continent le plus fascinant de ce monde-là. Aucun autre endroit n'accueille une telle variété d'espèces et de familles. Et la recherche n'en est qu'à ses débuts : comme lors du décodage du génome humain, une nouvelle "bulle spéculative" se forme, porteuse de nombreux espoirs et de nouvelles connaissances. Elle peut éclater comme une bulle de savon ou ouvrir la porte à bien plus encore.

Les travaux visant à élaborer une carte des bactéries n'ont commencé qu'en 2007. Avec un coton-tige, on pratique des prélèvements sur un très très grand nombre de participants – en trois endroits de la bouche, sous les aisselles, sur le front, etc. On analyse des échantillons de selles, des sécrétions génitales. Et soudain, des endroits qu'on croyait jusqu'à présent stériles se révèlent être habités – les poumons, par exemple. Quand on parle d'atlas bactériologique, l'intestin est la discipline reine. Parmi tous les micro-organismes qui se baladent en nous et sur nous – formant nos différents microbiotes –, 99 % se trouvent dans l'intestin. Non pas parce qu'il n'y en a presque pas ailleurs, mais parce qu'il y en a un nombre inouï dans notre intestin.

L'HOMME ET SES SOUS-LOCATAIRES

Nous savons que les bactéries sont de petits organismes unicellulaires. Certaines vivent dans les sources d'eau chaude d'Islande, d'autres sur la truffe froide d'un chien. Certaines ont besoin d'oxygène pour fabriquer de l'énergie et "respirent" un peu comme les êtres humains. D'autres meurent au contact de l'air ; elles ne tirent pas leur énergie de l'oxygène, mais d'atomes de métal ou d'acides – avec un résultat olfactif, disons… intéressant. Presque tout ce qui "sent" chez l'être humain est le fait des bactéries. De l'odeur réconfortante de l'être aimé à celle des pieds de notre grand frère – toutes ces émanations sont le fruit du travail assidu de la planète microbienne qui est en nous.

Assis confortablement devant la télé à regarder des surfeurs musclés prendre la vague, nous voilà surpris par un éternuement. Pas un instant nous ne pensons alors aux figures spectaculaires que réalisent à cet instant d'autres surfeurs, dans nos narines. Quand nous transpirons pendant un footing, nous ne remarquons rien non plus de la fête donnée dans nos baskets, où les bactéries célèbrent dans la joie ce changement climatique. Et quand nous mangeons en cachette un minuscule bout de gâteau, persuadés que personne n'a rien vu, nous oublions les bactéries qui, dans notre ventre, sonnent l'alarme : "GÂÂÂÂÂÂTEAU !!!" Pour rendre correctement compte des dernières nouvelles de notre planète microbienne, chacun de nous devrait employer au moins une grande agence de presse internationale. Et quand il nous arrive de nous ennuyer, de penser qu'il ne se passe rien dans notre vie, il nous suffit d'y regarder d'un peu plus près : sur nous et en nous, il se passe un tas de choses passionnantes !

Petit à petit, nous prenons conscience du fait que la plupart des bactéries sont inoffensives – et mêmes utiles. Certains paramètres ont déjà été décrits scientifiquement. Notre microbiote intestinal peut peser jusqu'à deux kilos et héberge environ 100 billions de bactéries. Un gramme d'excréments contient plus de bactéries qu'il n'y a d'êtres humains sur Terre. Au-delà de ces faits, nous savons aussi que la communauté microbienne décompose pour nous les aliments non digestibles, qu'elle alimente notre intestin en énergie, fabrique des vitamines, désagrège des toxines et des médicaments et entraîne notre système immunitaire. Nos bactéries sont de petites usines de production, et les substances produites – acides, gaz, graisses – varient selon les bactéries. Nous savons encore que les bactéries sont à l'origine de notre groupe sanguin ou que les moins sympathiques d'entre elles peuvent nous donner la courante.

Ce que nous ne savons pas, en revanche, c'est ce que cela implique pour chaque individu. Quand nous ouvrons notre porte aux bactéries responsables de la diarrhée, nous nous en apercevons assez vite. Mais que remarquons-nous du travail accompli par les millions, les milliards, les billions d'autres organismes minuscules installés en nous ? Se pourrait-il que la composition de la flore, la spécificité de ses individus, joue aussi un rôle ? Dans les situations de surpoids ou de sous-alimentation, en cas de maladies nerveuses, de dépression ou de troubles intestinaux chroniques, on constate une modification des conditions de vie bactérienne dans l'intestin. En d'autres termes : quand ça se passe mal chez nos microbes, ça se passe peut-être mal chez nous aussi.

Si vous avez les nerfs solides, c'est peut-être parce que vous disposez d'un gros stock de bactéries productrices de vitamine B. Votre voisin, lui, supportera mieux le bout de pain moisi avalé par inadvertance ou prendra plus rapidement du poids à cause de bactéries "patapouffantes" trop empressées à le nourrir. Depuis peu, la science considère l'être humain comme un véritable écosystème. Mais les recherches sur le microbiote sont encore de jeunes écolières avec une dent de devant en moins.

À l'époque où on ne connaissait pas encore bien les bactéries, on les classait dans le règne végétal – d'où le nom de "flore intestinale". Le terme de "flore" n'est donc pas tout à fait correct, mais il nous permet de bien visualiser ce dont il est question. Comme les végétaux, les bactéries peuvent être classées selon leur lieu d'habitation, leur nourriture et leur degré de toxicité. Pour être exact d'un point de vue scientifique, on devrait parler de microbiote (du grec : "petit" et "vie") pour désigner la population de microbes qui nous habitent, et de microbiome pour désigner l'endroit où ils vivent, mais aussi la somme réunie de leurs gènes.

Schématiquement, on peut dire qu'il y a très peu de bactéries dans les segments supérieurs du tube digestif, et qu'il y en a vraiment beaucoup dans les segments inférieurs comme le gros intestin ou le rectum. Certaines bactéries préfèrent l'intestin grêle, d'autres vivent exclusivement dans le gros intestin. Il y a les inconditionnelles de l'appendice, les pantouflardes fidèles à la muqueuse et les petites impertinentes qui s'installent tout près de nos cellules intestinales.

Faire la connaissance de nos microbes intestinaux n'est pas toujours facile. Ils n'aiment pas vraiment sortir de chez eux. Si on leur installe un petit coin douillet en laboratoire pour pouvoir les observer, ils font grève. Les germes de l'épiderme, eux, mangeraient de bon appétit le menu servi dans les boîtes de Petri et se développeraient jusqu'à former de joyeux petits tas de bactéries. Avec les germes intestinaux, les choses ne sont pas aussi simples. Plus de la moitié des bactéries de notre tube digestif sont tellement habituées à nous qu'elles ne peuvent pas survivre ailleurs. Notre intestin est leur foyer. Elles y sont à l'abri de l'oxygène, elles aiment sa moiteur tiède et apprécient la cuisine prémâchée qu'on y sert.

Il y a dix ans, un bon nombre de scientifiques aurait encore affirmé qu'il existait un stock défini de bactéries à peu près identique chez tous les êtres humains. Quand ils étalaient un échantillon de selles sur un milieu de culture, ils trouvaient par exemple toujours des bactéries *E. coli*. Tout cela était d'une simplicité enfantine. À l'heure actuelle, nous avons des appareils qui nous permettent d'explorer la sphère moléculaire de un gramme d'excréments. Et nous trouvons ainsi les résidus génétiques de milliards de bactéries.

Ill. La densité microbienne varie selon les parties de l'intestin.

Nous savons aujourd'hui qu'*E. coli* ne constitue même pas 1 % de l'ensemble des organismes présents dans l'intestin. L'intestin grêle et le gros intestin abritent plus d'un millier d'espèces de bactéries différentes. Sans oublier les minorités que sont les virus et les levures, ou encore les champignons et différents organismes unicellulaires.

Notre système immunitaire devrait être le premier à s'opposer à cette colonisation de grande envergure. Sur sa "liste de choses à faire", on trouve en effet en assez bonne position : défendre le corps contre les intrus. Le système immunitaire combat parfois de minuscules pollens qui se sont égarés dans nos narines. Chez les allergiques, la réaction ne se fait pas attendre : yeux rouges et nez qui coule. Mais alors, comment notre corps accepte-t-il que les bactéries rejouent chaque jour Woodstock dans nos entrailles ?

LE SYSTÈME IMMUNITAIRE ET LES BACTÉRIES

L'occasion de mourir nous est donnée plusieurs fois par jour. Le cancer nous assaille, la moisissure se propage, des bactéries nous grignotent et des virus nous infectent. Et plusieurs fois par jour, on nous sauve la vie. Les cellules bizarres qui prolifèrent sont massacrées, les spores de champignons exterminées, les bactéries passées à la moulinette et les virus pourfendus. Ce service attentionné, c'est notre système immunitaire qui nous le rend, avec l'aide de nombreuses petites cellules. Il a sous sa direction des experts spécialisés dans la reconnaissance de l'envahisseur, des tueurs à gages, des chapeliers et des pacificateurs. Tout ce petit monde travaille ensemble et on peut dire qu'il fait rudement bien son boulot.

La majeure partie (environ 80 %) de notre système immunitaire est localisée dans notre intestin. Et ce n'est pas pour rien. C'est là qu'a été montée la scène principale de notre Woodstock bactérien et, quand on est un système immunitaire, on ne peut pas rater ça. Les bactéries se tiennent ici dans un réservoir circonscrit – la muqueuse intestinale – et ne menacent pas nos cellules puisqu'elles s'en tiennent à bonne distance. Le système immunitaire peut donc "faire mumuse" avec elles sans que cela devienne dangereux pour nous. Et nos cellules immunitaires font ainsi la connaissance de nouvelles espèces de bactéries.

Par la suite, en dehors de l'intestin, quand une cellule immunitaire rencontrera une bactérie connue, elle pourra réagir plus vite. Dans l'intestin même, le système immunitaire doit être très attentif : il lui faut sans cesse réprimer son instinct de défense pour ne pas exterminer toutes les bactéries qui s'ébattent dans le coin. En même temps, il doit détecter dans la masse les organismes trop dangereux et les isoler du reste. Si nous prenions le temps de dire "Salut !" à chacune de nos bactéries intestinales, nous en serions quittes pour environ trois millions d'années. Notre système immunitaire, lui, ne se contente pas de leur dire "Salut !", il ajoute encore : "Je te trouve très sympa" ou "Je te préfère morte".

En outre – et cela peut paraître étrange à première vue –, il doit aussi faire la distinction entre les cellules des bactéries et nos propres cellules humaines. Ce n'est pas toujours facile. Certaines bactéries sont recouvertes de structures qui ressemblent à celles de nos cellules corporelles. En présence de bactéries responsables de la scarlatine, par exemple, mieux vaut ne pas trop tarder à prendre des antibiotiques. Si la maladie n'est pas combattue à temps, le système immunitaire déboussolé pourrait attaquer sans le vouloir des articulations ou d'autres organes. Aux aguets, il prendrait par exemple notre genou pour un méchant agent pathogène responsable des maux de gorge. Ça n'arrive que rarement, mais c'est possible.

Des chercheurs ont décrit un processus similaire pour le diabète quand il se déclare chez l'enfant ou l'adolescent. Le système immunitaire détruit alors les cellules du corps qui produisent de l'insuline. L'une des causes possibles pourrait être un dysfonctionnement de la communication avec nos bactéries intestinales. Elles sont peut-être de mauvais professeurs ou bien c'est notre système immunitaire qui comprend mal ce qu'elles lui disent.

En principe, notre corps dispose d'un système très rigoureux de lutte contre les couacs de communication et autres malentendus. Avant d'être autorisée à passer dans le sang, une cellule immunitaire doit ainsi participer à un camp d'entraînement, le plus dur qui soit pour les cellules. Elle doit par exemple courir une sorte de "trail" lors duquel elle sera en permanence confrontée à des structures propres à notre corps. Quand une cellule immunitaire ne sait pas très bien si ce qui croise son chemin appartient au corps ou si c'est un intrus, elle s'arrête et enfonce brièvement son "doigt" dedans. Erreur fatale : cette cellule immunitaire n'arrivera jamais dans notre sang.

Le camp d'entraînement permet donc de pratiquer en amont une sélection des cellules immunitaires : si elles ont le malheur d'attaquer leur propre bande, c'est la fin pour elles. Au cours de leur stage dans l'intestin, elles apprennent à se montrer tolérantes envers les intrus ou plutôt à mieux réagir à leur venue. C'est un système qui fonctionne assez bien et, en général, les incidents sont rares.

L'une des épreuves à passer est particulièrement difficile : qu'arrive-t-il quand, pour le système immunitaire, les intrus ont l'air de bactéries, mais n'en sont pas ? Les globules rouges, par exemple, présentent en surface des protéines qui ressemblent aux bactéries. Et si, pendant le camp d'entraînement, on n'avait pas rabâché à notre système immunitaire "Touche pas à mon sang!", il aurait tôt fait de les attaquer. Quand nos globules affichent en surface les caractéristiques du groupe sanguin A, nous tolérons aussi le sang d'autres personnes de groupe A. C'est pratique : quand on perd du sang suite à un accident de moto ou à une naissance, on est bien content de pouvoir faire couler dans nos veines un peu du sang dont un inconnu aura eu la gentillesse de faire don.

Impossible, en revanche, d'utiliser le sang d'un donneur dont les globules portent en surface des caractéristiques sanguines différentes. Notre système immunitaire y verrait aussitôt des bactéries et, comme les bactéries n'ont rien à faire dans notre sang, il se jetterait joyeusement sur les globules étrangers pour en faire de la chair à pâté. Sans ce caractère offensif – développé au contact de nos bactéries intestinales –, il n'y aurait pas de groupes sanguins et tout le monde pourrait utiliser le sang de tout le monde. Pour les nouveau-nés, c'est encore ainsi que les choses fonctionnent, car ils ont peu de germes intestinaux. Théoriquement, on pourrait les transfuser avec n'importe quel groupe sanguin sans déclencher de réaction. (Mais comme les anticorps de la mère pénètrent dans le sang de l'enfant, à l'hôpital, on utilise par précaution le groupe sanguin de la mère.) À partir du moment où le système immunitaire et la flore intestinale se sont à peu près mis en place, il n'est plus possible d'utiliser que du sang du même groupe sanguin.

——————

Ill. Quand les anticorps coïncident avec les cellules sanguines, celles-ci s'agglutinent. Le groupe sanguin B dispose d'anticorps contre le groupe A.

Globules rouges   Anticorps   Groupe sanguin

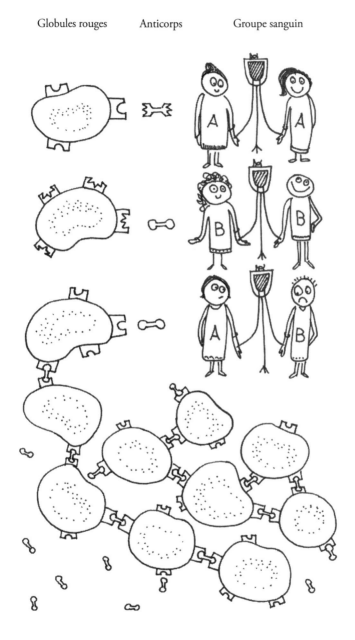

Le développement du groupe sanguin n'est que l'un des nombreux phénomènes immunologiques induits par les bactéries. Et il est très probable que beaucoup nous soient encore inconnus. Ce que nous pouvons dire, c'est que l'action des bactéries est le plus souvent à classer dans la catégorie "réglage de précision". Chaque sorte de bactéries a des effets très divers sur le système immunitaire. Nous avons pu constater que certaines espèces rendaient notre système immunitaire plus tolérant, par exemple en veillant à ce que la production de cellules immunitaires pacifiques soit augmentée ou encore en agissant comme de la cortisone ou d'autres médicaments anti-inflammatoires sur nos cellules. Résultat : le système immunitaire est plus détendu et moins belliqueux. Un trait de génie de la part de ces micro-organismes : leurs chances d'être tolérés dans l'intestin sont ainsi augmentées.

À l'inverse, des bactéries ayant un effet stimulant sur le système immunitaire ont été mises en évidence dans l'intestin grêle de jeunes vertébrés (dont l'être humain) – une découverte qui ouvre la porte à bien des suppositions. Se pourrait-il que ces petits stimulateurs nous aident à maintenir une plus faible densité bactérienne dans l'intestin grêle ? Celui-ci constituerait alors une zone de faible tolérance aux bactéries et pourrait digérer au calme. En outre, les petits stimulateurs ne s'installent pas tranquillement dans la muqueuse : ils s'accrochent aux villosités intestinales – une habitude qu'ont aussi certains agents pathogènes, comme les variantes dangereuses d'*E. coli*. Quand celles-ci veulent coloniser l'intestin, la place est déjà prise, et elles n'ont plus qu'à passer leur chemin.

C'est ce qu'on appelle la résistance à la colonisation. La plupart de nos microbes intestinaux ont un effet protecteur induit par le simple fait qu'ils ne laissent pas de place aux vilaines bactéries. Les stimulateurs de l'intestin grêle font d'ailleurs partie des candidats que nous n'avons toujours pas réussi à élever hors de l'intestin. Pouvons-nous dire avec certitude qu'ils ne nous nuisent pas ? Non. Peut-être nuisent-ils à certains d'entre nous en stimulant outre mesure notre système immunitaire. Les questions sont encore loin d'être toutes résolues.

Les souris stériles des laboratoires de New York nous apportent cependant quelques éléments de réponse. Ces souris sont les animaux les plus propres du monde – naissance stérile par césarienne, cages désinfectées au chlore et alimentation stérilisée à la vapeur. Jamais on ne trouvera dans la nature des animaux ainsi vierges de tout germe. Pour travailler avec ces souris, il faut prendre des précautions énormes : un souffle d'air non filtré, et c'est déjà toute une équipe de germes qui s'invite. Grâce à ces souris, les chercheurs peuvent observer ce qui se passe quand un système immunitaire est au chômage technique. À quoi ressemble un intestin sans microbes ? Comment le système immunitaire vierge de toute expérience réagit-il à des agents pathogènes ? Y a-t-il des différences visibles à l'œil nu ?

Toute personne qui a eu affaire à ces animaux pourrait vous le dire : les souris stériles sont un peu bizarres. Elles sont souvent hyperactives et, pour des souris, elles se montrent très casse-cou. Par rapport à leurs congénères "habitées", elles mangent plus et mettent plus de temps à digérer. Elles ont des appendices énormes, des intestins rabougris, sans villosités, et peu de cellules immunitaires. Des agents pathogènes relativement peu dangereux suffisent à les terrasser.

En leur injectant un cocktail de bactéries provenant d'autres souris, on peut observer des effets étonnants. Quand on leur administre des bactéries de sujets diabétiques (de type 2), les souris de laboratoire développent rapidement les premiers problèmes de métabolisation des sucres. Quand on leur administre les bactéries intestinales de sujets en surpoids, leur tendance à l'embonpoint augmente aussi. Autre axe de la recherche : on peut les confronter à une seule bactérie pour observer l'incidence de celle-ci. Certaines bactéries peuvent à elles seules annihiler tous les effets de la vie sous cloche : elles activent le système immunitaire, redonnent à l'appendice sa taille normale et régulent le comportement alimentaire. D'autres bactéries n'ont aucun effet. D'autres encore ne développent leurs capacités qu'en interaction avec leurs collègues issues d'autres familles.

Grâce à ces études menées sur des souris, nous avons fait beaucoup de progrès dans notre compréhension du microbiote. Nous pouvons désormais formuler cette hypothèse : tout comme nous sommes influencés par le grand monde dans lequel nous vivons, le petit monde qui vit en nous nous influence aussi. Et ce qui rend les choses encore plus passionnantes, c'est que ce petit monde n'est pas le même chez chacun d'entre nous.

À L'AUBE DE LA FLORE INTESTINALE

Dans le ventre de nos mères, nous sommes en général dépourvus de tout germe. Pendant neuf mois, nous ne sommes en contact avec rien ni personne d'autre que notre mère. Nos aliments sont prédigérés, notre oxygène prérespiré. Les poumons et les intestins maternels filtrent tout ce qui parvient jusqu'à nous. Nous mangeons et respirons par l'intermédiaire du sang de maman, maintenu stérile par son système immunitaire. Nous sommes enveloppés dans la poche des eaux et enfermé dans un utérus musculeux, lui-même fermé comme une jarre par un gros bouchon muqueux. Aucun parasite, aucun virus, aucune bactérie, aucun champignon et, bien sûr, aucun autre être humain ne peut ainsi être en contact avec nous. Nous sommes plus propres qu'une table d'opération après qu'on l'a passée au jet désinfectant.

C'est une situation atypique. Jamais plus au cours de notre vie nous ne serons aussi isolés et protégés. Si nous étions conçus pour rester stériles hors de l'utérus maternel, nous ne serions pas faits de la même manière. Mais les choses étant ce qu'elles sont, chaque être vivant de taille respectable accueille au moins un autre être vivant qui l'aide et qui, en échange, a le droit de s'installer chez lui. Voilà pourquoi nous avons des cellules dont la surface est très bien adaptée à la fixation des bactéries, et des bactéries qui, au cours des millénaires, se sont développées avec nous.

À peine la poche des eaux perd-elle son imperméabilité que la colonisation commence. Il y a un instant, l'enfant à naître était encore un être formé de cellules 100 % humaines, et voilà qu'en un rien de temps, il est colonisé par tant de micro-organismes qu'au niveau de la numération cellulaire, on peut dire qu'il est humain à 10 % et microbe à 90 % ! Nos cellules humaines étant nettement plus grosses que celles de nos nouveaux sous-locataires, cette répartition n'est heureusement pas visible. Avant que nous ne plongions pour la première fois notre regard dans celui de notre mère, ses sous-locataires à elle nous ont d'abord regardés dans les yeux. Pour commencer, nous faisons la connaissance de sa flore vaginale – un petit peuple qui défend comme une armée un territoire très important. Ce petit peuple fabrique par exemple des acides qui font fuir d'autres bactéries. Il garantit ainsi l'hygiène de la voie qui mène à l'utérus, de plus en plus propre au fur et à mesure qu'on approche du but.

Tandis que la flore nasale compte quelque 900 espèces de bactéries différentes, au niveau de la filière pelvienne (c'est-à-dire la voie naturelle par laquelle passe le fœtus pour naître), on pratique une sélection rigoureuse. Ce qui reste, c'est un doux "manteau de bactéries" qui enveloppe le corps propre du bébé pour le protéger. Ces bactéries se composent pour moitié d'un seul genre : les lactobacilles. Leur activité favorite est de produire de l'acide lactique. Et ça tombe bien, puisque pour survivre dans ces contrées, il faut avoir passé les contrôles de sécurité acides mis en place.

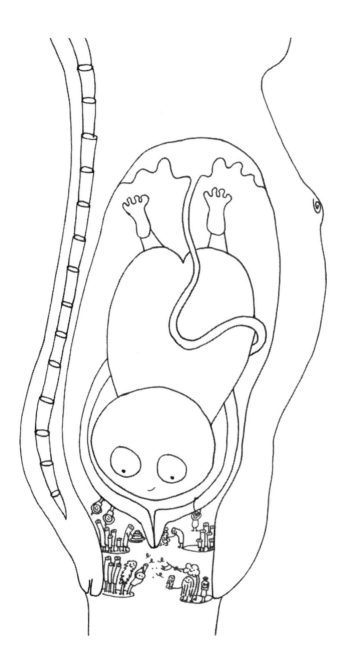

Si tout se passe bien, il ne reste plus à l'enfant qu'à décider dans quelle direction il veut regarder. Il y a deux possibilités sympas : vers les fesses ou de l'autre côté. S'ensuivent toutes sortes de contacts épidermiques, jusqu'à ce que le bébé soit attrapé par deux mains vigoureuses, le plus souvent étrangères et vêtues de gants en caoutchouc, puis enveloppé dans une autre sorte de manteau protecteur.

Et voilà : les pères fondateurs de notre première colonisation microbienne sont désormais en nous et sur nous. La communauté recensée se compose principalement d'exemplaires de la flore vaginale et intestinale maternelle, de germes cutanés et d'une sélection de ce que l'hôpital a en ce moment à proposer. C'est un très bon mélange pour commencer. L'armée acide nous protège contre de vilains envahisseurs, d'autres bactéries commencent déjà les séances d'entraînement du système immunitaire, et des germes serviables décomposent pour nous les premiers éléments non digestibles du lait maternel.

Certaines de ces bactéries n'ont besoin que d'une vingtaine de minutes pour mettre au monde la génération suivante. Ce que nous faisons en vingt ans et plus ne dure ici qu'un instant – un instant aussi microscopique que nos sous-locataires eux-mêmes. Et tandis que notre première bactérie intestinale voit barboter non loin d'elle son arrière-arrière-arrière-arrière-petite-fille, nous sommeillons dans les bras de ceux qui sont devenus nos parents deux heures plus tôt.

Si l'évolution démographique est rapide, trois ans environ seront encore nécessaires pour qu'une flore adaptée trouve son équilibre dans nos intestins. En attendant, notre abdomen est le théâtre de luttes de pouvoir sans merci et de batailles bactériennes à grande échelle. Certains des peuples que nous avons avalés d'une manière ou d'une autre se développent à la vitesse de l'éclair dans notre ventre, pour en disparaître ensuite aussi vite qu'ils sont venus. D'autres resteront toute leur vie à nos côtés (ou plutôt entre nos côtes). D'ailleurs, c'est de nous que dépend en partie le type de population que nous abritons : nous tétons notre mère, nous nous faisons les dents sur un barreau de chaise, nous embrassons la vitre de la voiture ou le chien du voisin… Tout ce qui parvient dans notre bouche de cette manière pourrait peu après étendre son empire sur nos entrailles. Qui sait si l'organisme en question est capable de s'imposer ? Et s'il vient en ami ou en ennemi ? Nous construisons notre avenir à pleine bouche – et un échantillon de selles nous renseigne sur le dénouement. C'est un jeu dans lequel interviennent beaucoup d'inconnues.

Pas de panique : plusieurs facteurs sont là pour nous aider, à commencer par notre mère. Quel que soit le nombre de bisous qu'on fait au chien du voisin, quand on a souvent la possibilité de bécoter sa maman, on est bien protégé par les microbes maternels. Avec l'allaitement, elle peut aussi favoriser certains germes spécifiques de la flore intestinale, comme les bifidobactéries, friandes de lait maternel. À travers une colonisation précoce, ces bactéries influent sur des fonctions corporelles qui interviendront plus tard, comme le système immunitaire ou le métabolisme. Un enfant qui n'a pas assez de bifidobactéries dans le ventre pendant la première année de sa vie a plus de risques d'être plus tard en surpoids que s'il en a beaucoup.

Parmi tous les genres de bactéries, il y en a des bons et des moins bons. Avec l'allaitement, on peut faire pencher la balance du côté des bonnes bactéries et, par exemple, réduire le risque d'intolérance au gluten. Les premières bactéries intestinales du bébé préparent l'intestin à ses bactéries "plus adultes" en éliminant l'oxygène et les électrons qui s'y trouvent. En l'absence d'oxygène, certains microbes plus typiques peuvent alors s'installer.

Quand elle est à peu près bien nourrie, une mère qui allaite peut faire aveuglément confiance au lait maternel : en matière d'alimentation saine, il est ultracompétent. Si l'on quantifie les nutriments qu'il contient et qu'on les compare aux besoins calculés pour les enfants, le lait maternel arrive en tête des aliments pour nourrissons. Il a tout, il sait tout, il peut tout. Et comme si la teneur en nutriments ne suffisait pas, il marque encore des points en fournissant aussi à l'enfant une dose de système immunitaire maternel. Les sécrétions de lait maternel contiennent des anticorps capables de parer à des rencontres bactériennes trop nuisibles (lors des embrassades avec le chien du voisin, par exemple).

Au moment du sevrage, l'univers microbien du bébé connaît une première révolution. La composition de la nourriture change soudain du tout au tout. Mais la nature fait bien les choses : parmi les premiers germes colonisateurs, ceux qui aiment bien le lait maternel ont aussi dans leurs bagages des gènes adaptés aux glucides simples, comme le riz. Si l'on sert tout de suite au nourrisson des végétaux complexes comme les petits pois, la flore enfantine a besoin d'aide. Il s'ensuit une sorte d'appel d'offres pour embaucher de nouveaux assistants de digestion. Selon le type d'alimentation, ces bactéries peuvent acquérir des compétences ou en donner. Un bébé africain, par exemple, dispose de bactéries qui fabriquent toutes sortes d'outils pour cliver une nourriture très riche en fibres et en végétaux. Chez l'enfant européen, les microbes renoncent en général à cette tâche difficile. Et ils peuvent le faire l'esprit tranquille, puisqu'on leur sert surtout des bouillies et un peu de viande.

Les bactéries sont capables non seulement de fabriquer certains outils quand c'est nécessaire, mais aussi d'en emprunter : dans la population (intestinale) japonaise, les bactéries de l'intestin ont "fait leurs courses" auprès de bactéries marines. Elles ont emprunté à leurs collègues un gène qui leur permet de mieux scinder les algues dont on enveloppe par exemple les sushis. L'organisation de notre population intestinale peut donc dépendre en bonne partie des outils dont nous avons besoin pour assimiler notre nourriture.

Quand elles s'avèrent utiles, nous pouvons transmettre des bactéries sur des générations et des générations. Si l'un de nos ancêtres a eu un jour la chance de faire la connaissance des bactéries japonaises dévoreuses d'algues, cela peut nous éviter, en tant qu'Européen, d'être victime de constipation après un buffet asiatique à volonté où nous nous serons rempli la panse de sushis. Encore que : ce n'est pas si simple d'inviter chez soi et chez ses enfants des assistants de digestion spécialisés dans les sushis. Car les bactéries doivent se plaire sur leur lieu de travail.

Un micro-organisme est particulièrement bien adapté à notre intestin quand il aime l'architecture de nos cellules intestinales, supporte bien le climat et apprécie la cuisine qu'on y sert. Ces trois facteurs diffèrent d'un individu à l'autre. Si nos gènes participent bien sûr au développement de notre corps, quand il s'agit de l'organisation microbienne, ils ne sont pas les chefs de chantier. Les vrais jumeaux ont ainsi le même patrimoine génétique, mais pas la même population bactérienne. À ce niveau, ils n'ont même pas plus de points communs que d'autres fratries. Car ce qui détermine l'aspect et la nature de notre petite planète intérieure, c'est aussi notre mode de vie, nos loisirs, des rencontres fortuites ou des maladies.

Avant de disposer d'une flore intestinale relativement mature, vers l'âge de trois ans, nous explorons le monde avec la bouche. Nous faisons alors la connaissance de germes utiles ou qui nous sont bien adaptés. Au fur et à mesure, nous acquérons ainsi de plus en plus de microorganismes jusqu'à abriter, non plus quelques centaines de bactéries différentes, mais des centaines et des centaines de genres différents. Pour un zoo, ce serait une sacrée performance.

Aujourd'hui, nous savons que les tout premiers habitants de notre ventre sont des éléments déterminants pour l'avenir de notre corps tout entier. Sur ce point, les études mettent surtout en évidence l'importance pour le système immunitaire des premières semaines de notre existence, quand nous occupons notre temps à collectionner des bactéries. Sur la base des produits métabolisés par nos bactéries intestinales, on peut déjà, trois semaines à peine après notre naissance, prédire un éventuel risque accru d'allergies, d'asthme ou de dermatite atopique. Mais comment se fait-il que nous accueillions si tôt des bactéries qui nous sont plus nuisibles que bénéfiques?

Un bon tiers des enfants nés dans les pays industrialisés occidentaux vient au monde par césarienne, en toute élégance : pas de chairs meurtries dans la filière pelvienne, pas d'effets secondaires peu ragoûtants comme la déchirure du périnée ou l'expulsion du placenta – tout cela a l'air bien propre et bien joli. Ce avec quoi les enfants nés par césarienne sont en contact aux tout premiers moments de leur vie, c'est principalement l'épiderme d'autres êtres humains. Pour ce qui est de leur flore intestinale, ils doivent grappiller ici et là puisqu'elle n'est pas contrainte par les germes spécifiques de leur mère. Au programme, il peut donc y avoir un peu du pouce gauche d'Élisabeth, la gentille infirmière, un peu du fleuriste qui a tendu à papa le bouquet de roses, ou un peu du chien de papi. Certains paramètres annexes deviennent soudain déterminants, comme la motivation de la femme de ménage sous-payée de l'hôpital. Aura-t-elle soigneusement nettoyé le combiné téléphonique, la table et la robinetterie de la salle de bains, ou aura-t-elle manqué d'entrain ce jour-là ?

Notre flore cutanée n'est pas aussi strictement régulée que la filière pelvienne et elle est bien plus exposée au monde extérieur. Tout ce qui a eu la fantaisie de venir s'installer là pourrait bientôt se retrouver dans les intestins du bébé : des agents pathogènes, mais aussi des individus moins repérables qui vont proposer au jeune système immunitaire des exercices farfelus. Chez les enfants nés par césarienne, il faut attendre des mois ou plus avant que la population bactérienne de l'intestin se normalise. Les trois quarts des nouveau-nés qui attrapent des germes typiques du milieu hospitalier sont des enfants nés par césarienne. Ils ont en outre plus de risque de développer des allergies ou de l'asthme. Une étude américaine a montré que la prise de certains lactobacilles pourrait faire à nouveau baisser le risque d'allergies chez ces enfants. En revanche, le bénéfice est nul chez les enfants nés par voie naturelle : ils sont pour ainsi dire tombés dans la potion magique de probiotiques dès la naissance.

À partir de l'âge de sept ans, plus rien ne distingue la flore intestinale des enfants nés par césarienne de celle des enfants nés par voie naturelle. Les phases précoces pendant lesquelles le système immunitaire et le métabolisme peuvent être influencés sont d'ailleurs révolues elles aussi. La césarienne n'est bien sûr pas le seul paramètre qui va compliquer la formation d'une équipe de choc dans l'intestin : une mauvaise alimentation, le recours inutile aux antibiotiques, trop de propreté ou trop de rencontres avec de vilains germes peuvent aussi y contribuer. Il n'y a pourtant pas de quoi s'inquiéter outre mesure. Les gigantesques êtres vivants que nous sommes ne peuvent tout simplement pas contrôler tout ce qui est de l'ordre de l'infiniment petit.

LE PETIT PEUPLE

En matière de microbiote, l'être humain est considéré comme adulte à l'âge de trois ans. Dans un intestin, être adulte signifie : savoir ce qu'on aime et comment on fonctionne. À partir de là, certains microbes intestinaux entament une expédition au long cours à travers notre vie. C'est nous qui donnons le cap : selon ce que nous mangeons, selon nos phases de stress, selon que nous entrons dans la puberté, sommes atteints d'une maladie ou allons sur nos vieux jours.

Si vous publiez des photos de votre dîner sur Facebook et vous étonnez qu'aucun de vos amis ne commente votre chef-d'œuvre, sachez-le : vous vous êtes tout simplement trompé de public. Sur un Facebook microbien, un million d'abonnés applaudirait votre cliché à tout rompre ou frissonnerait de peur. Les possibilités qui s'offrent à nous chaque jour sont variables à l'infini : lundi, de petits ouvriers cachés dans le sandwich au fromage vont nous aider à digérer le lait ; mardi, c'est une équipe de salmonelles tapie dans le tiramisu ; mercredi… Nous modifions parfois notre flore intestinale, et parfois, c'est elle qui nous modifie. Nous sommes son climat et ses saisons. Et elle peut nous soigner comme nous empoisonner.

Nous sommes loin de savoir tout ce dont est capable le petit peuple intestinal de l'être humain adulte. Pour ce qui est de l'abeille, nous sommes déjà mieux renseignés. Au fil du temps, les abeilles qui se sont imposées sont celles qui étaient dotées des bactéries intestinales les plus variées. Et si elles ont pu évoluer à partir d'ancêtres guêpes carnivores, c'est uniquement parce qu'elles ont accueilli de nouveaux microbes intestinaux capables de produire de l'énergie à partir du pollen. Voilà comment l'abeille est devenue végétarienne. Quand la nourriture vient à manquer, de bonnes bactéries veillent : en cas d'urgence, une abeille est aussi capable de digérer des nectars inconnus provenant de régions lointaines. Les intestins monotâches, eux, seraient nettement désavantagés. En temps de crise, on voit en outre rapidement qui dispose d'une armée de microbes efficaces : les abeilles dont la flore intestinale est bien pourvue résistent mieux que d'autres à certains fléaux parasitaires. Quand il s'agit de survie, les bactéries intestinales jouent un rôle de tout premier plan.

Malheureusement, nous ne pouvons pas nous contenter de transposer ces résultats à l'être humain. Les êtres humains sont des vertébrés et ils utilisent Facebook. Pour obtenir des réponses concrètes, il nous faut donc repartir de zéro. Les scientifiques qui s'intéressent à nos bactéries intestinales doivent comprendre ce monde encore presque complètement méconnu et le mettre en relation avec notre monde à nous. Il leur faut découvrir qui vit dans notre tube digestif et comment.

Alors on remet ça, cette fois dans le détail : mais qui sont-elles ???

Le biologiste aime les choses bien ordonnées. Et l'on peut ordonner la Terre comme on met de l'ordre dans son bureau. Pour commencer, on fourre tout dans deux grands tiroirs : le vivant dans un tiroir, le non-vivant dans l'autre. Et on continue à trier. Dans le tiroir du vivant, on range selon trois catégories : les eucaryotes, les archées et les bactéries. Les trois catégories sont représentées dans notre intestin, et chacune a son charme.

Première grande catégorie, donc : les eucaryotes. Ce sont ceux qui ont les cellules les plus grosses et les plus complexes. Ils peuvent être multicellulaires et atteindre des tailles respectables. La baleine est un eucaryote. Les êtres humains aussi. Tout comme les fourmis, d'ailleurs, même si elles sont bien plus petites. La biologie moderne divise les eucaryotes en six groupes : les amibozoaires qui se déplacent en remuant, les êtres dotés de pseudopodes (c'est-à-dire de pieds qui n'en sont pas), les chlorophylliens, les unicellulaires dotés d'un cytostome (une zone creusée qui leur sert de bouche), les algues et les opisthocontes.

Pour ceux à qui le terme d'opisthocontes ne dirait pas grand-chose : il vient du grec "derrière" et "bâton, flagelle", et s'il a été choisi pour désigner ces organismes, c'est parce que leurs cellules sont propulsées par un flagelle. Dans ce vaste groupe, on recense tous les animaux, y compris l'homme, mais aussi les champignons. Quand votre chemin croise celui d'une fourmi, rien ne s'oppose donc, du point de vue de cette classification, à ce que vous la saluiez d'égal à égal. Dans l'intestin, les eucaryotes les plus courants sont les levures, qui sont aussi des opisthocontes. Nous connaissons bien sûr la levure de boulanger, mais il existe encore beaucoup d'autres sortes de levures.

Deuxième grande catégorie : les archées, qui sont un peu un mix des deux autres catégories. Ce ne sont pas de vrais eucaryotes, mais pas des bactéries non plus. Leurs cellules sont petites et complexes. Cette position un peu floue ne fait pas d'elles des tièdes pour autant. Au contraire, la catégorie des archées, c'est l'inverse du juste milieu. Elles aiment les extrêmes. Citons par exemple les hyperthermophiles, qui ne se sentent dans leur élément qu'à plus de 100 °C et emménagent volontiers à proximité des volcans. Ou encore les acidophiles, qui prennent leur bain dans des acides à forte concentration. Il y a aussi les barophiles (ou piézophiles), qui aiment qu'on leur mette la pression – ils la trouvent par exemple au fond des mers – ou encore les halophiles, qui ne jurent que par des milieux très salés, comme la mer Morte. Parmi elles, les rares à accepter de vivre dans les conditions pas vraiment extrêmes qu'offre un laboratoire sont les archées cryophiles – qui aiment le froid. Elles ont un faible pour les congélateurs à moins 80 °C. Dans notre intestin, on trouve souvent un autre genre d'archée qui se nourrit des déchets d'autres bactéries intestinales et peut produire une luminescence.

Ce qui nous permet de revenir à nos moutons, ou plutôt à nos bactéries. Les bactéries constituent 90 % de notre population intestinale. Pour mettre un peu d'ordre là-dedans, nous avons recours à un peu plus de vingt souches. Ces groupes ont parfois autant de points communs entre eux qu'un être humain et un organisme unicellulaire doté d'un cytostome. C'est-à-dire pas beaucoup.

Ill. Vue en coupe grossière des principales souches bactériennes et de leurs sous-groupes. Les lactobacilles, par exemple, font partie des *Firmicutes*.

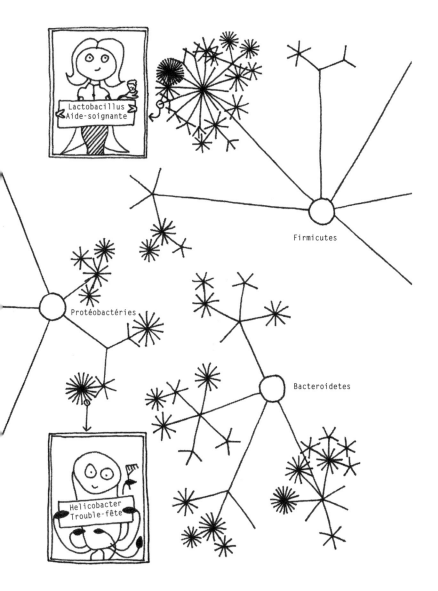

Lactobacillus
Aide-soignante

Firmicutes

Protéobactéries

Bacteroidetes

Helicobacter
Trouble-fête

Nos bactéries intestinales sont issues pour la plupart de cinq souches : en première ligne *Bacteroidetes* et *Firmicutes,* suivies d'*Actinobacteria* (ou actinomycètes), *Proteobacteria* (protéobactéries) et *Verrucomicrobia*. À l'intérieur de ces souches, on divise et classifie encore en diverses sous- et subdivisions, jusqu'à arriver à une famille de bactéries. Dans une famille, on se ressemble quand même assez : on mange les mêmes choses, on a à peu près la même tête, on a des amis et des compétences qui se ressemblent. Les membres d'une famille ont des noms aussi faciles à rete- nir que *Bacteroides uniformis, Lactobacillus acidophilus* ou *Helicobacter pylori*. Le royaume des bactéries est immense.

Quand on cherche certaines bactéries déterminées chez l'être humain, on finit toujours par découvrir quan- tité d'autres espèces inconnues. Ou des espèces connues à des endroits inattendus. En 2011, sans autre préten- tion que celle de s'amuser un peu, des chercheurs améri- cains ont étudié la flore du nombril. Dans le nombril de l'un des participants, ils ont trouvé des bactéries qu'on ne connaissait jusqu'ici que du littoral japonais. Or, le sujet en question n'était jamais allé en Asie. La globalisation, ce n'est pas seulement quand le bistrot du coin se trans- forme en McDonald's, c'est aussi ce qui se passe jusque dans nos nombrils. Chaque jour, des milliards de milliards de micro-organismes font le tour de la planète en avion sans payer un seul centime.

Chaque être humain a sa petite collection de bactéries bien à lui, à partir de laquelle on pourrait même établir une empreinte bactérienne de chacun d'entre nous. Si on faisait un prélèvement sur un chien et qu'on analysait les gènes de ses bactéries, on pourrait très certainement retrouver son maître. Le même processus est d'ailleurs aussi valable pour un clavier d'ordinateur : les objets avec lesquels nous sommes en contact régulier portent notre signature microbienne. Chacun de nous possède quelques exemplaires singuliers que quasiment personne d'autre ne possède.

Dans l'intestin, c'est un peu la même chose. Comment les médecins pourraient alors savoir ce qui est bon et ce qui ne l'est pas ? La singularité est toujours problématique pour la recherche. Quand la question se pose de connaître l'influence des bactéries intestinales sur la santé, nous ne voulons pas entendre : "Eh bien, vous n'allez pas le croire, mais M. Martin, par exemple, il a un drôle de microbe asiatique et tout un tas d'espèces étranges comme ça." Ce que nous voulons, c'est reconnaître des modèles et en déduire des faits.

Quand les scientifiques se retrouvent face aux milliers de bactéries différentes qui peuplent nos intestins, ils se retrouvent aussi face à cette question : est-il suffisant de définir grossièrement des souches ou serait-il préférable d'observer individuellement chacune des bactéries qui nous apparaissent sous l'uniforme *Bacteroides* ? *E. coli* et sa dangereuse jumelle EHEC font par exemple partie de la même famille. Les différences sont minimes, mais néanmoins perceptibles : *E. coli* est un sous-locataire banal dans nos intestins, EHEC provoque des hémorragies et d'importantes diarrhées. Par conséquent, il n'est pas toujours sensé d'étudier les bactéries sous forme de souches ou de familles quand on s'intéresse aux dégâts qu'une bactérie peut provoquer à elle seule.

Les gènes sont des possibilités. Des informations. Les gènes peuvent nous imposer quelque chose comme ils peuvent nous proposer une compétence. Les gènes, surtout, sont des plans. Ils ne peuvent rien tant qu'ils n'ont pas été lus et utilisés. Certains de ces plans sont inévitables – parmi eux, ceux qui décident si nous sommes destinés à devenir un être humain ou une bactérie. D'autres peuvent être repoussés pendant longtemps (comme les taches de vieillesse), d'autres encore sont donnés, mais ne se réaliseront jamais, comme une forte poitrine. Tant mieux dans certains cas, et dommage dans d'autres.

Ensemble, nos bactéries intestinales ont cent cinquante fois plus de gènes qu'un être humain. Cette énorme compilation de gènes est appelée, comme on l'a vu auparavant, microbiome. Si nous pouvions choisir cent cinquante êtres vivants qui nous donneraient un peu de leur patrimoine génétique, lesquels choisirions-nous ? Certains songeraient à la force du lion, aux ailes d'un oiseau, à l'ouïe des chauves-souris ou au petit mobile home des escargots.

S'approprier les gènes de bactéries est nettement plus pratique, et pas seulement pour des raisons optiques. On peut les avaler en toute simplicité, elles développent leurs compétences dans notre ventre et s'adaptent déjà à nos conditions de vie. Personne n'a besoin en permanence d'un mobile home d'escargot, personne n'a besoin en permanence d'assistants de digestion du lait. Ces derniers disparaissent peu à peu après le sevrage. À l'heure actuelle, nous ne sommes pas encore en mesure de considérer dans leur ensemble tous les gènes des bactéries intestinales.

Mais quand nous savons qu'ils existent, nous sommes déjà capables de rechercher certains gènes précis. Nous pouvons par exemple mettre en évidence ces faits : chez un nourrisson, il y a plus de gènes actifs permettant de digérer le lait maternel que chez un adulte. Ou encore : l'intestin de sujets en surpoids abrite souvent plus de gènes bactériens dédiés à la dégradation des glucides, et celui de personnes âgées moins de gènes bactériens contre le stress. Nous savons aussi que les intestins de Tokyo sont capables de décomposer les algues marines, tandis que ceux de Châtillon-sur-Seine sont moins doués pour ça. Nos bactéries intestinales délivrent des renseignements approximatifs sur notre identité : jeune ou vieux, bien en chair ou mince, fan de sushis ou pas.

En outre, les gènes de nos bactéries intestinales délivrent aussi des renseignements sur nos compétences. Pour certaines personnes, les antalgiques à base de paracétamol sont plus toxiques que pour d'autres : des bactéries intestinales fabriquent une substance qui influe sur la capacité du foie à éliminer la toxine médicamenteuse. C'est donc notre ventre qui dira si nous supportons ou non le cachet contre le mal de tête.

Prudence aussi quand il s'agit de conseils nutritionnels : l'effet protecteur du soja, censé faire rempart contre le cancer de la prostate, les maladies vasculaires et les problèmes osseux, est aujourd'hui confirmé. Plus de 50 % des Asiatiques en profitent. Mais cet effet protecteur tombe à 25-30 % quand il s'agit de la population occidentale. Les différences génétiques n'expliquent pas cette disparité. Ce qui fait la différence, c'est un certain type de bactéries : elles sont plus souvent présentes dans les intestins asiatiques et chatouillent le tofu et ses acolytes jusqu'à ce qu'ils livrent leurs essences les plus saines.

Pour les scientifiques, c'est formidable de pouvoir isoler certains des gènes bactériens responsables de cet effet protecteur. Ils répondent ainsi à la question : "Comment les bactéries intestinales influent-elles sur la santé?" Mais cela ne nous suffit pas : nous voulons comprendre les choses dans leur ensemble. Quand nous observons comme un tout les gènes bactériens connus jusqu'ici, les petits groupes génétiques dédiés au traitement des antalgiques ou des produits à base de soja passent au second plan. Et finalement, ce sont les ressemblances qui prédominent : chaque microbiome se compose de nombreux gènes permettant de décomposer les glucides et les protéines et de fabriquer des vitamines.

Une bactérie compte en général quelques milliers de gènes, et il y a jusqu'à cent billions de bactéries par intestin. Les premières analyses de notre génome bactérien ne peuvent pas être représentées dans des diagrammes à barres ou des camemberts : les premiers schémas des chercheurs qui étudient le microbiome tiennent plus de l'art contemporain que du tableau à trois colonnes.

La science a avec le microbiome un problème que connaît bien la génération Google. Quand nous posons une question, six millions de sources nous répondent en même temps. Nous ne pouvons pas nous contenter alors de dire : "Chacun à votre tour, s'il vous plaît!" Nous sommes contraints de former des groupes judicieux, de faire du tri radical et d'identifier les motifs récurrents. En 2011, la découverte des trois entérotypes a marqué un premier pas dans cette direction.

À Heidelberg, en Allemagne, des chercheurs armés des techniques les plus récentes avaient entrepris d'étudier le paysage bactérien. Ils s'attendaient à trouver le tableau classique : un mélange chaotique de tout un tas de bactéries auquel s'ajoute un gros grumeau d'espèces inconnues. Le résultat fut surprenant. En dépit d'une grande diversité, l'ordre règne. Dans chaque pays intestinal, c'est toujours l'une des mêmes trois familles bactériennes qui règne. Et tout à coup, cet énorme jeu des mille familles en pagaille nous paraît beaucoup plus ordonné.

LES TROIS TYPES D'INTESTIN

Pour savoir à quel type d'intestin on appartient, il faut savoir quelle famille de bactéries représente la plus grosse partie de la population. Nous avons au choix trois familles, qui portent les doux noms de *Bacteroides, Prevotella* et *Ruminococcus.* Les scientifiques ont mis en évidence ces entérotypes chez des Asiatiques, des Américains et des Européens, sans distinction d'âge ni de sexe. La répartition en entérotypes permettra peut-être à l'avenir de déduire de l'appartenance à tel ou tel type d'intestin un certain nombre de propriétés, comme l'assimilation du soja, la solidité des nerfs ou le risque d'être touché par une maladie ou une autre.

Au moment de cette découverte, des représentants de la médecine traditionnelle chinoise se sont rendus à l'institut de Heidelberg dans l'idée de faire un lien entre leurs enseignements ancestraux et la médecine moderne. Depuis toujours, la médecine traditionnelle chinoise classe en effet l'être humain en trois catégories – selon sa réaction à certaines plantes médicinales comme le gingembre. Les familles de bactéries de notre corps présentent des propriétés différentes. Elles scindent la nourriture de différentes manières, fabriquent différentes substances et neutralisent différentes toxines. En outre, elles pourraient aussi avoir une influence sur le reste de la flore en favorisant ou, au contraire, en combattant d'autres bactéries.

Bacteroides

La famille intestinale la plus connue, *Bacteroides,* est aussi celle qui constitue le gros de la masse. Pros de l'assimilation des glucides, les bactéries *Bacteroides* ont en outre à leur disposition toute une batterie de plans de construction génétique avec lesquels elles peuvent si nécessaire fabriquer n'importe quelle enzyme assimilatrice. Que nous dégustions un steak, savourions une salade ou soyons trop ivres pour ne pas remarquer que nous mâchouillons une natte en raphia – nos amies *Bacteroides* savent tout de suite de quelles enzymes elles ont besoin. Vienne qui voudra : elles sont équipées pour.

Cette capacité à fabriquer un maximum d'énergie à partir de tout ce qui se présente et à nous le transmettre n'est pas toujours bien vue : elles ont ainsi été suspectées de nous faire prendre plus facilement du poids que d'autres. Il est vrai que les bactéries *Bacteroides* apprécient la viande et les acides gras saturés. Elles sont plus fréquentes dans les intestins des amateurs de charcutaille et autres mets carnés. La question, cependant, est de savoir si elles sont là parce qu'il y a de la graisse ou si la graisse est là parce qu'il y a des bactéries *Bacteroides*… (Et qui, de l'œuf ou de la poule, était là en premier.) Nous n'avons pas la réponse. Si vous logez des bactéries *Bacteroides*, vous hébergez aussi sûrement leurs collègues *Parabacteroides*. Elles aussi sont très habiles quand il s'agit de nous fournir le plus de calories possible.

Ce premier entérotype a pour autre signe distinctif de produire une très grande quantité de biotine, également connue en France sous le nom de vitamine B8. Dans les pays anglo-saxons, on parle plutôt de vitamine B7, alors qu'à l'origine, on la désignait sous le nom de vitamine H. Pour mettre de l'ordre dans tout cela, l'Union internationale de chimie pure et appliquée a décidé qu'on parlerait dorénavant de biotine.

La biotine neutralise en se liant à elle une substance qui se trouve dans le blanc d'œuf cru : l'avidine. Quand on a trop peu de biotine, c'est parce qu'elle est occupée à neutraliser l'avidine. Si on consomme trop de blancs d'œufs crus, on risque une carence en biotine, qui peut à son tour être à l'origine d'une maladie de peau. CQFD : un apport de biotine peut guérir la maladie de peau induite par une consommation excessive de blancs d'œufs crus.

Je me demande qui a un jour pu manger tant d'œufs crus qu'on puisse identifier ce rapport de cause à effet. Il est plus facile de répondre à cette autre question : qui pourrait à l'avenir ingérer assez d'avidine pour mettre ses réserves de biotine à sec ? Je vous le donne en mille : des cochons qui se seraient égarés dans un champ de maïs transgénique. Pour renforcer les défenses du maïs face aux nuisibles, on a en effet introduit des gènes qui lui permettent de fabriquer de l'avidine. Quand les nuisibles – ou de naïfs cochons – consomment ce maïs, ils s'intoxiquent. Dès lors qu'on cuit le maïs, il redevient propre à la consommation, de la même manière que l'avidine des œufs durs ne pose plus de problème.

On sait que nos microbes intestinaux sont capables de fabriquer de la biotine, tout simplement parce que certaines personnes en éliminent plus qu'elles n'en ingèrent. Comme aucune cellule humaine n'est en mesure d'en produire, il ne reste plus sur la liste des fabricants secrets possibles que nos bactéries. La biotine ne nous sert pas seulement à avoir "une peau rayonnante, des cheveux brillants et des ongles renforcés", comme le vantent certains emballages de comprimés vendus en parapharmacie. La biotine intervient aussi dans des processus métaboliques essentiels : elle nous permet de fabriquer des glucides et des lipides pour notre corps et de décomposer les protéines.

Au-delà de son incidence sur la santé de la peau, des ongles et des cheveux, une carence en biotine peut provoquer des états dépressifs, des somnolences, une fragilité aux infections, des troubles nerveux et une augmentation du taux de cholestérol. Mais ATTENTION : quand on parle de carence en vitamine, la liste des symptômes est impressionnante quelle que soit la vitamine. Il y a donc de grandes chances pour que chacun d'entre nous se sente concerné par un point ou un autre. Sachez-le : on peut avoir un rhume ou être un peu fatigué sans pour autant souffrir d'un déficit en biotine. Et ce qui augmente le taux de cholestérol, c'est plus la grosse portion de lardons sur les pâtes à la carbonara que l'œuf à la coque un peu trop mollet qui nous aura délivré une portion d'avidine au petit-déjeuner.

La carence en biotine est en revanche plausible chez certaines populations à risque, parmi lesquelles les patients sous traitement antibiotique prolongé, les gros consommateurs d'alcool, les personnes ayant subi une ablation d'une partie de l'intestin grêle, les dialysés ou ceux qui prennent certains médicaments. Tous ont besoin de plus de biotine que leur alimentation ne peut leur en apporter. Autre groupe à risque, bien qu'en bonne santé : les femmes enceintes, car le fœtus consomme autant de biotine qu'un vieux frigo consomme d'électricité.

Aucune étude n'a encore su dire avec précision dans quelle mesure nos bactéries intestinales nous fournissent de la biotine. Nous savons qu'elles en produisent et que des substances ennemies des bactéries, à l'instar des antibiotiques, peuvent entraîner une carence. Une personne d'entérotype *Prevotella* pourrait-elle être plus sujette à une carence en biotine qu'un type *Bacteroides* ? Voilà un projet de recherche sûrement très passionnant. Mais comme nous n'avons connaissance des entérotypes que depuis 2011, il y a sans doute encore d'autres questions auxquelles nous devons répondre avant.

Les bactéries *Bacteroides* ne sont pas seulement efficaces parce qu'elles ont un bon "rendement", mais aussi parce qu'elles travaillent main dans la main avec d'autres bactéries. Certaines espèces ne survivent dans l'intestin que parce qu'elles traitent les déchets de leurs collègues *Bacteroides*. Ces dernières sont bien plus efficaces quand leur lieu de travail est propre et bien rangé, et les petits gars des ordures ménagères sont sûrs de ne pas se retrouver au chômage. Au niveau suivant, les composteurs entrent en jeu : ils ne se contentent pas d'exploiter les déchets, ils s'en servent aussi pour fabriquer des produits que les bactéries *Bacteroides* peuvent utiliser à leur tour. Dans certaines voies métaboliques, les bactéries *Bacteroides* se glissent elles aussi dans le rôle des composteurs : quand elles ont besoin d'un atome de carbone, hop, elles attrapent un de ceux qui se trouvent dans l'air de l'intestin. Ce n'est pas difficile : le carbone est l'un des déchets de notre métabolisme.

Prevotella

La famille *Prevotella* est un peu l'antithèse de la famille *Bacteroides*. D'après les études menées, c'est chez les végétariens qu'elle est la plus fréquente, mais on la rencontre aussi chez les personnes qui ont une consommation raisonnable de viande, ou même chez les vrais fans de bidoche. Ce que nous mangeons n'est pas le seul facteur qui détermine la colonisation de notre intestin. Nous y reviendrons.

Les bactéries *Prevotella* ont elles aussi des collègues avec lesquelles elles aiment bien faire équipe : les bactéries *Desulfovibrionales*. Souvent dotées de flagelles qui leur servent d'hélices pour se déplacer, celles-ci, tout comme les bactéries *Prevotella*, sont douées pour passer nos muqueuses au peigne fin à la recherche de protéines utilisables. Elles peuvent ensuite les manger ou s'en servir pour construire ce qui leur chante. Le travail de la famille *Prevotella* produit des composés du soufre. On connaît cette odeur caractéristique des œufs durs. Si les bactéries *Desulfovibrionales* ne passaient pas par là avec leurs petits flagelles tourbillonnants pour récupérer bien vite tout ce qui sent mauvais, les bactéries *Prevotella* auraient l'air moins malin et baigneraient bientôt dans leur propre bouillon puant.

À noter cependant que ce gaz n'est pas nocif. Si notre nez fait le difficile, c'est juste par prudence, car une concentration extrême finirait par devenir dangereuse…

La vitamine spécifique de cet entérotype – qui contient elle aussi du soufre et dégage une odeur prononcée –, c'est la thiamine (du grec *theion*, "soufre"), également appelée vitamine B1. C'est l'une des vitamines les mieux connues et les plus importantes. Notre cerveau n'en a pas seulement besoin pour bien nourrir les cellules nerveuses, mais aussi pour les envelopper de l'extérieur dans une gaine de graisse isolante. Voilà comment une carence en thiamine peut être à l'origine de tremblements musculaires ou de pertes de mémoire.

Un grave déficit en vitamine B1 est responsable d'une maladie décrite dès 500 après J.-C. dans le monde asiatique : le béribéri. En cinghalais (une langue du Sri Lanka), béribéri signifie "je ne peux pas, je ne peux pas". Les personnes touchées, dont les nerfs sont alors endommagés et les muscles atrophiés, ne peuvent plus marcher correctement. Aujourd'hui, on sait que le riz blanc poli industriellement ne contient pas de vitamine B1. En cas d'alimentation déséquilibrée et très peu variée, une carence en vitamine B1 peut conduire aux premiers symptômes en quelques semaines seulement.

Au-delà des perturbations du système nerveux et des troubles de la mémoire, une carence moins importante peut aussi entraîner une plus grande irritabilité, des maux de tête fréquents et des problèmes de concentration. À une étape avancée, les patients peuvent présenter une tendance aux œdèmes et à l'insuffisance cardiaque. Là encore, rappelons-nous que ces problèmes peuvent avoir de multiples causes. Ils sont surtout inquiétants quand ils sont fréquents et prononcés, et il est rare qu'ils ne soient causés que par un déficit en vitamine.

Les symptômes liés à des carences nous aident surtout à comprendre où intervient la vitamine en question. En général, à moins que vous ne vous nourrissiez que de riz poli ou d'alcool, vous avez à peu près tout ce qu'il vous faut. Nous découvrons aussi que nos bactéries peuvent nous aider à nous approvisionner correctement, et cela fait d'elles bien plus qu'un amas de péteuses sulfuriques à hélice – c'est justement ce qui est passionnant.

Ruminococcus

Quand on parle de cette famille, on ne peut pas dire que les grands esprits (des scientifiques) se rencontrent : c'est la pomme de discorde. Les uns – ceux-là mêmes qui ont vérifié l'existence des entérotypes – n'ont pu trouver que les familles *Prevotella* et *Bacteroides*. Point de *Ruminococcus*. Les autres ne jurent que par ce troisième groupe, d'autres encore pensent qu'il y aurait aussi un quatrième groupe, voire un cinquième, un sixième, etc. C'est le genre de débat qui, pendant un congrès, peut vous gâcher votre pause-café.

Mettons-nous d'accord sur ce point : disons qu'il se pourrait que ce groupe existe. Nourriture préférée supposée : les parois cellulaires des végétaux. Collègues possibles : les bactéries *Akkermansia,* qui décomposent le mucus et absorbent assez rapidement le sucre. Les bactéries *Ruminococcus* produisent une substance, l'hème, dont le corps a par exemple besoin pour fabriquer du sang.

Vous connaissez tous un personnage célèbre chez qui on aurait sans doute pu diagnostiquer un trouble de la synthèse de l'hème. Je veux parler du comte Dracula. En Roumanie, son pays d'origine, on recense une mutation génétique dont les symptômes sont entre autres : une allergie à l'ail et au soleil et des urines couleur sang. La coloration des urines en rouge indique que la production de sang ne fonctionne pas correctement et que la personne atteinte élimine par cette voie des précurseurs de l'hème. Autrefois, l'explication d'un tel symptôme était simple : s'il pisse rouge, c'est qu'il a bu du sang. Aujourd'hui, les patients atteints de cette mutation génétique sont traités et ne jouent plus le premier rôle d'une histoire d'épouvante.

Qu'on soutienne ou non l'existence de la famille *Ruminococcus*, ces bactéries sont en tout cas présentes dans nos intestins. Ça ne nous fait donc pas de mal d'en savoir un peu plus sur elles, et sur Dracula et la palette de couleurs urinaires. Entre autres problèmes, les souris dépourvues de germes intestinaux présentent par exemple aussi un dysfonctionnement de la production d'hème : il n'est donc pas absurde de penser que les bactéries jouent ici un rôle important.

Voilà. Notre voyage à la rencontre du petit peuple des microbes intestinaux a commencé. À travers leurs gènes, ils constituent pour nous un énorme pool de compétences. Ils nous aident à digérer, ils fabriquent pour nous des vitamines et d'autres substances dont nous avons besoin. À la recherche de motifs récurrents, nous avons entrepris de former des groupes entérotypiques. Pourquoi ? Parce que nous avons dans le ventre 100 billions de micro-organismes, et qu'il y a de fortes chances pour que cette présence laisse des traces sur nous. Il est donc temps d'aller plus loin et d'observer plus en détail les effets perceptibles qui en découlent : comment ces bactéries interviennent-elles dans notre métabolisme, quelles sont celles qui nous sont bénéfiques et celles qui nous nuisent ?

LE RÔLE DE LA FLORE INTESTINALE

Nous racontons parfois à nos enfants des mensonges plus gros qu'eux. Je pense par exemple au mensonge du bonhomme barbu qui, une fois par an, pointe son nez et sa hotte pour offrir des cadeaux aux enfants avant de repartir sur un véhicule à la croisée du tapis volant et de la charrette à bœufs. Ou à l'histoire des cloches qui larguent des œufs en chocolat dans nos jardins. Il nous arrive même de déformer la réalité sans même nous en rendre compte. Par exemple quand nous donnons la becquée : "Une cuillère pour papa. Une cuillère pour maman. Une cuillère pour tonton, une cuillère pour tata…" Pour être scientifiquement corrects vis-à-vis de nos enfants, nous devrions dire : "Une cuillère pour toi, mon chéri. Une petite partie de la prochaine cuillerée pour tes bactéries *Bacteroides*. Une autre petite partie pour tes bactéries *Prevotella*. Et encore une minuscule portion pour les autres micro-organismes qui se sont mis à table dans ton ventre et attendent sagement d'être servis." Par la même occasion, nous pourrions aussi transmettre nos amitiés aux collègues microbes qui nous assistent dans notre tâche nourricière. Quand nous donnons à manger, *Bacteroides* & Co., dans le ventre de l'enfant, tendent elles aussi de petites cuillérées remplies de bonnes choses. Et elles le font sans distinction d'âge : longtemps après que nous avons atteint l'âge de raison, nos bactéries intestinales continuent de nous donner la becquée. Toute notre vie, elles vont traiter des aliments que nous ne saurions pas décomposer sans elles et partager les restes avec nous.

L'idée que les bactéries intestinales puissent influer sur l'ensemble de notre métabolisme et ainsi réguler notre poids n'a que quelques années. Pour commencer, voyons comment tout cela fonctionne : quand les bactéries mangent à notre table, elles ne nous ôtent pas le pain de la bouche. Les bactéries intestinales colonisent très peu les parties de notre intestin grêle où nous décomposons et assimilons nous-mêmes notre nourriture. La concentration de bactéries est la plus importante là où la digestion est déjà quasiment achevée et où il ne s'agit plus que de transporter les restes non digestibles vers la sortie. Plus on se rapproche de la sortie de l'intestin, plus le nombre de bactéries par centimètre carré de muqueuse intestinale est élevé. C'est une répartition prévue pour durer, et notre intestin est là pour y veiller. Si l'équilibre se rompt, si des bactéries pleines d'enthousiasme partent coloniser en masse l'intestin grêle, on parle de *bacterial overgrowth*. En français, c'est la "colonisation bactérienne chronique du grêle", une maladie dont les symptômes et les conséquences sont encore relativement peu étudiés. Pour ce que nous en savons, disons qu'elle engendre des ballonnements, des maux de ventre, des douleurs articulaires et une inflammation de l'intestin ou encore des carences alimentaires et des anémies.

C'est tout le contraire de ce qui se passe chez les ruminants. Prenons la vache, par exemple. Pour un animal de cette taille qui ne se nourrit que d'herbe et de végétaux, on peut dire qu'elle se débrouille plutôt bien. Aucun autre animal n'oserait la charrier sous prétexte qu'elle est végétalienne. Son secret? Ses bactéries sont installées bien plus haut dans son tube digestif. La vache ne s'embête pas à digérer elle-même, elle délègue : dans son intestin, une petite entreprise familiale, *Bacteroides* & Co., est directement missionnée pour traiter les glucides complexes des végétaux et préparer pour la vache un bon petit plat bien digeste.

Il y a des avantages à loger ainsi ses bactéries dans les étages supérieurs du tube digestif. Les bactéries sont riches en protéines : d'un point de vue nutritionnel, on peut donc les considérer comme de petits biftecks. Quand elles ont fait leur temps dans l'estomac bovin, elles prennent le toboggan vers les étages inférieurs où elles sont alors digérées. La vache dispose ainsi d'une formidable source de protéines : de délicieux petits biftecks microbiens faits maison. Nos bactéries ont élu domicile trop bas dans notre intestin pour pouvoir jouer les pièces de viande ; elles sont évacuées sans être digérées.

Comme nous, les rongeurs ont installé leurs microbes en fin de parcours digestif, mais pour rien au monde, ils ne laisseraient cette portion de protéines bactériennes leur échapper. Ils mangent donc leurs excréments, tout simplement. L'être humain, lui, préfère se rendre au supermarché et y acheter de la viande ou du tofu – c'est une façon comme une autre de compenser son incapacité à assimiler les bactéries riches en protéines présentes dans son gros intestin. Si nous ne les digérons pas, nous tirons néanmoins profit de leur travail, car elles fabriquent des nutriments si petits que nous pouvons les assimiler *via* nos cellules intestinales.

Les bactéries ne se chargent d'ailleurs pas de digestion que dans notre intestin, mais aussi à l'extérieur de celui-ci. Un yaourt, ce n'est rien d'autre que du lait prédigéré par des bactéries. Le sucre du lait (lactose) est en grande partie décomposé et transformé en acide lactique (lactate) et en molécules de sucre plus petites, ce qui rend le yaourt à la fois plus acide et plus sucré que le lait. L'acidification a aussi un autre effet : elle entraîne la coagulation des protéines de lait, et le lait se solidifie. Voilà pourquoi le yaourt n'a pas la même consistance. Le lait prédigéré (c'est-à-dire le yaourt) allège la charge de travail qui incomberait sinon à notre corps – et nous n'avons plus qu'à nous occuper de la suite de la digestion.

Là où les choses deviennent particulièrement intéressantes, c'est quand nous confions ce travail de prédigestion à des bactéries capables de fabriquer des substances qui ont un impact positif sur notre santé. Les fabricants de yaourts attentionnés utilisent donc souvent des bactéries qui produisent plus d'acide lactique dextrogyre que d'acide lactique lévogyre. L'acide lactique est une molécule chirale : il possède deux formes qui se différencient par une configuration opposée, un peu comme si l'une était l'image de l'autre dans un miroir. Pour nos enzymes digestives, l'acide lactique lévogyre, c'est un peu comme mettre le pied droit dans la chaussure gauche : inconfortable. Au supermarché, mieux vaut donc choisir les yaourts qui contiennent des bifidobactéries, capables de produire l'acide lactique dextrogyre.

Les bactéries ne se contentent pas de décomposer notre repas, elles en profitent aussi pour fabriquer de toutes nouvelles substances. Un chou blanc, par exemple, contient moins de vitamines que la choucroute qu'il deviendra. Les vitamines supplémentaires, ce sont les bactéries qui les fabriquent. Dans le fromage, les bactéries et les champignons sont à l'origine du goût et de la consistance crémeuse, mais aussi des trous. Quant au cervelas ou au saucisson, on y ajoute souvent ce qu'on appelle des *culture starters* – un joli mot pour dire : "On n'ose pas le clamer haut et fort, mais ce sont les bactéries (et notamment les staphylocoques) qui font que c'est bon!". Quand nous buvons du vin ou de la vodka, nous savourons en réalité le produit final de la métabolisation des levures, c'est-à-dire l'alcool. Et le travail du petit peuple ne s'arrête pas dans le tonneau de vin, loin de là. Presque tout ce qu'un œnologue vous raconte sur le vin ne se trouve pas tel quel dans la bouteille. Les arômes qui apparaissent *a posteriori* – telle la finale du vin – ne se développent qu'ensuite parce que les bactéries ont besoin de temps pour faire leur travail. Installées à la base de notre langue, elles transforment déjà les aliments et les boissons, et les produits de cette transformation génèrent alors un arrière-goût. Chaque amateur de vin décèlera donc un goût légèrement différent – en fonction de ses bactéries. Mais que cela ne nous empêche pas d'écouter attentivement ce que nous raconte notre gentil œnologue. Ce n'est pas tous les jours qu'on trouve quelqu'un pour nous parler de ses microbes avec tant de fierté.

Notre population bactérienne buccale équivaut à peu près à un dix-millionième de celle que nous avons dans le ventre – et nous percevons quand même son travail. Notre tube digestif peut s'estimer heureux de régner sur un peuple si vaste et doté de compétences si variées. Tandis que des sucres simples comme le glucose et le fructose sont assez bien assimilés, beaucoup d'intestins ont du mal quand il s'agit de digérer du lactose. Leurs propriétaires souffrent alors d'une intolérance au lactose. Face aux glucides complexes des végétaux, un intestin rendrait même carrément son tablier s'il devait avoir pour chacun l'enzyme de décomposition correspondante. Nos microbes, eux, sont des pros de ces substances. Nous leur offrons le gîte et le couvert – en échange, ils se chargent de ce qui est trop complexe pour nous.

L'alimentation occidentale se compose à 90 % de ce que nous mangeons et, pour les 10 % restants, de ce que nos bactéries nous donnent chaque jour à manger. Autrement dit : "Mangez neuf repas, le dixième vous est offert!" Certaines de nos bactéries sont embauchées à plein temps pour nous donner la becquée. Et ce que nous mangeons a ici son importance – tout comme le type de bactéries qui nous nourrissent. Quand on parle de ligne et d'alimentation, on ne devrait donc pas songer qu'aux vilaines calories, mais aussi au petit peuple bactérien qui prend toujours ses repas avec nous.

COMMENT LES BACTÉRIES PEUVENT-ELLES
FAIRE GROSSIR?
TROIS HYPOTHÈSES

1 – Première hypothèse : il y a trop de bactéries "pata-pouffantes" dans la flore intestinale. Si ces spécialistes du clivage des glucides prennent le dessus dans notre intestin, nous nous retrouvons avec un problème. Quand on regarde ce qui se passe chez les souris, on constate que les sujets minces éliminent une certaine proportion de calories non assimilables – mais pas leurs congénères dodues. La flore intestinale "patapouffante" des souris dodues tire le maximum de ce qu'on lui donne et se montre donc ensuite plus généreuse envers son hôte. Et si l'on transpose cette observation à l'être humain : certaines personnes pour-raient se retrouver avec des poignées d'amour sans man-ger plus que les autres – tout simplement parce que leur flore intestinale tire plus de substance de la nourriture.

Mais comment ça marche? À partir des glucides non digestibles, les bactéries sont capables de fabriquer plu-sieurs acides gras : les bactéries légumivores fabriquent plutôt des acides gras pour l'intestin et le foie, d'autres pro-duisent des acides gras qui peuvent aussi nourrir le reste du corps. Si, pour un nombre de calories identique, une banane fait moins grossir qu'une barre chocolatée, c'est parce que les glucides d'origine végétale attirent plutôt l'attention des cantinières locales que celle des services de restauration actifs à l'échelle du corps tout entier.

Les études menées sur des personnes en surpoids ont montré que leur flore intestinale était moins diversifiée et que certains groupes de bactéries notamment spécialisés dans le métabolisme des glucides y étaient majoritaires. Mais pour faire exploser la balance, ça ne suffit pas encore. Dans le cadre des expériences sur les souris de laboratoire, certains sujets pesaient 60 % de plus qu'au départ – un résultat auquel les services de restauration du corps ne peuvent pas arriver tout seuls. Il faut donc se pencher sur un autre marqueur de la prise de poids excessive : les états inflammatoires.

2 – Les troubles métaboliques comme le surpoids, le diabète ou les hyperlipidémies sont le plus souvent associés dans le sang à des marqueurs inflammatoires légèrement supérieurs à la moyenne. Les valeurs ne sont pas élevées au point de devoir mettre en place un traitement comme en cas de plaie importante ou de septicémie, c'est pourquoi on parle d'"inflammation subclinique". Et s'il y a bien quelqu'un qui s'y connaît en matière d'inflammation, ce sont les bactéries. Elles ne sortent jamais de chez elles sans s'être poudré le nez avec une substance sémiochimique qui crie au corps : "Enflamme-toi!"

C'est un mécanisme utile en cas de plaies : l'inflammation permet une sorte de "lavage par débordement" qui va repousser les bactéries vers l'extérieur. Au niveau de l'intestin, tant que les bactéries restent tranquillement dans leur muqueuse, leur message chimique n'intéresse personne.

Mais en présence de certaines autres bactéries ou quand l'alimentation est trop grasse, elles sont plus nombreuses à parvenir dans le sang et notre corps active alors le premier niveau d'alerte du plan "inflammation". Dans ce contexte, quelques réserves de graisse pour les temps difficiles ne peuvent pas faire de mal.

Les messagers chimiques des bactéries peuvent aussi se fixer sur d'autres organes et influer sur leur métabolisme : chez les rongeurs comme chez les êtres humains, ils se lient au foie ou aux tissus adipeux eux-mêmes et contribuent à ce que des réserves de graisses y soient constituées. Leur effet sur la thyroïde mérite aussi d'être souligné : les médiateurs de l'inflammation viennent y jouer les fauteurs de troubles et ralentissent la production d'hormones thyroïdiennes. Résultat : les graisses sont moins bien brûlées.

Contrairement à une "vraie" infection qui affaiblit le corps et lui ordonne une cure amaigrissante, l'inflammation subclinique fait grossir. Et il n'y a pas que les bactéries qui soient capables de déclencher des inflammations subcliniques : parmi les causes observées, citons encore les déséquilibres hormonaux, un excès d'œstrogènes, une carence en vitamine D ou une alimentation trop riche en gluten.

3 – Attention, ça va décoiffer! Une hypothèse émise en 2013 postule que les bactéries de l'intestin pourraient agir sur l'appétit de leur hôte. Autrement dit : les fringales qui nous font avaler des chocolats fourrés au caramel et un paquet de chips sur le coup des vingt-deux heures ne seraient pas toujours induites par l'organe qui s'occupe aussi de notre déclaration d'impôts. Il y a dans notre ventre – et non dans notre cerveau – une assemblée de

bactéries qui, quand elle a été mise au régime les trois jours précédents, votera à l'unanimité un réapprovisionnement en hamburger. Et elle le fait avec tant de tact et de délicatesse que nous ne pouvons pratiquement rien lui refuser.

Pour comprendre cette hypothèse, il faut se mettre à la place de la matière "nourriture". Quand nous avons le choix entre plusieurs plats, nous décidons le plus souvent sur la base de ce qui nous fait envie. Et nous mangerons ensuite la quantité qui nous donnera une sensation de satiété. Or, les bactéries ont théoriquement les moyens d'influencer l'un et l'autre : l'envie comme la satiété. Pour l'heure, on ne peut que supposer qu'elles aient leur mot à dire quand il s'agit de notre appétit, mais c'est en tout cas loin d'être insensé : ce que nous mangeons et les quantités que nous ingérons ont pouvoir de vie et de mort sur les habitants de la planète microbienne. Tout au long des trois millions d'années d'évolution partagée, les bactéries même les plus simples ont bien eu le temps de s'adapter à leur environnement humain.

Pour générer une envie spécifique, il faut pouvoir accéder au cerveau. Et ce n'est pas chose simple. Le cerveau est bien emmitouflé dans d'épaisses membranes, les méninges. Et à l'intérieur, tous les vaisseaux qui le traversent sont enveloppés de tuniques encore plus denses. Ne franchit pas tous ces barrages qui veut. Il faut par exemple être du sucre pur ou un minéral. Tout ce qui est aussi petit et liposoluble qu'un neuromédiateur obtient aussi un laissez-passer. La nicotine, par exemple, peut pénétrer dans la forteresse cérébrale et activer le circuit de la récompense ou un état de vigilance décontractée.

Les bactéries savent fabriquer ces petites choses capables de parvenir jusqu'au cerveau en dépit des barrages formés par les tuniques des vaisseaux sanguins. Exemple : la tyrosine ou le tryptophane. Une fois dans les cellules cérébrales, ces deux acides aminés sont transformés en dopamine et en sérotonine. Vous avez dit "dopamine" ? Mais oui, c'est LE mot magique quand on parle du circuit de la récompense ! Et la sérotonine ? Ça vous dit bien quelque chose aussi. Rappelez-vous l'équation : pas assez de sérotonine = dépression. Elle peut nous procurer un sentiment de contentement ou nous donner envie de somnoler. Et maintenant, songez un instant au dernier repas de Noël : vous aussi, vous avez somnolé sur le canapé, repu de contentement ?

Voici donc la théorie : quand elles ont reçu une bonne grosse portion de nourriture, nos bactéries nous récompensent. C'est agréable et ça nous donne envie de consommer certains plats. Elles agissent non seulement à travers leurs propres substances, mais aussi en stimulant nos transmetteurs. Même chose pour la satiété.

Plusieurs études sur l'être humain ont permis de montrer que les messagers chimiques responsables du sentiment de satiété augmentent nettement quand nous mangeons ce dont nos bactéries raffolent. Ce qu'elles aiment, nos bactéries, ce sont les aliments qui arrivent au gros intestin sans avoir été digérés et qu'elles peuvent alors consommer. Mais oh surprise : les pâtes et le pain de mie ne figurent pas sur la liste de leurs aliments préférés ;-) Le chapitre intitulé "Les prébiotiques" vous en dira plus sur le sujet.

La satiété est généralement signalée par deux entités : d'un côté, le cerveau, et, de l'autre, le reste du corps. À ce stade-là, déjà, ça peut tourner au vinaigre : les gènes de la satiété peuvent par exemple être défaillants chez les personnes en surpoids, si bien qu'ils ne parviennent pas à générer la sensation qui nous fait dire : "Ah! J'ai bien mangé." Et puis il y a aussi la théorie du "cerveau égoïste", selon laquelle le cerveau qui ne reçoit pas assez de nourriture décide qu'il n'est pas encore rassasié. Enfin, il ne faut pas oublier que nos tissus et notre cerveau ne sont pas les seuls à dépendre de ce que nous mangeons : nos microbes comptent aussi sur nous pour être nourris. En comparaison, ils semblent petits et insignifiants – à raison de deux kilos de bactéries par intestin, qu'est-ce qu'ils pourraient bien avoir à dire?

Mais songeons un instant à la quantité de fonctions prises en charge par la flore intestinale : n'est-ce pas alors une évidence qu'elle puisse aussi nous faire part de ses souhaits? Après tout, les microbes qui la composent exercent des fonctions aussi variées et essentielles que coachs du système immunitaire, assistants de digestion, producteurs de vitamines ou pros de la décontamination du pain moisi et des médicaments. Évidemment, la liste est bien plus longue, mais vous voyez où je veux en venir : sur le dossier vital de la satiété, les bactéries doivent bien avoir leur mot à dire.

Ce qu'on ne sait pas encore, c'est si certaines bactéries éveillent des envies bien spécifiques. Quand on supprime les sucreries pendant un temps, on finit par ne plus en avoir vraiment envie. Est-ce à dire que nous avons affamé le lobby des dévoreurs de caramels et d'oursons en guimauve? C'est une piste à creuser.

L'important est de ne pas se représenter le corps comme une entité régie par une causalité bidimensionnelle. Le cerveau, le reste du corps, les bactéries et les éléments constitutifs de nos aliments interagissent de manière quadridimensionnelle. Mieux comprendre chacun de ces quatre axes est sans doute ce qui nous fera avancer le plus. Or, quand on travaille sur des bactéries, on a plus de liberté pour bidouiller, s'amuser et expérimenter qu'avec le cerveau ou nos gènes – c'est aussi ce qui fait d'elles un terrain passionnant. Sans compter que la ration alimentaire fournie par nos bactéries n'est pas seulement pertinente pour les questions de poignées d'amour ou de diamètre des cuisses : elle intervient aussi entre autres au niveau des taux de lipides dans le sang, comme la cholestérolémie. Et voilà comment, entrés par la petite porte (de derrière…), nous arrivons finalement en une des journaux, puisque le surpoids et le cholestérol vont de pair avec les grands problèmes de santé publique de notre époque : la tension artérielle, l'artériosclérose et le diabète.

CHOLESTÉROL ET BACTÉRIES INTESTINALES

La relation entre les bactéries et le cholestérol a été mise en évidence pour la première fois dans les années 1970. En Afrique, des chercheurs américains examinant des guerriers massaïs s'étaient étonnés de leur très faible taux de cholestérol. Ces guerriers ne se nourrissaient quasiment que de viande et buvaient du lait comme on boit de l'eau, mais, étrangement, cette surconsommation de graisses animales n'entraînait pas de hausse des taux de lipides dans le sang. Les scientifiques supposèrent alors l'existence d'une mystérieuse substance lactique capable de brider le taux de cholestérol.

On entreprit donc des recherches pour trouver cette substance. On fit des tests avec le lait de vache, mais aussi avec le lait de chamelle et le lait de rate. On parvint à faire baisser le taux de cholestérol – parfois, mais pas toujours : les résultats ne menaient les scientifiques nulle part. On fit un autre essai en remplaçant le lait par un substitut végétal (le Coffee mate) fortement enrichi en cholestérol – et le taux de cholestérol des participants resta quand même bas. Pour les scientifiques, c'était la preuve que leur hypothèse du lait ne tenait pas la route.

Pendant leurs recherches, ils avaient soigneusement noté que les Massaïs buvaient souvent leur lait "caillé". Mais à l'époque, personne ne songea que pour faire du lait caillé, il faut aussi certaines bactéries spécifiques. Pourtant, cela aurait aussi expliqué les résultats de l'expérience du Coffee mate. Des bactéries qui ont colonisé l'intestin antérieurement n'ont en effet aucune difficulté à survivre si l'on décide de passer à un substitut végétal de lait qui contient du cholestérol. Même quand il fut démontré que le taux de cholestérol des Massaïs baissait de 18 % quand ils buvaient du lait caillé plutôt que du lait normal, on continua de chercher la mystérieuse substance lactique. Il faut croire que trop de zèle nuit.

Ces études sur les Massaïs ne pourraient répondre aux exigences actuelles. Les groupes tests étaient trop petits. Les Massaïs marchent treize heures par jour et pratiquent chaque année des mois de jeûne – on ne peut pas vraiment les comparer aux Européens carnivores. Il n'empêche : des années plus tard, les résultats de ces études furent remis à l'ordre du jour. Par des chercheurs qui avaient désormais des connaissances sur notre planète bactérienne. Des bactéries capables de faire baisser le taux de cholestérol ? Pourquoi ne pas tester ça en laboratoire ? Un flacon avec un peu de "soupe de nutriments" dedans, un microclimat réglé sur 37 °C, on ajoute du cholestérol et des bactéries – et voilà. La bactérie utilisée était *Lactobacillus fermentus,* et le cholestérol ajouté était… n'était plus là ! Du moins en grande partie.

Le résultat d'une expérience peut être très différent selon qu'elle est réalisée dans un flacon en verre ou… sur un opisthoconte. Je ne vous dis pas les montagnes russes par lesquelles doit passer mon cœur quand je lis dans des articles scientifiques des phrases comme : "La bactérie *L. plantarum* Lp91 induit une nette réduction de l'hypercholestérolémie et d'autres taux de lipides dans le sang, elle augmente l'HDL (également connu sous le nom de « bon cholestérol ») et entraîne une baisse sensible du taux d'artériosclérose, *ainsi qu'on a pu le démontrer avec succès sur une population de cent douze hamsters dorés.*" Jamais un hamster doré ne m'aura autant déçue. Les expériences sur les animaux sont une première étape permettant de tester une hypothèse sur le vivant. Si l'article disait "comme on a pu le démontrer avec succès sur une population de cent douze Américains obèses", sa résonance serait tout autre.

Mais ne soyons pas non plus mauvais joueurs : une telle conclusion reste malgré tout précieuse. Pour certaines espèces de bactéries, les résultats des études sur des souris, des rats ou des cochons ont été si encourageants qu'on a pu juger pertinent de les mener aussi sur l'être humain. On a régulièrement administré aux participants des bactéries et, au bout d'un certain temps, on a mesuré leur taux de cholestérol. Les genres de bactéries utilisés, les quantités, la durée de l'expérience ou les voies d'administration étaient souvent très différents. Les études étaient parfois couronnées de succès – et parfois pas. En outre, personne ne savait de fait si la quantité de bactéries survivant à l'acidité gastrique après administration était suffisante pour avoir une incidence sur le taux de cholestérol.

Les "vraies belles études" sont assez récentes. En 2011, par exemple, cent quatorze Canadiens ont consommé deux fois par jour un yaourt spécialement fabriqué pour eux. La bactérie ajoutée était *Lactobacillus reuteri*, sous une forme particulièrement gastrorésistante. En l'espace de six semaines, ce qu'on appelle le mauvais cholestérol (c'est-à-dire les LDL, les lipoprotéines de basse densité) avait baissé en moyenne de 8,91 %. C'est à peu près la moitié de l'effet obtenu par la prise d'un médicament hypolipidémiant léger (qui vise à diminuer les lipides présents dans le sang) – mais sans aucun effet secondaire. Dans d'autres études, d'autres bactéries ont même pu entraîner une baisse des taux de cholestérol comprise entre 11 et 30 %. Reste à mener des études complémentaires pour confirmer les résultats les plus prometteurs.

Les bactéries candidates pour une prochaine étude se bousculent au portillon. Pour effectuer une sélection judicieuse, il faut se poser cette question : quelles compétences une bactérie de ce type doit-elle avoir, ou plutôt : quels gènes doit-elle posséder ? Actuellement en tête de liste : les gènes BSH. BSH pour Bile Salt Hydroxylase. Ce qui veut dire que les bactéries dotées de ces gènes sont capables de décomposer les sels biliaires. Mais qu'est-ce que les sels biliaires ont à voir avec le cholestérol ? Un peu d'étymologie n'a jamais fait de mal à personne : le terme cholestérol est formé des termes grecs *kholê,* la bile, et *sterros,* ferme. La première fois que le cholestérol a pu être mis en évidence, c'était dans des calculs biliaires. À l'intérieur du corps humain, la bile sert de moyen de transport aux graisses et au cholestérol. Quand elles ont des gènes BSH, les bactéries peuvent influer sur la bile pour qu'elle fonctionne moins bien. Le cholestérol libéré et la graisse de la bile ne sont alors plus absorbés lors de la digestion. Au lieu de cela, ils atterrissent – plouf – droit dans la cuvette. Pour les bactéries, c'est un mécanisme utile : elles mettent hors d'état de nuire la bile qui pourrait attaquer leurs membranes et peuvent rejoindre le gros intestin sans être inquiétées. Et ce n'est pas le seul mécanisme par lequel les bactéries interviennent sur le cholestérol : elles peuvent l'assimiler directement et l'intégrer à leurs parois cellulaires ; elles peuvent le transformer en une autre substance ou manipuler les organes qui le produisent. La majeure partie du cholestérol est fabriquée dans le foie et l'intestin, où les petits messagers chimiques des bactéries peuvent intervenir sur la chaîne de production.

Mais soyons prudents et posons-nous cette question : le corps veut-il vraiment toujours éliminer notre cholestérol ? Il en produit lui-même 70 à 95 % – et ce n'est pas une sinécure ! À en croire les médias, le cholestérol serait mauvais en soi. Rien de plus faux. Trop de cholestérol, ce n'est pas terrible, c'est vrai, mais pas assez de cholestérol, ça ne vaut pas mieux. Sans cholestérol, adieu nos hormones sexuelles, adieu la stabilité de nos cellules et la vitamine D. Les lipides et le cholestérol ne sont pas qu'un sujet de préoccupation pour les addicts de gâteaux crémeux et de saucisses grillées. C'est un sujet qui nous concerne tous. Des études ont par exemple mis en relation un trop faible taux de cholestérol avec des troubles de la mémoire, des états dépressifs ou un comportement agressif.

Le cholestérol est une merveilleuse matière première à partir de laquelle sont construits des édifices importants, mais en avoir trop est effectivement mauvais pour la santé. Tout est donc dans la juste mesure. Nos bactéries ne seraient pas ce qu'elles sont si elles ne pouvaient pas nous donner ici un petit coup de pouce. Certaines d'entre elles produisent plus d'acide propanoïque, qui bloque la fabrication de cholestérol. D'autres produisent plus d'acétate, qui la stimule.

Qui aurait pensé que dans un chapitre commençant par de petits points lumineux, on aboutisse à des mots comme "envie et satiété" ou "cholestérol" ? Résumons : les bactéries nous nourrissent, elles rendent certaines substances plus digestes et produisent elles-mêmes leurs propres substances. Aujourd'hui, certains scientifiques estiment que notre microbiote intestinal peut être considéré comme un organe à part entière. Comme les autres organes de notre corps, il a une origine, se développe avec nous, est constitué d'un amas de cellules et communique constamment avec ses autres collègues organes.

DANS LE RÔLE DU MÉCHANT :
LES MAUVAISES BACTÉRIES ET LES PARASITES

Il y a du bon et du mauvais sur terre – et dans nos intestins. Le mauvais, c'est souvent ce qui ne veut que le meilleur… pour lui seul.

LES SALMONELLES PORTENT LE CHAPEAU

Quand il bat des œufs en neige, le courageux cuisinier sera parfois pris aux tripes par une peur ancestrale en songeant à ce mot *cru* : salmonelles. Tout le monde a dans son cercle d'amis une ou deux personnes qu'un filet de poulet pas tout à fait cuit ou un doigt gourmand trempé dans le gâteau avant cuisson a plongé dans des affres diarrhéiques et vomitives.

Pour arriver jusque dans notre assiette, les salmonelles empruntent parfois des chemins inattendus. Certaines par exemple profitent de la globalisation pour se jeter sur la viande de poulet et les œufs. Et voilà comment ça se passe : si vous voulez faire des économies sur les céréales fourragères, c'est en Afrique qu'il faut aller les chercher. Nous en importons donc par avion. Mais en Afrique, il y a aussi plus de tortues et de lézards en liberté qu'en Europe. Quand on importe les céréales, on importe donc aussi les salmonelles. Pourquoi ? Tout simplement parce que ces bactéries font partie des éléments normaux de la flore intestinale des reptiles. Et tandis que la tortue se soulage tranquillement dans le champ de céréales délocalisé, l'agriculteur africain est déjà en route pour faire la récolte. Après un vol en avion sans incidents particuliers, les céréales et les bactéries des crottes de tortue arrivent dans les fermes d'élevage européennes où le tout sera avalé par un poulet affamé. Or, les salmonelles ne font pas naturellement partie de la flore intestinale des poulets, où elles jouent plutôt le rôle d'agents pathogènes.

Voilà donc nos salmonelles dans les intestins des volailles, où elles peuvent se multiplier avant d'être en partie évacuées par-derrière. Comme les poules n'ont qu'une seule porte de sortie, l'œuf entre forcément en contact avec leurs déjections. Les salmonelles sont donc d'abord présentes à l'extérieur de l'œuf ; elles ne pénètrent à l'intérieur qu'à partir du moment où la coquille est fêlée.

Mais, me direz-vous, quand on est une salmonelle, comment passe-t-on de l'intestin à la chair du poulet ? Ce n'est pas très jojo. Les poulets nourris au rabais sont généralement conduits dans de grands abattoirs. Une fois tués et décapités, ils sont plongés dans de grandes cuves remplies d'eau. Ces bassins, c'est un peu le spa privatif de la salmonelle – un spa qui propose aussi des lavements aux poulets décapités. Dans une entreprise où l'on abat 200 000 poulets par jour, il suffit d'un chargement nourri au rabais pour que tous les poulets célèbrent ensemble une grande fête du partage des salmonelles. Ces volailles, on les retrouve ensuite par exemple au rayon surgelés d'un magasin discount. Si on les fait bien rôtir ou qu'on décide de faire une poule au pot, les salmonelles passent l'arme à gauche et on peut ne plus s'en soucier.

Dans la plupart des cas, une viande bien cuite n'est pas à l'origine d'une salmonellose. Le problème, c'est quand, après avoir acheté son poulet surgelé, on le laisse décongeler tranquillement dans l'évier ou dans l'essoreuse à salade. Car les bactéries supportent très bien la congélation et la décongélation. Dans notre laboratoire, la bibliothèque bactérienne se compose de curieux germes qui ont survécu à des températures de moins 80 °C et qui, une fois décongelés, continuent leur petit train-train habituel. La chaleur, en revanche, ne leur profite pas : il suffit d'une dizaine de minutes à 75 °C pour envoyer les salmonelles au tapis. Voilà pourquoi ce n'est pas le filet de poulet grillé qui fait notre malheur, mais la salade lavée dans le même évier.

Nous sommes régulièrement en contact avec la flore intestinale de nos animaux d'élevage, mais nous ne le remarquons que quand elle abrite des bactéries étrangères qui nous refilent la courante. Le reste du temps, nous n'y pensons pas. Et puis, il faut bien que nos bactéries viennent de quelque part. Si l'on s'en tient sagement à des œufs bios de poules nourries avec les produits de la ferme, on est moins exposé aux bactéries dangereuses – à moins que l'agriculteur ait un faible pour le poulet surgelé soldé.

Si, pour une raison ou pour une autre, il devait vous arriver de louper la préparation du poulet, vous mangerez donc, en plus des fibres musculaires, quelques cellules de salmonelles. Pour nous mettre hors de combat, il faut entre 10 000 et 1 000 000 de ces organismes unicellulaires. 1 000 000 de salmonelles, c'est, en taille, à peu près le cinquième d'un grain de sel. Mais comment cette minuscule armée fait-elle pour nous enchaîner à la cuvette des toilettes alors qu'avec un volume équivalent à 600 000 000 de grains de sel, nous sommes pour elle un géant colossal ? C'est un peu comme si un seul cheveu d'Obama gouvernait tous les Américains.

Les salmonelles se multiplient beaucoup plus vite que les cheveux, c'est un premier point. Dès que la température dépasse les 10 °C, la salmonelle sort de son hibernation, s'étire et commence à se développer. Elle est dotée de nombreux bras filigranes qui lui permettent de nager de-ci de-là avant de s'accoler à la paroi intestinale où elle se fixe. De là, elle pénètre dans nos cellules et provoque un syndrome inflammatoire. Les cellules réagissent en déversant quantité d'eau vers l'intestin pour repousser au plus vite cet envahisseur.

Entre la consommation fortuite et les grandes eaux, il peut s'écouler de quelques heures à une journée. À condition de n'être ni trop jeune, ni trop vieux, ni trop faible, ce type de douche autonettoyante est assez efficace. Les antibiotiques, ici, feraient plus de mal que de bien. Il nous revient donc d'aider notre intestin et de faire notre possible pour mettre les salmonelles à l'écart : il faut s'en débarrasser à l'eau chaude et au savon et leur dire clairement qu'elles n'y sont pour rien, non, tout est de notre faute – nous ne sommes pas prêts pour une relation si... viscérale.

Quand on parle de toxi-infection alimentaire, les salmonelles sont en pole position. Les poulets et leurs dérivés n'ont pas l'exclusivité, mais ils restent leur terrain de jeu préféré. Les salmonelles se divisent en plusieurs sous-catégories. Au laboratoire, quand nous recevons des échantillons de selles de patients, nous pouvons les tester à l'aide de différents anticorps. Quand un anticorps lie les salmonelles, elles s'agglutinent et forment de gros grumeaux. Le résultat est visible à l'œil nu.

Dans ce cas, on peut même dire : l'anticorps contre la gastro-salmonelle XY entraînant une forte réactivité, il doit s'agir ici d'une gastro-salmonelle XY. C'est aussi ce qui se passe dans notre corps. Notre système immunitaire fait la connaissance d'une bande de salmonelles et se dit : "Tiens, je pourrais regarder si je n'ai pas dans mes trésors un ou deux sombreros qui leur iraient." Aussitôt dit, aussitôt fait : il s'en va farfouiller dans ses placards à la recherche du bon couvre-chef. Quand il a trouvé ce qu'il cherchait et fait ce qu'il fallait pour que le sombrero convienne aux salmonelles, il demande à un chapelier d'en fabriquer un million d'exemplaires. Une fois coiffées de leur sombrero, les salmonelles n'ont plus l'air aussi dangereux. Elles ont surtout l'air ridicule. Elles sont trop lourdes pour nager de-ci de-là et n'y voient pas assez pour pouvoir attaquer une cible précise. Les anticorps du laboratoire sont comme un échantillonnage de différents sombreros. Quand c'est la bonne taille, les bactéries croulant sous le poids de leur coiffe se regroupent en grumeaux et on peut alors déterminer – selon le type de chapeau – le type de salmonelles en présence dans l'échantillon de selles.

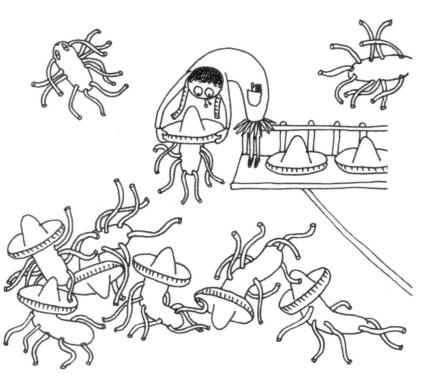

Si vous voulez éviter à votre système immunitaire d'en baver des ronds de chapeau et que vous n'êtes pas non plus fan de la gastro, voici quelques règles simples à suivre.

Règle n° 1 : les planches à découper en bois, c'est joli, c'est tendance… mais les bactéries survivent bien mieux dans les fentes et les rainures du bois que sur une planche en plastique.

Règle n° 2 : tout ce qui a été en contact avec de la viande crue ou la coquille des œufs doit être soigneusement lavé à l'eau chaude : la planche à découper, les mains du cuisinier, les couverts, les éponges et, le cas échéant, l'essoreuse à salade.

Règle n° 3 : dans la mesure du possible, on fait bien chauffer la viande et les plats à base d'œufs. Se lever à la fin d'un dîner aux chandelles pour aller mettre sa part de tiramisu au micro-ondes aurait sans doute des conséquences désastreuses sur la qualité de la relation amoureuse, aussi, pour ce type de préparation et la paix des ménages, il est recommandé d'acheter des œufs frais de bonne qualité et de toujours les stocker à une température inférieure à 10 °C.

Règle n° 4 : il faut voir plus loin que le bout de sa cuisine. Si vous avez nourri – à la suite et dans cet ordre – votre iguane, votre estomac et la cuvette de vos WC, vous vous souviendrez peut-être de ce que j'ai mentionné plus haut : les salmonelles comptent parmi les bactéries normales de la flore intestinale reptilienne.

HELICOBACTER – LE PLUS VIEIL "AMI" DE L'HOMME

Thor Heyerdahl était un homme calme et décidé. Il observait les courants et les vents, s'intéressait aux hameçons anciens ou aux vêtements fabriqués en écorce battue. Toutes ces informations regroupées le conduisirent à penser que la Polynésie avait été colonisée par des marins venant en deux vagues successives, l'une d'Amérique du Sud, l'autre d'Asie du Sud-est. D'après sa théorie, les courants avaient dû pousser leur radeau jusqu'aux rivages polynésiens. Mais personne ne voulait croire qu'un simple radeau puisse parcourir 8 000 kilomètres en plein Pacifique. Thor

Heyerdahl ne perdit pas son temps à argumenter pendant des heures pour convaincre ses détracteurs. Il s'envola pour l'Amérique du Sud, construisit sur place un radeau selon les techniques de construction de l'époque, emporta avec lui des noix de coco et quelques boîtes d'ananas au sirop et mit le cap sur la Polynésie. Quatre mois plus tard, il était en mesure de dire : "Eh bien voilà, c'est possible!"

Trente ans plus tard, un autre scientifique allait se lancer dans une aventure tout aussi passionnante. Pour cela, nul besoin de sillonner les mers : il ouvrit simplement la porte de son petit laboratoire éclairé au néon. Là, Barry Marshall se saisit d'une fiole contenant un peu de liquide et avala courageusement son contenu. Son collègue John Warren l'observait, curieux de ce qui allait se passer. Au bout de quelques jours, Barry Marshall avait une gastrite et pouvait déclarer fièrement : "Eh bien voilà, c'est possible!"

Trente autres années passèrent et, cette fois, ce furent des chercheurs de Berlin et d'Irlande qui mirent en relation les disciplines de nos deux explorateurs. L'idée était que le germe gastrique de Marshall allait pouvoir nous donner des renseignements sur les premiers habitants de Polynésie. Pour cette expérience-ci, ni tour du monde, ni potion magique. On pria simplement quelques autochtones du désert et quelques habitants des montagnes de Nouvelle-Guinée de nous montrer ce qu'ils avaient dans le ventre.

Voici une histoire de réfutation de paradigmes et de dévouement pour la science, dont les personnages principaux sont un rase-mottes à hélice et un gros chat affamé.

La bactérie *Helicobacter pylori* est présente dans l'estomac de la moitié de l'humanité. C'est une découverte assez récente et qui n'a d'abord pas été prise au sérieux.

Pourquoi un être vivant irait-il se fourrer dans un milieu aussi hostile ? Qui voudrait vivre dans une grotte pleine d'acide et d'enzymes destructeurs ? Mais il en faut plus pour impressionner *Helicobacter pylori*. La bactérie a développé deux stratégies pour se sentir justement à son aise dans ces contrées inhospitalières.

D'une part, l'un des produits de son métabolisme est si basique qu'il est capable de neutraliser l'acide à proximité immédiate. D'autre part, la bactérie se glisse tout simplement sous la muqueuse par laquelle la paroi de l'estomac elle-même se protège de l'acidité ambiante. Habituellement, cette muqueuse a une consistance gélatineuse, mais *Helicobacter* parvient à la fluidifier pour s'y mouvoir facilement. Elle utilise pour cela de longs flagelles protéinés qu'elle fait tourner autour d'elle comme des hélices.

Barry Marshall et John Warren étaient persuadés qu'*Helicobacter* provoquait dans l'estomac des infections et des ulcères. Jusque-là, ce type de troubles gastriques était communément attribué à une cause psychosomatique (comme le stress) ou à un dysfonctionnement des sécrétions de suc gastrique. Les deux chercheurs ne devaient donc pas seulement réfuter une idée préconçue (selon laquelle toute vie était impossible dans les contrées acides de l'estomac), mais aussi prouver qu'une minuscule bactérie pouvait être la cause de maladies en dehors du processus infectieux classique. Jusqu'ici, on n'imputait aux bactéries que la responsabilité des plaies infectées, de la fièvre ou du rhume.

Après l'épisode où Barry Marshall, en parfaite santé, ingère pour la science des bactéries *Helicobacter* et se retrouve avec une gastrite qu'il guérit avec des antibiotiques, il ne se passe… rien. Il faudra attendre presque dix ans pour que la découverte des deux chercheurs soit finalement acceptée par la communauté scientifique. Aujourd'hui, quand un patient souffre de troubles gastriques, l'examen standard prévoit la recherche du germe. Le patient avale un liquide et, si *Helicobacter* il y a, la bactérie décompose le liquide de sorte que le patient expire un gaz sans odeur mais caractéristique, qu'une machine peut alors détecter. Boire, attendre, expirer. C'est assez simple, comme test.

Ce que les deux scientifiques ne savaient pas, c'est qu'ils n'avaient pas seulement mis en évidence l'origine d'une maladie, mais aussi découvert le plus vieil "ami" de l'homme. Les bactéries *Helicobacter,* qui vivent en nous depuis plus de 50 000 ans, se sont développées avec nous. Quand nos ancêtres se sont mis en route à l'époque des grandes migrations, leurs germes *Helicobacter* étaient du voyage et ont eux aussi formé de nouvelles populations. C'est ainsi qu'on peut aujourd'hui distinguer pour cette bactérie trois types africains, deux types asiatiques et un type européen. Plus l'éloignement entre les populations était important et prolongé, plus leurs germes gastriques étaient différents.

Avec l'esclavage, le type africain a été transporté jusqu'en Amérique. En Inde du Nord, les bouddhistes et les musulmans abritent deux souches différentes. Les familles des pays industrialisés ont souvent des germes *Helicobacter* propres à leur foyer, tandis que des sociétés fondées sur un contact plus étroit – comme dans les pays africains – peuvent aussi avoir les mêmes bactéries *Helicobacter* au niveau communal.

Il ne suffit pas de loger *Helicobacter* dans son estomac pour avoir des problèmes gastriques. Mais la plupart des problèmes gastriques sont dus à *Helicobacter*. L'explication, c'est qu'il y a *Helicobacter* et *Helicobacter,* avec des degrés de dangerosité variables. La variante agressive possède deux spécificités : la première, c'est la protéine "cagA", une sorte de minuscule seringue avec laquelle la bactérie peut injecter certaines substances dans nos cellules. La seconde caractéristique est baptisée "VacA" et aiguillonne constamment les cellules pour les amener à se détruire plus vite. La probabilité d'avoir des troubles gastriques est bien plus élevée quand nos bactéries *Helicobacter* sont équipées du gène "seringue" ou "aiguillon". Sans eux, *Helicobacter* joue les submersibles à hélices dans notre estomac sans causer trop de dégâts.

En dépit de grandes similitudes, chaque germe *Helicobacter* est aussi unique que l'être humain qui l'accueille. La bactérie s'adapte toujours à son hôte et se transforme avec lui. C'est bien utile quand on veut retracer l'historique du "qui a infecté qui ?". Les grands félins ont une bactérie *Helicobacter* bien à eux, baptisée *Helicobacter acinonychis*. Comme elle ressemble beaucoup à l'*Helicobacter* humaine, la question s'est posée de savoir qui avait mangé qui. Est-ce l'homme préhistorique qui a mangé le tigre, ou le tigre qui a mangé l'homme préhistorique ?

Grâce à l'analyse génétique, on a pu observer que dans la bactérie féline, les gènes qui avaient été désactivés étaient surtout ceux qui lui auraient été utiles si elle avait dû s'accrocher à l'estomac humain – et pas l'inverse. En mangeant l'homme préhistorique, le grand félin a donc aussi mangé ses germes gastriques. Et comme quelques coups de dent ne suffisent pas à déchiqueter *Helicobacter* et qu'elle est par ailleurs capable de s'adapter, le gros minou et ses descendants ont hérité de notre bactérie. Il y a quand même une justice en ce bas monde.

Mais pour revenir au fond du problème : *Helicobacter,* c'est une bactérie sympa – ou plutôt pas ?

Helicobacter – une bactérie pas sympa
Comme le germe niche dans notre muqueuse et s'y défoule en faisant tourner ses hélices dans tous les sens, il fragilise la barrière protectrice qu'elle constitue. Résultat : le suc gastrique attaque et digère notre repas, mais aussi un peu de nos cellules. Si nous sommes en plus en présence du gène "seringue" ou "aiguillon", nos pauvres cellules vont déguster. Un porteur de cette bactérie sur cinq développe à cause d'elle de petites lésions dans la paroi stomacale. Les trois quarts des ulcères de l'estomac et presque la totalité des ulcères de l'intestin grêle font suite à une infection à *Helicobacter pylori.* Quand le traitement antibiotique signe l'arrêt de mort des germes, il met aussi fin aux troubles gastriques. Bientôt, les antibiotiques pourraient être remplacés par un extrait concentré de brocoli – le sulforaphane. Il s'agit d'une substance capable de bloquer l'enzyme qui permet à *Helicobacter* de neutraliser l'acidité gastrique. Pour ceux qui voudraient essayer : veillez à la qualité du produit et, après deux semaines de prise, faites confirmer par votre médecin qu'*Helicobacter* a bien disparu.

Une stimulation permanente n'est jamais très bénéfique. On s'en aperçoit bien avec les piqûres d'insecte. Quand ça démange en continu, on finit par perdre patience et, pour que les démangeaisons cessent enfin, on se met à gratter jusqu'à ce que ça saigne. Au niveau des cellules gastriques, c'est la même chose : quand il y a une inflammation chronique, les cellules sont irritées en continu et finissent par se décomposer elles-mêmes. Chez les personnes âgées, il peut s'ensuivre une perte d'appétit croissante.

Heureusement, l'estomac abrite des cellules souches qui travaillent à la chaîne pour produire la relève et combler au plus vite les pertes subies. Mais quand les ouvriers sont débordés, ils font plus d'erreurs et peuvent un jour se transformer en cellules cancéreuses. Quand on regarde les chiffres, tout cela ne semble pas si catastrophique : seul 1 % environ des porteurs d'*Helicobacter* développe un cancer de l'estomac. Mais quand on se rappelle que la moitié de l'humanité est porteuse de ce germe, 1 %, ça fait quand même un sacré paquet de gens. Les risques d'être atteint d'un cancer de l'estomac sont quarante fois plus réduits sans *Helicobacter* qu'avec.

En 2005, Barry Marshall et John Warren ont reçu le prix Nobel de physiologie ou médecine pour leur découverte de l'implication d'*Helicobacter pylori* dans les inflammations, les ulcères et le cancer. Entre le cocktail de bactéries servi dans une petite fiole et la coupe de champagne servie pour fêter l'événement, vingt ans s'étaient écoulés.

Et ce n'est que plusieurs années plus tard que le lien entre *Helicobacter* et la maladie de Parkinson put être établi. Dès les années 1960, les médecins avaient pourtant noté une forte prévalence des troubles gastriques chez leurs patients parkinsoniens, mais à l'époque, ils ne savaient pas comment mettre en relation l'estomac et les tremblements. Une étude menée sur différents peuples de l'île de Guam, dans l'océan Pacifique, allait finalement permettre de faire la lumière sur ce lien.

Sur l'île de Guam, on recense dans certaines populations un nombre anormalement élevé de symptômes parkinsoniens. Les personnes touchées ont les mains qui tremblent, leur mimique est moins expressive, ils se déplacent plus lentement. On a pu mettre en évidence que la maladie était particulièrement répandue là où la population se nourrissait de graines de cyca, un palmier local. Ces graines renferment des composants toxiques pour les cellules nerveuses. Or, *Helicobacter pylori* est capable de fabriquer une substance très similaire. En administrant un extrait de la bactérie à des souris – sans les infecter avec des bactéries vivantes –, on a pu constater qu'elles développaient des symptômes proches de ceux dont souffraient les habitants de Guam. Là encore, une précision : les bactéries *Helicobacter* ne produisent pas toutes cette toxine, mais quand elles le font, ce n'est certainement pas la meilleure des choses.

Pour résumer : *Helicobacter* manipule nos barrières protectrices, peut irriter et détruire nos cellules, fabriquer des toxines et nuire ainsi à tout notre corps. Comment se fait-il alors qu'au cours des millénaires, nous soyons restés quasiment sans défense face à ce germe ? Pourquoi notre système immunitaire tolère-t-il ces bactéries si longtemps et en si grand nombre ?

Helicobacter – une bactérie sympa

L'une des plus grandes études menées sur *Helicobacter* et ses effets a abouti à cette conclusion : la bactérie, et notamment la souche jusqu'ici jugée dangereuse (celle qui est équipée d'une petite seringue) interagit avec notre corps pour le plus grand bien de ce dernier.

Après une observation menée sur douze ans et plus de dix mille participants, on peut affirmer que les porteurs de ce type de bactéries *Helicobacter* ont effectivement une plus grande probabilité d'être touchés par un cancer de l'estomac – mais aussi nettement moins de risques de mourir d'un cancer des poumons ou d'un accident vasculaire cérébral. "Nettement moins", cela veut dire deux fois moins que les autres participants au test.

Avant cette étude, on supposait déjà qu'un germe aussi longtemps toléré ne pouvait pas être que mauvais. Des expériences sur la souris avaient montré que la présence d'*Helicobacter* au plus jeune âge offrait une protection fiable contre l'asthme. L'antibiothérapie détruisait cette protection et les jeunes souris pouvaient alors à nouveau développer un asthme. Sur les souris adultes, l'injection de la bactérie avait aussi eu un effet protecteur, mais moins marqué. Vous me direz : les souris ne sont pas des hommes – mais il se trouve que cette constatation correspondait bien aux tendances qu'on observait notamment dans les pays industrialisés. Les cas d'asthme, d'allergies, de diabète ou de dermatite atopique y étaient en hausse tandis que les taux d'*Helicobacter* baissaient. Cela ne suffit pas, bien sûr, à affirmer que le germe *Helicobacter* pourrait être à lui seul un superhéros combattant l'asthme – mais peut-être y contribue-t-il.

Voici l'hypothèse qui fut alors élaborée : *Helicobacter* est une bactérie qui apprend à notre système immunitaire à rester cool. Elle s'installe dans notre estomac et veille à ce qu'un grand nombre de cellules régulatrices dites cellules T soient fabriquées. Les cellules T sont des cellules immunitaires. Ce sont elles qui, quand l'ambiance tourne au vinaigre pendant une soirée trop arrosée, posent la main sur l'épaule de leur ami aviné, le système immunitaire, et lui disent d'une voix de ténor : "Laisse, je m'en charge." Elles sont le Mister T de l'estomac. Ce n'est sans doute pas de là qu'elles tiennent leur nom, mais c'est en gros leur fonction.

Tandis que le système immunitaire en est encore à brailler, hors de lui : "Mais casse-toi, sale petit pollen, barre-toi de mes poumons, connard !", et qu'il se prépare au combat, les yeux rougis et le nez morveux, la cellule T dit tranquillement à son ami : "Allez, calme-toi. On va pas s'emballer pour si peu : le sale petit pollen ne l'a pas fait exprès. Il cherche juste une petite fleur à polliniser. C'est surtout pour lui que c'est bête, il ne risque pas d'en trouver ici." Plus on a de cellules policées de ce type, et plus le système immunitaire est relax.

Chez une souris porteuse d'*Helicobacter*, un grand nombre de cellules T sont produites, et il suffit de transplanter ces cellules sur une autre souris pour améliorer l'asthme de cette dernière. La méthode est sans aucun doute plus simple que d'apprendre à une souris à se servir d'un minuscule inhalateur.

On sait aussi que les êtres humains porteurs d'*Helicobacter* sont un tiers moins touchés par l'eczéma. Alors… si les troubles digestifs inflammatoires, les maladies auto-immunes et les infections chroniques sont si courants à notre époque, serait-ce aussi parce que, sans le savoir, nous éliminons ce qui nous a protégés pendant des millénaires ?

Helicobacter – une bactérie à la fois sympa et pas sympa

Les bactéries *Helicobacter pylori* ont de multiples facettes. On ne peut pas se contenter de les diviser en deux catégories – bonnes ou mauvaises. Le résultat dépend toujours de ce à quoi le germe occupe son temps quand il est dans nos entrailles. Produit-il des toxines dangereuses ou déclenche-t-il des mécanismes de protection en interaction avec notre corps ? Comment réagissons-nous au germe ? Nos cellules sont-elles constamment stimulées ou bien fabriquons-nous assez de mucus dans l'estomac pour satisfaire à nos besoins et à ceux de la bactérie ? Quel rôle jouent les antalgiques, la cigarette, l'alcool, le café ou le stress permanent, qui agressent la muqueuse ? Est-ce la combinaison de tous ces facteurs qui finit par déclencher

des troubles digestifs, parce que notre vieil ami *Helicobac-*
ter dit stop aux agressions ?

En cas de troubles digestifs, l'Organisation mondiale de
la santé recommande de se débarrasser de l'éventuel responsable. Même chose quand on a dans sa famille des cas de
cancer de l'estomac, certains lymphomes ou des antécédents
de Parkinson : mieux vaut mettre *Helicobacter* à la porte.

Thor Heyerdahl est décédé en 2003 en Italie, à l'âge de
quatre-vingt-huit ans. Quelques années de plus et il aurait
pu voir comment les études menées sur des souches *Heli-*
cobacter venaient confirmer sa thèse sur la colonisation
de la Polynésie : deux souches asiatiques *Helicobacter* ont
conquis le Nouveau Monde en deux vagues successives
– en passant effectivement par l'Asie du Sud-Est. Cette
découverte ne valide pas encore sa thèse de l'Amérique
du Sud, mais qui sait quelle bactérie nous rencontrerons
encore sur notre chemin avant que la théorie de Thor
Heyerdahl n'arrive à bon port au niveau microbiologique.

LES TOXOPLASMES, HÔTES KAMIKAZES DU CHAT

Une jeune femme de trente-deux ans s'entaille un jour
volontairement le poignet avec la lame d'un rasoir du
supermarché. L'envie était trop forte.

Un fan de voitures de course de cinquante ans appuie
sur l'accélérateur et fonce tout droit dans un arbre. Il
meurt sur le coup.

Un rat s'allonge dans une cuisine, juste à côté de la
gamelle du chat, et se présente sous son plus bel aspect
pour faire un excellent déjeuner.

Quel point commun y a-t-il entre ces trois protagonistes?

Aucun des trois ne prête l'oreille à ces signaux internes qui suivent les intérêts du syndicat très puissant de nos cellules et ne veulent pour nous que le meilleur. Visiblement, il y a chez ces trois protagonistes d'autres groupes d'intérêts en contradiction avec ceux de leur propre corps. Des groupes d'intérêts qui pourraient être issus d'un intestin de chat.

Les intestins de chat sont le refuge de *Toxoplasma gondii*, un micro-organisme qui n'est composé que d'une seule cellule, mais fait déjà partie du règne animal. Son génome présente une structure bien plus complexe que celui des bactéries. En outre, *Toxoplasma gondii* est doté de parois cellulaires différentes, et sa vie est peut-être un peu plus passionnante que celle d'une bactérie.

Les toxoplasmes se multiplient dans les intestins des chats. Le chat est leur hôte, et tous les autres animaux qui ne servent aux toxoplasmes que de taxis pour se rendre jusqu'au prochain matou sont des hôtes intermédiaires. Un chat ne peut avoir des toxoplasmes qu'une fois dans sa vie – c'est le moment où il est dangereux pour nous. Les vieux matous, pour la plupart, ont déjà passé le cap de la toxoplasmose et ne représentent alors plus de danger. En cas d'infection déclarée, les toxoplasmes sont présents dans les excréments de l'animal et, après deux jours passés dans la litière, ils sont arrivés à maturation et peuvent aller faire un petit tour chez un autre chat. S'il n'y en a pas dans le coin, les toxoplasmes prennent ce qui leur tombe sous la main, par exemple un bipède consciencieux armé d'une petite pelle et d'un sac en plastique. Et les bébêtes sont patientes : elles peuvent attendre jusqu'à cinq ans avant d'emménager chez leur nouvel hôte. Les propriétaires de chat ne sont donc pas les seuls visés. Les chats et les autres animaux hôtes prennent l'air dans les jardins, ils se promènent dans les champs plantés de légumes ou sont parfois tués. La principale source de contamination est la consommation d'aliments crus. En pourcentage, la probabilité pour nous d'être l'hôte de toxoplasmes est à peu près égale à notre âge. Un tiers de l'humanité environ est concerné.

Toxoplasma gondii est classé parmi les parasites parce qu'il n'a pas choisi de vivre sur un petit lopin de terre quelconque où se nourrir de l'eau et des plantes locales, mais sur un petit lopin d'être humain. Nous l'appelons "parasite" parce que en échange de notre hospitalité, il ne nous offre rien. Ou du moins rien de positif, ni loyer ni affection. Au contraire : il peut aussi nous nuire en contribuant à une sorte de "pollution environnementale humaine".

Ces parasites n'ont pas beaucoup d'impact sur les adultes en bonne santé. Certains remarquent quelques symptômes grippaux, mais la plupart des gens ne remarquent rien du tout. Passé la phase aiguë de l'infection, les toxoplasmes se retirent dans de minuscules appartements, au cœur de nos tissus, et entrent en hibernation. Ils s'installent là à vie, mais ne nous dérangeront pas : ce sont des sous-locataires plutôt calmes. On ne fait cette expérience qu'une fois. Ensuite, le panneau "à louer" est pour ainsi dire retiré de la vitrine et on ne peut plus être à nouveau infecté.

La situation est tout autre quand la personne infectée est une femme enceinte. Les parasites peuvent s'infiltrer par le sang et parvenir jusqu'à l'enfant. Son système immunitaire ne les connaît pas encore et n'est pas assez rapide pour les neutraliser. Ça ne se produit pas forcément, mais si ça se produit, les dommages causés peuvent être graves et aboutir à la mort du fœtus. Quand l'infection a été détectée suffisamment tôt, des traitements médicamenteux sont proposés. Le problème, c'est que la plupart des personnes atteintes ne remarquent aucun symptôme. Seul un dépistage sérologique peut révéler la présence des toxoplasmes. En France, contrairement à ce qui se passe dans d'autres pays d'Europe, c'est un examen systématique chez la femme enceinte.

Si l'on conseille aux femmes enceintes de faire en sorte que la litière du chat soit changée chaque jour (tâche dont s'acquittera si possible une autre personne), de ne pas manger de viande crue et de bien laver les fruits et les légumes, c'est parce que ce sont les voies de contamination des toxoplasmes. Une personne porteuse de toxoplasmes ne peut pas en contaminer une autre. Seuls les tout jeunes talents sortis de l'intestin d'un chat infecté sont en mesure de nous coloniser. Mais comme on l'a dit, ils tiennent le coup plusieurs années – y compris sur les mains du propriétaire du chat. Et voilà un point de plus à la longue, très longue liste des bonnes raisons de se laver les mains…

Bien. Pour résumer, à condition de ne pas être enceinte, ces toxoplasmes semblent plutôt être de petits gars insignifiants, au pire un peu désagréables. Pendant des décennies, plus personne ne s'est d'ailleurs intéressé à eux – jusqu'au jour où les rats kamikazes de Joanne Webster ont tout fait changer. Joanne Webster, chercheuse à l'université d'Oxford dans les années 1990, est l'auteure d'une expérience simple, mais brillante : elle plaça dans une grande cage quatre maisonnettes, une à chaque coin, et dans chacune d'entre elles, une coupelle remplie d'un liquide particulier – de l'urine de rat, de l'eau, de l'urine de lapin ou de l'urine de chat. Un rat, même s'il n'a jamais vu un seul chat de sa vie, évite les endroits d'où émanent des odeurs d'urine féline. Et il y a aussi une autre tradition parmi les rongeurs, qu'on pourrait formuler ainsi : "Si on t'enferme dans une drôle de cage avec des maisonnettes et des coupelles d'urine, méfie-toi." Normalement, tous les rats se conduisent de la même façon : ils font un petit tour dans cet étrange environnement, puis se retirent dans l'une des maisonnettes qui contient de l'urine inoffensive.

Au cours de son expérience, Joanne Webster nota cependant des exceptions : certains rats adoptaient soudain un tout autre comportement. Ils semblaient sans crainte et exploraient tous les recoins de la cage, pénétraient – à l'encontre de leurs instincts – dans la maisonnette marquée par l'urine de chat et y restaient même un certain temps. Sur des périodes d'observation prolongées, Joanne Webster put même constater qu'ils allaient jusqu'à préférer cette maisonnette aux autres. À croire qu'il n'y avait rien de plus intéressant que la molécule de pipi de chat.

Une odeur mémorisée comme signe d'un danger mortel était soudain ressentie comme attirante et digne d'intérêt. Apparemment, les rongeurs voulaient à tout prix courir à leur propre perte. Joanne Webster savait quelle était la seule différence entre ces rongeurs et les rongeurs "normaux" : les risque-tout avaient été infectés par des toxoplasmes. Et là, je dis : Bravo. En poussant le rat dans la gueule du chat, l'ingénieux parasite avait trouvé le moyen de rejoindre en taxi son hôte définitif.

Cette expérience eut un tel retentissement au sein de la communauté scientifique internationale que plusieurs laboratoires décidèrent eux aussi de la réaliser. Ils voulaient s'assurer que tout avait été fait dans les règles de l'art et que leurs propres souris de laboratoire confirmeraient bien les résultats. Depuis, l'expérience est considérée comme inattaquable. La seconde vague d'expériences permit en outre de mettre en évidence que seule disparaissait la peur ressentie devant les chats, tandis que l'urine de chien continuait de donner des sueurs froides aux rongeurs.

Les résultats donnèrent lieu à des débats houleux : comment de minuscules parasites pouvaient-ils influencer à ce point le comportement de petits mammifères ? Mourir ou ne pas mourir – c'est quand même une question de première importance, à laquelle un organisme moderne devrait pouvoir répondre de plein droit sans avoir à prendre en considération l'opinion de vulgaires parasites. À moins que…

Du petit mammifère au gros (c'est-à-dire l'homme), il n'y avait qu'un pas. Allait-on aussi trouver parmi nous des candidats qui se mettaient dans des situations difficiles par le biais de mauvais réflexes, de réactions faussées ou trop intrépides, souffrant ainsi d'une sorte de "syndrome de la pâtée pour chats" ? Pour commencer, on organisa des prélèvements sanguins sur les conducteurs impliqués dans des accidents de la route. L'idée était de savoir s'il y avait plus de porteurs de toxoplasmes parmi les froisseurs de tôle que dans le reste de la population non accidentée.

La réponse est : oui. La probabilité d'être impliqué dans un accident de la route est plus élevée quand on est colonisé par des toxoplasmes – surtout quand l'infection bat son plein, et moins quand elle est dans sa phase latente. Telle fut la conclusion de trois études modestes, mais aussi d'une étude de grande ampleur portant sur 3 890 participants tchèques. Dans le cadre de cette expérience, on commença par prélever du sang et tester la présence de toxoplasmes sur tous les sujets. Dans les années qui suivirent, on évalua tous les accidents de la route des 3 890 participants, ce qui permit de mettre en évidence des facteurs de risques. En tête du classement : une infection massive aux toxoplasmes couplée à un groupe sanguin spécifique (rhésus négatif). En matière d'infection parasitaire, les groupes sanguins peuvent en effet jouer un rôle décisif. Certains groupes sont mieux protégés que d'autres.

Bon, d'accord, c'est bien beau tout ça, mais qu'en est-il de notre jeune femme et de sa lame de rasoir ? Pourquoi la vue de son propre sang ne l'effraie-t-elle pas ? Pourquoi l'incision pratiquée dans la chair, les tissus et les nerfs n'est-elle pas ressentie comme douloureuse, mais comme revigorante ? Comment la douleur peut-elle ainsi devenir le piment d'un pain quotidien autrement trop fade ?

Il y a plusieurs tentatives de réponse à cette question – l'une d'elles se fonde sur les toxoplasmes. En cas d'infection aux toxoplasmes, le système immunitaire active une enzyme (IDO) pour nous protéger des parasites. Celle-ci résorbe alors en quantité accrue une substance dont les envahisseurs se nourrissent et les force ainsi à entrer dans une phase de somnolence et d'inaction. Malheureusement, la substance en question est aussi l'un des ingrédients permettant de fabriquer la sérotonine (petite piqûre de rappel : pas assez de sérotonine = états dépressifs ou anxieux).

IDO faisant son possible pour affamer le parasite, le cerveau va manquer de sérotonine, et notre humeur risque d'en pâtir. En outre, des produits précurseurs de la sérotonine qui auront été grignotés peuvent s'acoquiner avec certains récepteurs du cerveau, où ils déclenchent par exemple des états léthargiques. Ces récepteurs sont aussi ceux qu'on vise avec les analgésiques – le résultat étant une indifférence à la douleur. Pour mettre fin à cette anesthésie et ressentir à nouveau quelque chose, peut-être faut-il alors recourir à des mesures plus drastiques.

Notre corps est un corps intelligent. Entre risque et profit, il sait faire la part des choses : s'il s'agit de combattre un parasite dans le cerveau, eh bien, soit, nous serons de mauvaise humeur. L'activation de l'enzyme IDO est le plus souvent un compromis de cet ordre. Le corps l'utilise aussi pour mettre au régime certaines de ses cellules. Pendant la grossesse, par exemple, l'enzyme est plus active, mais uniquement au point de contact avec l'enfant à naître. Le rôle d'IDO est alors de couper les vivres aux cellules immunitaires qui travaillent dans le coin. Elles sont ainsi moins efficaces – et plus tolérantes vis-à-vis du bébé, qui constitue pour moitié un corps étranger.

L'état de léthargie déclenché par IDO serait-il suffisant pour conduire au suicide ? Autrement dit : que faut-il pour que nous envisagions le suicide ? Où un parasite devrait-il commencer son œuvre pour désactiver la peur naturelle de ce qui nous nuit ?

La peur est associée à une partie du cerveau qu'on appelle l'amygdale. Il existe des fibres nerveuses qui relient directement les yeux à cette zone, de sorte qu'en voyant une araignée, nous pouvons immédiatement éprouver de la peur. Même quand le centre de la vue a été détruit suite à un traumatisme au niveau de l'occiput et qu'on est aveugle, on ne "voit" plus l'araignée, mais on la "ressent" toujours. Notre amygdale est donc fortement impliquée dans l'état anxieux. Qu'on lui porte atteinte, et le sujet touché peut devenir un vrai casse-cou.

L'examen des hôtes intermédiaires hébergeant des toxoplasmes montre que les appartements où hibernent les minuscules gêneurs se trouvent le plus souvent dans les muscles et le cerveau. Au niveau cérébral, on les retrouve – par ordre décroissant de fréquence – dans l'amygdale, dans le centre de l'olfaction et dans une troisième zone du cerveau, située juste derrière le front. Comme on l'a vu, l'amygdale est chargée du sentiment de peur, tandis que la colonisation du centre de l'olfaction pourrait expliquer l'intérêt soudain des rats pour l'urine de chat. La troisième zone évoquée est plus complexe.

À chaque seconde, cette partie du cerveau crée des possibilités. Prenons un sujet relié à tout un tas d'électrodes et posons-lui des questions sur la foi, la personnalité et la moralité ou encore plaçons-le face à une tâche cognitive exigeante, et les scanners révéleront qu'on s'affaire beaucoup dans cette région du cerveau. L'une des théories émises par les chercheurs en neurologie est que cette zone, à chaque seconde, esquisse une multitude de scénarios. "Je pourrais avoir la même religion que celle de mes parents. Je pourrais me mettre à lécher la table pendant la conférence. Je pourrais lire un livre en buvant une tasse de thé. Je pourrais mettre des chaussettes au chien. Je pourrais chanter une chanson devant la caméra. Je pourrais donner un coup d'accélérateur pour atteindre les 150 kilomètres-heure. Je pourrais prendre cette lame de rasoir." À chaque seconde, des centaines de possibilités – certaines étant sélectionnées pour devenir réelles.

Un parasite bien inspiré aurait toutes les raisons de venir s'installer ici. Depuis cette base, il lui serait peut-être même possible de renforcer des tendances autodestructrices – de sorte que ces impulsions soient moins souvent réprimées lors du choix de l'action à réaliser.

La recherche ne ferait pas honneur à son nom si elle n'était pas effectivement allée chercher plus loin en répétant l'expérience si concluante de Joanne Webster – avec cette fois dans le rôle des rats des êtres humains priés de humer différents types d'urines animales. Résultat : les participants – hommes et femmes confondus – hébergeant des toxoplasmes n'évaluent pas le pipi de chat de la même manière que les sujets sans parasites. Et à l'intérieur du groupe même, les hommes l'apprécient nettement plus, les femmes moins.

L'odorat est l'un de nos sens les plus fondamentaux. À la différence de ce qui se passe pour le goût, l'ouïe ou la vue, les impressions olfactives ne sont pas contrôlées sur le chemin qui les conduit à notre conscient. Étrangement, l'odeur est la seule impression sensorielle dont on ne peut pas rêver. Les rêves sont toujours sans odeur. Or, une odeur est capable de faire naître un sentiment d'attirance – les toxoplasmes le savent, tout comme les cochons truffiers. Pour une truie, la truffe dégage la même odeur qu'un beau cochon mâle – et si ce cochon torride s'est caché sous terre, alors ni une, ni deux, la truie creuse pour trouver enfin le cochon de ses rêves… à moins que ce ne soit qu'un champignon dépourvu de toute sensualité qu'elle laissera, déçue, à son éleveur. Personnellement, je trouve que le prix élevé des truffes est tout à fait justifié quand on pense à la frustration de la truie découvrant l'antithèse de son prince charmant. Bref, ce qui est certain, c'est que l'odorat peut faire naître des attirances.

C'est aussi sur cet effet que misent certains magasins qui pratiquent le "marketing olfactif". Une marque de vêtements américaine utilise même des phéromones sexuelles. À Francfort, en Allemagne, on voit régulièrement des files d'ados faire la queue devant le magasin sombre au parfum envoûtant. Dommage que la rue commerçante ne soit pas plus proche d'une zone où des cochons vivent en liberté, ce serait sûrement l'occasion d'assister à quelques scènes assez marrantes.

Si un autre être vivant peut faire en sorte que notre perception des odeurs soit ainsi modifiée, pourrait-il aussi être capable de générer de tout autres impressions sensorielles ?

Il y a une maladie dont le symptôme principal consiste en une perception sensorielle erronée : c'est la schizophrénie. Les patients ont par exemple l'impression que des fourmis leur grimpent sur le dos alors qu'il n'y a pas la moindre bestiole alentour. Ils entendent des voix, suivent leurs instructions et peuvent aussi être plongés dans des états de profonde léthargie. La schizophrénie atteint 0,5 à 1 % de la population mondiale.

Le tableau clinique est assez flou. La plupart des médicaments qui fonctionnent à peu près ont pour objectif de dégrader un messager chimique trop abondant dans le cerveau, la dopamine. Or, les toxoplasmes sont dotés de gènes qui interviennent au niveau du cerveau dans la fabrication de la dopamine. Les patients schizophrènes ne sont pas tous porteurs de parasites – mais parmi les personnes touchées par la maladie, on recense à peu près deux fois plus de personnes hébergeant des toxoplasmes que dans un groupe témoin ne présentant pas les symptômes de la schizophrénie.

En théorie, *Toxoplasma gondii* pourrait donc nous influencer en agissant sur les centres cérébraux responsables de la peur, des odeurs et du comportement. Une plus forte probabilité d'accidents, de tentatives de suicide ou de schizophrénie chez les personnes porteuses du parasite indiquent que l'infection laisse des traces sur certains d'entre nous. Mais avant que de telles découvertes soient suivies de conséquences dans notre quotidien médical, il faudra encore du temps. Les hypothèses doivent être validées à 100 %, les possibilités thérapeutiques étudiées de manière approfondie. Ce principe de précaution qui régit la science peut coûter des vies – les antibiotiques, par exemple, ne firent leur apparition dans nos pharmacies que plusieurs décennies après leur découverte. Mais il peut aussi en sauver – il suffit de songer au Contergan ou au Distilbène pour le comprendre.

Les toxoplasmes ont plus d'influence sur nous que nous l'aurions cru il y a quelques années. Et cette découverte sonne une ère nouvelle. Une ère dans laquelle un banal caca de chat nous révèle tout ce qui peut déterminer notre vie. Une ère dans laquelle nous commençons à comprendre combien nous sommes intimement liés à notre nourriture, à nos animaux et au minuscule peuple qui nous habite.

Un scénario terrifiant ? Un peu, peut-être. Mais surtout passionnant : pas à pas, nous allons pouvoir décoder des processus que nous devions jusqu'ici supporter comme des coups du destin. Nous allons pouvoir saisir à bras-le-corps les risques qui font aussi partie de notre vie. Il suffit parfois de peu – une litière propre, de la viande bien cuite et des légumes lavés.

LES OXYURES, INGÉNIEUSES CRÉATURES

Continuons le tour d'horizon des fans de notre tube digestif avec *Enterobius vermicularis,* également connu sous le nom d'oxyure. Et pour ceux à qui tout cela ne dirait rien, soyons clairs : je veux parler des vers. Pendant des siècles, ils ont adapté leur comportement à notre petite personne. Un être humain sur deux héberge des vers au moins une fois dans sa vie. Certains ne le remarquent pas, chez d'autres, c'est un fléau insupportable dont on n'ose à peine parler. En jetant un coup d'œil au bon moment, vous pourrez même les voir vous faire coucou depuis l'anus. De couleur blanche, ils mesurent entre un centimètre et un centimètre et demi, avec, pour les femelles, une longue extrémité pointue. Ils font un peu penser aux traînées de condensation que laissent les avions dans le ciel – à la différence qu'ils n'ont pas la faculté de s'allonger indéfiniment. Pour être parasité par ce genre de vers, il suffit d'avoir une bouche et un doigt.

Mais remontons d'abord le cours de la genèse vermiculaire. Voilà Mme Ver "enceinte" et soucieuse d'offrir un bel avenir à ses petits œufs. Or, ce n'est pas si facile que ça.

281

Pour pouvoir arriver à l'âge adulte dans le gros intestin, un œuf de ver doit d'abord être avalé par un humain et éclore dans son intestin grêle. Seulement, notre Mme Ver, qui est adulte, se trouve maintenant dans les contrées inférieures de l'intestin. Tout est contre elle, et surtout le sens de la digestion. La voilà donc qui se demande comment faire pour retourner à son point de départ : la bouche. C'est ici qu'intervient sans doute la seule forme d'intelligence connue chez un être vivant de ce type : la capacité à s'adapter. (Quant à savoir si c'est de cette forme d'intelligence que découle l'expression "lèche-cul", il ne nous appartient pas d'y répondre ici.)

Les femelles vers devinent quand nous sommes au calme, allongés sans plus aucune envie de nous relever. C'est typiquement le moment qu'elles choisissent pour mettre cap sur l'anus. Elles vont alors pondre leurs œufs dans les plis et replis de notre fondement, puis exécuter une sorte de danse du dragon endiablée – jusqu'à ce que ça nous démange. Aussitôt après, elles rebroussent chemin et filent se cacher dans l'intestin. D'expérience, elles savent que maintenant, la main va surgir et se charger du reste. La voilà qui se glisse sous la couverture et se dirige droit sur le point névralgique des grattouillis. Les mêmes voies nerveuses qui ont transmis la démangeaison se chargent maintenant de faire suivre ce message impérieux : "Grattez!" Ce que nous faisons, et les descendants de nos vers sont alors conduits en train express jusqu'à des régions proches de la bouche.

Quand n'avons-nous vraiment aucune envie de nous laver les mains après nous être gratté les fesses? Quand nous n'avons conscience de rien, par exemple quand nous dormons, ou quand nous sommes bien trop fatigués pour nous relever. Soit pile poil à l'heure où les femelles pondeuses passent à l'action. Tout le monde a compris où nous mènerait le prochain rêve de "doigt trempé dans le plat de mousse au chocolat"? C'est le retour des œufs au pays de leurs ancêtres. Que ceux qui détournent la tête d'un air écœuré se rappellent que nous mangeons aussi des œufs de poule. Bon, c'est vrai, ils sont plus gros et nous les faisons cuire avant.

En général, nous nous montrons plutôt méfiants envers les êtres vivants qui se pointent dans notre tube digestif sans y avoir été invités et entreprennent d'y réaliser leur rêve d'une famille nombreuse. Nous n'osons même pas en parler aux autres. Comme si nous étions de mauvais maîtres de maison trop conciliants, et que n'importe qui pouvait venir passer la nuit chez nous sans nous demander notre avis. Mais les vers sont un peu plus attentionnés que ça : ils nous réveillent pour une petite séance de sport matinal et ont ensuite la gentillesse de nous offrir un massage qui stimule notre système immunitaire. Et puis, ils ne sont pas du genre à taper dans nos réserves.

Il vaut mieux éviter de les héberger en permanence, mais on peut leur offrir l'hospitalité une fois dans notre vie. Les scientifiques supposent d'ailleurs que l'oxyurose chez l'enfant protège ensuite de l'asthme sévère ou du diabète. Par conséquent : "M. et Mme Ver, bienvenue à vous!" Mais attention à ne pas trop abuser non plus. Une infestation incontrôlée peut en effet avoir trois conséquences pas très marrantes :
- Quand on dort mal la nuit, on a du mal à se concentrer la journée, on est nerveux ou plus sensible que d'habitude.
- Ce que les vers ne veulent pas – et nous non plus du reste –, c'est prendre la mauvaise route. Quand les vers

ne restent pas là où ils devraient être, il faut s'en débarrasser. Qui voudrait d'un ver doté d'un si mauvais sens de l'orientation ?

- Les intestins sensibles et les vers hyperactifs ont tendance à avoir les nerfs à vif. Plusieurs réactions de cause à effet : trop rarement sur la cuvette, trop souvent sur la cuvette, maux de ventre, maux de tête, nausées ou rien de tout cela.

Un hôte qui se sentirait concerné par l'un des trois points ci-dessus n'a plus qu'une chose à faire : prendre rendez-vous chez son médecin. Ce qui nous permet de découvrir une utilisation inédite du scotch. Selon le degré de délicatesse du médecin, l'essentiel tient en ces mots : "Vous écartez les fesses, vous collez un bout de scotch sur l'anus et tout autour, ensuite vous décollez le tout et vous nous rapportez ça ici. Jeanine s'en occupera. Bonne journée."

Un œuf de ver, ce n'est après tout qu'une petite bille inoffensive dont le ruban adhésif ne fera qu'une bouchée. Si on avait un système de ce genre pour ramasser les œufs à Pâques, on gagnerait un temps fou. Et comme les œufs de vers sont nettement plus petits que les œufs en chocolat, mieux vaut ne pas perdre des heures à les chercher. Ce qui compte, c'est de lancer l'action "papier collant" de bon matin – car c'est le moment où la plupart des œufs ont été pondus. Et avant de ramasser les œufs, je vous en conjure, ni coup de balai, ni lavage à grande eau. La première chose qui doit entrer en contact avec la pouponnière le matin, c'est le ruban adhésif.

Au microscope, on pourra alors observer des œufs de forme ovale, striés en leur milieu s'ils sont déjà arrivés à l'état de larves. Après quoi le médecin prescrit un médicament, le pharmacien vend le produit correspondant et la lutte contre les envahisseurs peut commencer. Le principe actif de ce genre de médicaments, prenons par exemple le mébendazole, suit un schéma dont nous avons tous fait l'expérience dans la cour d'école : le ver embête mon intestin, alors j'embête le ver de mon intestin.

Le médicament commence son voyage par notre bouche. Destination : le rectum. En chemin, il rencontre nos squatters irrévérencieux. Eux aussi ont une bouche et des intestins, si bien que le médicament décide d'emprunter une nouvelle fois la même route : de la bouche au rectum. Le mébendazole a des effets cependant beaucoup plus néfastes sur l'intestin des vers que sur le nôtre. Il met les vers au régime en les empêchant d'assimiler le sucre. Or, les vers ont besoin de sucre pour vivre : ce régime sera donc leur dernier. C'est un peu comme si on décidait de ne plus faire la cuisine à des invités devenus trop encombrants.

Les œufs de vers ont une espérance de vie assez longue. En cas d'infestation, comme on ne peut pas toujours se lier les mains dans le dos pour ne pas les porter à la bouche, mieux vaut réduire au minimum la quantité d'œufs aux alentours : on change tous les jours de linge de lit et de linge de corps, on lave le tout à 60 °C au moins, on se lave les mains et on essaie de remédier aux démangeaisons insupportables avec des pommades plutôt qu'avec ses dix doigts. Ma mère préconise quant à elle une gousse d'ail par jour. Je n'ai trouvé aucune étude sur le sujet, mais il n'y en a pas non plus sur la corrélation entre la température mesurée dehors et la nécessité d'enfiler une veste – et pourtant, ma mère a toujours raison sur ce point. Si rien de tout cela ne fonctionne, pas de panique : on prend une nouvelle fois rendez-vous chez le médecin et on est fier d'avoir un intestin qui a autant la cote.

DE LA PROPRETÉ
ET DES BONNES BACTÉRIES

Nous voulons nous préserver de ce qui nous nuit. Il y a sans doute très peu de gens qui se déclareraient volontaires pour héberger des salmonelles ou un vilain *Helicobacter*. Même si nous ne les connaissons pas encore tous, nous savons déjà que nous ne voulons pas de ces bactéries patapouffantes, ni de ces germes à diabète, ni de ces microbes qui nous donnent le bourdon. Notre principale protection est la propreté. Nous faisons attention quand il s'agit d'aliments crus, nous n'embrassons pas n'importe quel inconnu, nous lavons à grands seaux d'eau chaude nos agents pathogènes. Mais la propreté n'est pas toujours ce que nous croyons qu'elle est.

La propreté dans un intestin, c'est un peu comme la propreté dans une forêt. Même la plus ambitieuse des femmes de ménage renoncerait ici à démontrer l'efficacité de sa serpillière. Une forêt est considérée comme propre quand elle est équilibrée du point de vue des plantes utiles qui la peuplent. On peut bien sûr y contribuer : en ajoutant d'autres plantes et en espérant qu'elles se développent bien. En repérant ses plantes préférées et en en prenant soin pour qu'elles croissent et se multiplient. Il y a parfois de méchants nuisibles qui s'installent. Il faut alors peser le pour et le contre. Si rien d'autre ne fonctionne, on peut sortir l'arsenal chimique. Les pesticides font des miracles contre les nuisibles – mais ils ne sont pas à utiliser comme un simple déodorant.

Au quotidien, déjà, nous devons penser intelligemment la propreté – qu'est-ce qui est vraiment important et qu'est-ce qui relève plutôt de l'hystérie hygiéniste ? Pour donner un coup de propre à l'intérieur de notre corps, nous disposons de trois nettoyants principaux : les antibiotiques nous permettent de repousser les méchants agents pathogènes, tandis que les prébiotiques et les probiotiques favorisent ce qui nous fait du bien. En grec, "pro bios" signifie "pour la vie". Les probiotiques sont des bactéries vivantes que nous ingérons dans le but d'améliorer notre santé. Quant aux prébiotiques (du grec "pre bios", avant la vie), ce sont des aliments qui atteignent le gros intestin et vont alors nourrir les bonnes bactéries pour qu'elles se développent mieux que les mauvaises. Enfin, les antibiotiques ("anti bios", contre la vie) tuent les mauvaises bactéries qui nous veulent du mal et peuvent ainsi nous être salutaires.

C'EST DU PROPRE !

La propreté est une notion fascinante, parce qu'elle relève surtout de la représentation que nous en avons. Un bonbon à la menthe nous procure un goût frais, des fenêtres lavées paraissent claires et se glisser dans des draps propres après avoir pris une douche est un avant-goût du paradis. Nous passons volontiers la main sur des surfaces lisses. Et quand nous utilisons des désinfectants, nous soupirons d'aise en pensant être à l'abri d'un monde de germes.

Il y a cent trente ans, l'Europe découvrait que des bactéries étaient à l'origine de la tuberculose. C'était la première fois qu'on prenait vraiment conscience d'elles – comme une menace dangereuse et qui plus est invisible. De nouvelles réglementations furent alors introduites en Europe : on isola les malades pour qu'ils ne transmettent pas leurs germes, on interdit les crachats dans les cours d'école, on proscrivit les contacts tactiles et l'on mit fin au "communisme de la serviette de bain" ! En outre, on recommanda de réduire le baiser "à sa plus stricte fonction érotique". Ces consignes peuvent nous sembler ridicules, mais elles sont encore aujourd'hui profondément ancrées dans nos cultures : depuis cette époque, il n'est plus de bon ton de cracher, nous ne partageons plus notre brosse à dents ni notre serviette de toilette avec autrui et, comparés à d'autres sociétés, nous accordons plus d'importance à mettre une distance physique entre nous et les autres.

Pouvoir éviter une maladie mortelle en cessant tout simplement de cracher dans la cour de l'école – quelle formidable perspective ! La règle inscrite au tableau noir devint une règle de vie en société. On rejetait celui qui ne s'y tenait pas et mettait ainsi en danger tous les autres. On enseignait à ses enfants à faire de même. Le crachat public devint tabou. À l'inverse, les efforts de propreté étaient félicités, et l'on s'efforçait de mettre de l'ordre dans une vie sinon vouée au chaos. L'entreprise Henkel, notamment présente dans le secteur des produits détergents et de l'entretien de la maison, formulait les choses ainsi : "La saleté, c'est de la matière au mauvais endroit."

Jusqu'alors, les bains permettant la toilette du corps étaient réservés aux nantis. Mais au début du XXᵉ siècle, les choses changent : les dermatologues allemands exigent "un bain hebdomadaire pour chaque Allemand" ; les grandes entreprises lancent des campagnes sanitaires, font construire des bains pour leurs employés et leur fournissent gratuitement du savon et des serviettes. Dans les années 1950, le bain hebdomadaire finit par s'imposer. La classe moyenne prend son bain le samedi – chaque membre de la famille s'immergeant l'un après l'autre dans la même eau. Et dans certains foyers, c'est le père, le travailleur, qui passe en premier. La propreté, à cette époque, consiste à éliminer les mauvaises odeurs et les traces visibles de saleté. Avec le temps, la notion de propreté est devenue de plus en plus abstraite. Aujourd'hui, il serait impensable pour nous de faire couler un seul bain hebdomadaire pour toute la famille. Nous achetons même des produits pour éliminer ce qui n'est pas visible à l'œil nu. Inutile de jouer au jeu des différences : avant et après emploi, il n'y en a aucune, mais nous jugeons néanmoins notre argent bien investi.

La presse et la télévision nous parlent de redoutables virus de la grippe, de germes multirésistants ou d'épidémie aux bactéries ECEH – autant de dangers invisibles dont nous voulons nous protéger. En situation de crise (du concombre), certains mangent moins de salades, d'autres cherchent sur Internet "douche de désinfection". Chacun cherche à maîtriser ses angoisses à sa façon. Émettre un jugement serait ici un peu trop simpliste. L'important est surtout de comprendre les mécanismes qui y président.

L'hygiène fondée sur la peur vise à tout éliminer, tout exterminer. On ne sait pas très bien ce qu'on veut éradiquer, mais on pense en tout cas à quelque chose de méchant, de nuisible. De fait, quand nous faisons le ménage de cette façon, nous éliminons tout : le mauvais comme le bon. Cette conception de la propreté ne peut pas être judicieuse, car plus les standards d'hygiène sont élevés dans un pays, plus il y a d'allergies et de maladies auto-immunes. Il y a trente ans, une personne sur dix environ était allergique à quelque chose – aujourd'hui, c'est une sur trois. Dans le même temps, le nombre d'infections n'a pas diminué de manière significative. Penser intelligemment l'hygiène, c'est autre chose : les recherches en bactériologie marquent l'avènement d'une nouvelle conception de la propreté, dans laquelle il n'y a que peu de place pour l'extermination systématique des petits peuples qui nous entourent.

Plus de 95 % des bactéries de ce monde sont inoffensives pour nous. Et nombre d'entre elles sont même nos meilleures alliées. Les produits ménagers désinfectants n'ont pas lieu d'être dans un foyer normal – sauf si un membre de la famille est malade ou si le chien a fait caca sur le tapis du salon. Et si c'est le chien en question qui est malade, alors tous les moyens sont permis : nettoyeur vapeur, cascade de Javel, mini-lance-flammes – on peut bien s'amuser de temps en temps. En revanche, quand il s'agit d'éliminer les empreintes de chaussures qui souillent le sol, de l'eau et une goutte de nettoyant ménager suffisent amplement. Ils permettent d'éliminer jusqu'à 90 % des bactéries au sol. Et le petit peuple habitué à nos parquets a ainsi la chance de recoloniser les lieux, tandis que les gêneurs ne sont plus assez nombreux pour se développer.

Nettoyer devrait consister à réduire le nombre de bactéries – pas à les éliminer toutes. Même les mauvaises bactéries peuvent être bonnes pour nous tant que notre corps peut les utiliser pour s'entraîner et garder la forme. Quelques milliers de salmonelles dans l'évier, par exemple, c'est une vraie partie de plaisir pour notre système immunitaire. C'est quand les salmonelles deviennent trop nombreuses que les choses se gâtent. Pour pouvoir se multiplier, les bactéries doivent trouver des conditions idéales : espace protégé, chaleur, humidité, et de quoi faire de temps en temps un bon repas. Pour les contenir, il existe quatre méthodes d'entretien intelligentes : diluer, sécher, régler le thermostat et nettoyer.

Diluer

La technique de la dilution est aussi utilisée en laboratoire. Nous diluons des bactéries dans un liquide que nous administrons à des insectes capables de changer de couleur quand ils sont malades. En faisant varier la concentration, on peut facilement voir à partir de quand certaines bactéries induisent une maladie – pour certaines, c'est à partir de 1 000 par goutte, pour d'autres, il en faut 10 millions.

La dilution domestique, elle, consiste par exemple à laver les fruits et les légumes. La plupart des bactéries contenues dans la terre sont ainsi suffisamment diluées pour ne plus nous nuire. En Corée, histoire de les embêter un peu plus, on ajoute aussi quelques gouttes de vinaigre à l'eau. De la même manière, aérer les pièces, c'est aussi diluer pour nettoyer.

Côté vaisselle, maintenant : les éponges de cuisine sont chaudes, humides et pleines de délicieuses choses à manger – le paradis pour n'importe quel microbe qui passerait par là. Si je vous montrais à quoi ressemble une éponge vue au microscope… Les éponges de cuisine sont là pour enlever le plus gros. Ensuite, on rince les couverts et les assiettes à l'eau claire. Même mise en garde pour les torchons toujours humides. En général, ils ont plus pour effet de répartir uniformément les bactéries que de sécher la vaisselle. Les éponges et les torchons doivent être essorés au maximum et avoir la possibilité de sécher – sans quoi ils deviendront le pays de Cocagne des bactéries.

Sécher

Les bactéries ne peuvent pas se reproduire sur des surfaces sèches, et certaines sont même incapables d'y survivre. Un sol nettoyé à la serpillière est vraiment propre quand il a séché. Même principe pour le déodorant : en asséchant les aisselles, il les rend moins accueillantes pour les bactéries – et les odeurs sont moins fortes. Le séchage, c'est quand même une belle invention. Quand on les a fait sécher correctement, les aliments se conservent plus longtemps et ne moisissent pas. On le voit avec de nombreux produits à base de céréales, comme les pâtes, le musli, les biscottes, mais aussi avec les fruits (par exemple les raisins), les haricots, les lentilles ou la viande.

Régler le thermostat

Une fois par an, la nature fait chuter le thermomètre : d'un point de vue bactériologique, l'hiver est une sorte de grand ménage. Dans notre quotidien aussi, le froid joue un rôle important. Songeons par exemple à la réfrigération des aliments. Le problème, c'est que nos réfrigérateurs sont souvent si pleins que même à basses températures, ils font la joie des bactéries. Le mieux est de ne pas dépasser les 5 °C.

Côté blanchisserie, le principe de dilution est en général amplement suffisant. Pour les torchons humides, la plupart des culottes ou le linge de personnes malades, on peut faire monter les enchères jusqu'à 60 °C. En général, les bactéries *E. coli* ne survivent pas au-delà des 40 °C et, à plus de 70 °C, on se débarrasse aussi des salmonelles tenaces.

Nettoyer
"Nettoyer", cela équivaut à détacher des surfaces un film de graisses et de protéines. En même temps, on retire toutes les bactéries qui se sont logées dans ou sous le film, le plus souvent en utilisant de l'eau et un produit nettoyant. Nettoyer, c'est la solution n° 1 pour toutes les pièces à vivre, la cuisine et la salle de bains.

On peut pousser cette procédure à son paroxysme. C'est utile quand on fabrique des médicaments qui atterrissent directement dans les artères des patients (comme des solutions administrées par intraveineuse) : aucune bactérie ne doit avoir la moindre chance de s'infiltrer. Les laboratoires pharmaceutiques utilisaient par exemple de l'iode, qui a le pouvoir de sublimer. La sublimation, c'est quand, sous l'effet de la chaleur, un cristal d'iode solide se transforme en vapeur – sans être passé auparavant par l'état liquide. L'iode est donc chauffé jusqu'à ce que la salle tout entière disparaisse dans un brouillard bleu.

Jusque-là, on n'est pas très loin du principe de l'aspirateur à vapeur, mais vous n'avez pas encore tout vu : l'iode a aussi le pouvoir de désublimer. Quand on refroidit à nouveau

---

Ill. Bactéries emprisonnées dans des cristaux d'iode.

la salle, toute la vapeur cristallise aussitôt. Des millions de petits cristaux se forment sur les surfaces et même dans l'air ambiant, enfermant tous les microbes qui, ainsi emprisonnés, tombent à terre. La chimie a fait le plus gros du travail et c'est à présent au tour de l'homme de passer un coup de balai – après avoir franchi plusieurs sas de désinfection et revêtu une combinaison stérile.

Quand nous nous crémons les mains, nous utilisons plus ou moins la même méthode : nous enfermons les microbes dans une couche de graisse dont ils ne peuvent s'échapper. En nous lavant les mains, nous éliminons cette couche et, avec elle, les bactéries qu'elle renferme. Comme notre peau produit naturellement une enveloppe de graisse, il suffit souvent pour la nettoyer d'utiliser de l'eau sans savon. Le film graisseux n'est alors pas complètement détruit et peut reprendre une activité normale après le lavage. Se laver trop souvent n'a aucun sens – qu'il s'agisse des mains ou du reste du corps. En éliminant trop souvent le film graisseux protecteur, nous exposons notre peau sans défense à toutes sortes d'agressions extérieures. Et quand des bactéries puantes s'installent, notre transpiration sent encore plus mauvais. Un cercle infernal.

Méthodes récentes

Une équipe de Gand, en Belgique, travaille actuellement sur une toute nouvelle méthode. Pour lutter contre les odeurs de transpiration, les chercheurs utilisent… des bactéries ! Ils désinfectent une aisselle, l'enduisent de bactéries sans odeur et regardent l'heure. Au bout de quelques minutes, la personne test peut se rhabiller et rentrer chez elle. Les participants sont ensuite régulièrement conviés à des visites de contrôle, lors desquelles des experts leur reniflent très scientifiquement les dessous-de-bras. Les premiers résultats sont encourageants : chez de nombreux participants, la présence de bactéries sans odeur est à même de repousser les bactéries puantes.

C'est aussi la méthode actuellement utilisée à Düren, en Rhénanie-du-Nord-Westphalie (Allemagne), pour lutter contre les mauvaises odeurs dans les toilettes publiques. Une entreprise a mis au point un cocktail bactérien qu'on peut utiliser comme un produit nettoyant. En se développant, les bactéries du cocktail inodore font reculer celles qui cocotent du bec. L'idée de faire nettoyer les sanitaires aux bactéries est géniale, mais malheureusement, l'entreprise ne dévoile pas la composition de son produit, de sorte qu'il est difficile de l'évaluer d'un point de vue scientifique. En tout cas, la ville de Düren semble très satisfaite de cette expérience.

Ces nouveaux concepts bactériens illustrent bien ce que nous avons vu plus haut : la propreté ne consiste pas à exterminer toutes les bactéries. La propreté, c'est un équilibre sain entre une quantité suffisante de bonnes bactéries et une petite dose de mauvaises bactéries. C'est se protéger intelligemment des vrais dangers et parfois encourager de manière ciblée ce qui nous est bénéfique. Une fois qu'on a intégré ce concept de propreté, on peut très certainement applaudir de vieilles sagesses, comme cette phrase de l'écrivain américain Suellen Hoy : *"From the perspective of a middleclass American woman (also a*

seasoned traveler) who has weighed the evidence, it is cer-
tainly better to be clean than dirty[1]."

LES ANTIBIOTIQUES

Les antibiotiques n'ont pas leur pareil pour tuer les agents pathogènes. Et leurs familles. Et leurs amis. Et les amis de leurs amis. Et les connaissances de leurs connaissances. C'est ce qui fait d'eux l'une des meilleures armes contre les bactéries dangereuses – et l'une des armes les plus dangereuses contre les meilleures bactéries. Maintenant, posons cette question cruciale : qui produit le plus d'antibiotiques ? Réponse : les bactéries. Vous dites ?

Les antibiotiques, ce sont les toxines avec lesquelles les champignons et les bactéries ennemis se combattent les uns les autres.

Depuis cette découverte, les entreprises pharmaceutiques pratiquent l'élevage intensif de bactéries. Dans des cuves de liquides (avec des contenances pouvant aller jusqu'à 100 000 litres), les bactéries croissent et se multiplient à une échelle telle que les chiffres donnent le tournis. Elles s'occupent de produire les antibiotiques, et nous nous chargeons de les nettoyer et d'en faire des comprimés. C'est un produit qui marche bien – surtout aux États-Unis : pour une étude concernant les effets des antibiotiques sur la flore intestinale, les chercheurs se sont mis en quête

---

1. "Du point de vue d'une femme américaine de la classe moyenne (ou d'un voyageur expérimenté) qui juge en connaissance de cause, il est certainement préférable d'être propre que sale."

de participants n'ayant pas pris d'antibiotiques au cours des deux années précédentes. Passant au peigne fin toute la circonscription de San Francisco ainsi que les communes voisines, ils en ont trouvé… deux. En Allemagne, une personne sur quatre suit un traitement antibiotique en moyenne une fois par an[1]. La raison la plus souvent invoquée pour justifier une prise d'antibiotiques est "un rhume". À ces mots, n'importe quel microbiologiste a les cheveux qui se dressent sur la tête. Car ce qui déclenche le plus couramment un rhume, ce ne sont pas des bactéries, mais des virus. Les antibiotiques ont trois principes de fonctionnement : ils transforment les bactéries en passoires pleines de trous, ils empoisonnent les bactéries et ils rendent les bactéries stériles. Vous avez entendu le mot virus ? Non, tout simplement parce que les virus n'entrent pas dans les compétences de ces médicaments.

En un mot comme en cent : les antibiotiques sont inefficaces contre la plupart des rhumes. Si on se sent mieux après, ça n'est dû qu'à l'effet placebo ou à notre système immunitaire qui travaille déjà d'arrache-pied. Le problème, c'est qu'en prenant des antibiotiques de manière inconsidérée, on tue aussi un grand nombre de bactéries utiles. Résultat : on se fait plus de mal que de bien. Pour tirer les choses au clair, quand on se retrouve avec une maladie infectieuse mal identifiée, on peut demander au médecin de faire un dosage de la procalcitonine. C'est un biomarqueur qui permet de mettre en évidence

---

1. Avec 157 millions de boîtes d'antibiotiques vendues en 2009, la France n'est pas en reste, bien au contraire (source : Agence nationale de sécurité du médicament et des produits de santé).

l'origine bactérienne (ou au contraire virale) du rhume. En France, le test est remboursé par la Sécurité sociale. Cela vaut le coup d'y réfléchir, surtout quand le patient est un enfant.

Si le recours aux antibiotiques est justifié, alors il ne faut pas s'en priver. Chez un patient atteint d'une pneumonie grave, chez un enfant qui lutte contre une infection particulièrement vicieuse et qu'on veut protéger d'éventuelles séquelles, les inconvénients seront certainement contrebalancés par les avantages. Un petit comprimé peut sauver une vie. Les antibiotiques veillent à ce que les bactéries ne se multiplient pas, le système immunitaire tue tous les autres agents pathogènes restants, et nous retrouvons vite la forme. Évidemment, il y a un prix à payer, mais dans l'ensemble, c'est un échange de bons procédés.

L'effet secondaire le plus courant, c'est la courante. Si votre dernière prise d'antibiotiques ne s'est pas soldée par une bonne diarrhée, vous aurez cependant peut-être remarqué qu'au petit matin, les portions évacuées dans les toilettes tenaient du menu XXL. N'y allons pas par quatre chemins : ce que vous avez là, c'est une bonne grosse portion de bactéries intestinales mortes. Une fois avalé, le comprimé antibiotique ne monte pas jusqu'à notre nez bouché : il dégringole dans l'estomac et, de là, glisse vers l'intestin. Avant qu'il ne parvienne jusque dans le sang, puis jusqu'au nez (entre autres), les habitants de la planète microbienne vont d'abord être pourfendus, empoisonnés et stérilisés. C'est une bataille sans merci, dont on peut admirer le résultat au fond de la cuvette.

Les antibiotiques peuvent modifier profondément notre flore intestinale. Ils limitent la diversité microbienne et peuvent même influer sur les compétences de nos bactéries – par exemple quand il s'agit de déterminer la quantité de cholestérol qui sera absorbée, les vitamines qui seront fabriquées (comme la vitamine H, sympa pour la peau) ou le type de nourriture qui sera valorisé. Dans la catégorie "modifications notables de la flore intestinale", les antibiotiques métronidazole et gentamicine décrochent la première place, ainsi que l'ont mis en évidence de premières études réalisées à Harvard et New York.

L'utilisation des antibiotiques demande la plus grande prudence chez les jeunes enfants et les personnes âgées. En temps normal déjà, leur flore intestinale est beaucoup moins stable et, après le traitement, elle se remet bien plus difficilement. Des expériences menées en Suède ont montré que chez les enfants, de profondes modifications de la flore intestinale étaient encore décelables deux mois après le traitement antibiotique : elle présentait plus de bactéries potentiellement mauvaises et moins de bonnes bactéries comme les bifidobactéries ou les lactobacilles. Les antibiotiques utilisés étaient l'ampicilline et la gentamicine. La population testée ne comptait que neuf enfants, ce qui ne donne à l'étude qu'une faible portée. À l'heure actuelle, il s'agit cependant de la seule étude de ce type. Mettons donc ses résultats dans un coin de notre tête – l'avenir nous en dira plus.

Une autre étude plus récente portant sur des retraités d'Irlande a mis en évidence une nette bipartition : certains des intestins se remettaient très bien de l'antibiothérapie, d'autres en conservaient des séquelles durables. Les raisons de ce phénomène sont encore inconnues. Comme en psychologie, la capacité d'un intestin à rebondir et à retrouver un équilibre stable après des événements traumatiques est appelée "résilience".

Aujourd'hui encore, les recherches sur les effets à long terme des antibiotiques se comptent sur les doigts d'une main – et pourtant, nous les utilisons depuis plus de cinquante ans. En cause : la technique. Les appareils nécessaires pour mener de telles études n'ont que quelques années. Le seul effet que nous soyons parvenus à prouver scientifiquement à ce jour est le phénomène de "résistance".

La résilience, on l'a dit, c'est plutôt une bonne chose. La résistance, plutôt pas. Voyons cela plus en détail : deux ans après une prise d'antibiotiques, il y a encore dans l'intestin de méchantes bactéries qui, le soir, racontent leur guerre à leurs arrière-arrière-…-arrière-petits-enfants avant de les mettre au lit. Elles ont fait front aux antibiotiques et ont

survécu. Et il y a une bonne raison à cela : à l'époque, elles ont développé des techniques de résistance, par exemple en installant de petites pompes dans leurs parois cellulaires. Comme des pompiers pompant l'eau d'une cave inondée, elles s'en sont servies pour évacuer l'antibiotique. D'autres bactéries se déguisent : les antibiotiques ne reconnaissent plus leurs parois et s'abstiennent alors de les massacrer. D'autres encore utilisent leur faculté de clivage et fabriquent des outils avec lesquels elles vont pouvoir décomposer les antibiotiques.

Le souci, c'est que les antibiotiques tuent rarement toutes les bactéries. Ils tuent certaines communautés, en fonction de la toxine qu'ils utilisent. Et il y a toujours des bactéries qui survivent ou se transforment en combattants aguerris. Le jour où l'on tombe malade, ce sont ces superguerriers qui vont poser problème : plus ils ont développé de résistance, et plus il nous sera difficile de prendre le contrôle sur eux avec des antibiotiques.

Chaque année, en Europe, des milliers de personnes meurent à cause de bactéries devenues si résistantes qu'aucun médicament ne peut plus les combattre. Un affaiblissement du système immunitaire après une opération ou un surnombre de germes résistants après une antibiothérapie de longue durée constituent des situations de danger. Aujourd'hui, on ne développe presque plus de nouveaux médicaments, tout simplement parce que cette activité n'est pas assez lucrative pour les laboratoires pharmaceutiques.

Si vous êtes de ceux qui préfèrent rester à distance des guerres intestines opposant les bactéries aux antibiotiques, voici quatre conseils :

- Les antibiotiques, ça ne se prend pas à la légère. Mais si on vous en prescrit, vous devez suivre le traitement pendant la durée indiquée. C'est-à-dire assez longtemps pour que les guerriers résistants les moins doués abandonnent et soient éliminés. À la fin du traitement, il ne restera plus que les bactéries qui auraient de toute façon survécu. Mais au moins, on aura tordu le cou au reste.
- De la viande bio. La résistance aux antibiotiques (ou antibiorésistance) varie d'un pays à l'autre. Or, les chiffres laissent souvent apparaître une relation nette avec la quantité d'antibiotiques utilisée dans l'élevage industriel. Dans des pays comme l'Inde ou l'Espagne, l'administration vétérinaire des antibiotiques n'est pratiquement pas contrôlée. Résultat : les éleveurs fournissent aux abattoirs veaux, vaches et cochons et, en même temps, de gigantesques zoos de bactéries résistantes installées dans les intestins des animaux. Par rapport à d'autres régions, c'est aussi dans ces pays qu'on recense un nombre bien plus grand d'infections impossibles à traiter chez l'homme. En France, il y a des règles, mais il faut avouer qu'elles sont très floues. Et les dispositions restrictives sont parfois contournées par des vétérinaires ou des pharmaciens pratiquant un commerce quasi illégal d'antibiotiques, ou par des éleveurs recourant à l'automédication.

L'Union européenne n'a interdit qu'en 2006 les antibiotiques à effet de croissance dans les aliments pour animaux. Ce qu'on appelle l'effet de croissance, ici, c'est en d'autres termes la capacité d'un animal enfermé dans un local sale et surpeuplé à ne pas mourir d'infections. Le cahier des charges de l'élevage bio limite quant à lui plus strictement la quantité d'antibiotiques administrée aux animaux. En cas de dépassement, la viande ne pourra plus être vendue comme provenant de l'agriculture biologique ; elle sera vendue comme "viande normale". Si possible, mieux vaut donc dépenser quelques euros de plus : cela nous permet de lutter contre les zoos antibiorésistants et d'œuvrer pour la paix des intestins. Et si on ne le remarque pas tout de suite, une chose est sûre : on investit dans l'avenir.

- Bien laver les fruits et les légumes. Là encore, les fermes d'élevage ne sont pas loin. Car on utilise volontiers le fumier comme engrais dans les champs… où poussent nos produits maraîchers. En Europe, aucun test obligatoire ne vise à détecter les résidus d'antibiotiques sur les fruits et les légumes, et encore moins la présence de bactéries intestinales antibiorésistantes. Un contrôle du respect de certaines valeurs limites est en revanche prévu pour le lait, les œufs et la viande. Au rayon primeurs, mieux vaut donc laver trop que trop peu. De faibles quantités d'antibiotiques suffisent déjà à favoriser la résistance des bactéries.

- En vacances, on ouvre les yeux. Un vacancier sur quatre rapporte de son voyage des germes ultrarésistants. La plupart des bactéries disparaissent au bout de quelques mois, mais d'autres se tiennent plus longtemps en embuscade dans nos intestins. La prudence est notamment de mise dans les pays bactériellement problématiques comme l'Inde. En Asie et au Moyen-Orient, on se lave les mains fréquemment, et on nettoie les fruits et les légumes avec soin (éventuellement avec de l'eau qu'on aura fait bouillir auparavant). Prudence aussi dans les pays d'Europe du Sud. Souvenez-vous de l'adage : *"Cook it, peal it or leave it*[1]*"* – pas seulement pour échapper à la diarrhée, mais aussi pour éviter de rapporter chez vous, parmi d'autres babioles inutiles, des bactéries résistantes dont tout le monde préférerait se passer.

Quelles alternatives aux antibiotiques ?

Les plantes fabriquent des antibiotiques qui fonctionnent depuis des siècles sans générer de résistances (rappelons que les champignons comme ceux utilisés pour fabriquer la pénicilline n'entrent pas dans la même catégorie que les plantes, mais dans celle des opisthocontes, comme les êtres humains). Une plante qui penche de la tête ou qui a des feuilles mitées va lancer aux endroits touchés la fabrication d'une substance contre les microbes – et éviter ainsi de se changer en un délicieux repas pour les bactéries qui l'entourent. Aux tout premiers signes d'un rhume, d'une infection urinaire ou d'une inflammation de la bouche ou de la gorge, on peut acheter en pharmacie des antibiotiques végétaux sous forme concentrée. Il existe par exemple des produits à base d'huile de moutarde ou de raifort, ou encore d'extraits de camomille et de sauge. Certains sont à même de lutter non seulement contre les bactéries, mais aussi contre les virus. Notre système immunitaire a ainsi

------

1. "Faites-les cuire, pelez-les ou oubliez-les."

moins de dossiers sur son bureau et peut se concentrer davantage sur sa mission : chasser les gêneurs.

Ces produits à base de plantes sont inefficaces si la maladie est plus sérieuse ou se prolonge sans amélioration notable. Ils pourraient même s'avérer nocifs dans la mesure où le patient repousse alors le moment de prendre de "vrais" antibiotiques. Ces dernières années, les séquelles cardiaques et ORL causées par des maladies infectieuses chez l'enfant ont nettement augmenté. C'est l'une des complications fréquentes qui peuvent survenir quand les parents veulent protéger leurs enfants de trop d'antibiotiques. Une telle décision peut avoir des conséquences graves. Le bon médecin est celui qui ne vous refilera pas des antibiotiques à tout bout de champ, mais vous dira aussi clairement quand ils sont nécessaires.

Les antibiotiques ouvrent la porte à des luttes de pouvoir : nous sortons l'artillerie lourde pour lutter contre les bactéries, et les bactéries ripostent en développant des résistances encore plus fortes. En toute logique, nos chercheurs devraient alors contrer à leur tour avec un médicament encore plus puissant. En avalant ces médicaments, chacun de nous conclut un pacte. Nous sacrifions nos bonnes bactéries dans l'espoir de combattre les mauvaises. Pour un petit rhume de rien du tout, nous perdons plutôt au change, mais pour des maladies graves, le jeu en vaut la chandelle.

Il n'existe encore aucune liste des espèces de bactéries en voie de disparition. Mais nous pouvons affirmer avec certitude que nous avons éradiqué une bonne partie de notre héritage depuis la découverte des antibiotiques. Mieux vaut ne pas laisser au hasard la place devenue vacante dans notre intestin et la peupler correctement – c'est à cela que servent les probiotiques. Ils aident l'intestin à retrouver son équilibre une fois que les véritables dangers ont été éliminés.

LES PROBIOTIQUES

Chaque jour, nous avalons des milliards de bactéries vivantes. Elles se trouvent sur les aliments crus, certaines survivent aussi à la cuisson, nous mordillons notre petit doigt sans y penser, avalons nos bactéries bucco-dentaires ou embrassons à pleine bouche le paysage bactérien de notre prochain. Une petite partie de ces bactéries résistent à l'acidité gastrique et aux méthodes corrosives de la digestion et se retrouvent vivantes dans le gros intestin.

La majorité de ces bactéries nous est inconnue. Elles sont sans doute inoffensives, peut-être même ont-elles des bienfaits que nous n'avons pas encore réussi à cerner. Quelques-unes sont des agents pathogènes, mais généralement, elles ne peuvent pas nous faire de mal parce qu'elles sont trop peu nombreuses à la fois. Sur toutes ces bactéries, rares sont celles que nous connaissons de A à Z et qui ont été déclarées "bénéfiques" par des organismes compétents. Ce sont celles qu'on appelle les probiotiques.

Au supermarché, plantés devant le rayon frais, nous lisons le mot "probiotique" sur un pot de yaourt. Nous ne savons pas vraiment ce que c'est ni comment cela fonctionne – mais beaucoup d'entre nous en ont au moins entendu parler à la télé : la publicité nous laisse entendre que ça renforce nos défenses immunitaires, qu'on se sent bien, qu'on se sent beaux. C'est chouette. Si c'est comme ça, on veut bien payer un euro de plus. Et zou, les probiotiques atterrissent dans notre chariot, puis dans notre réfrigérateur et enfin dans notre bouche.

Depuis toujours, les êtres humains mangent des bactéries probiotiques. Sans elles, nous n'existerions pas. Quelques Sud-Américains qui avaient emmené des femmes enceintes accoucher au pôle Sud en ont fait la douloureuse expérience. Leur idée était de pouvoir puiser plus tard en toute légitimité dans les réserves de pétrole locales, dans la mesure où l'autorisation leur serait accordée par des "natifs". Résultat : les bébés ne survécurent pas et moururent au plus tard sur le chemin du retour. Au pôle Sud, l'environnement est si froid et si stérile que les nouveau-nés n'avaient pas reçu suffisamment de bactéries en héritage. Les températures normales et les germes rencontrés sur le chemin du retour suffirent à les tuer.

Les bactéries prévenantes jouent un rôle important dans notre vie et dans nos entrailles. Nos ancêtres ne le savaient pas, mais intuitivement, ils avaient déjà développé de bonnes habitudes : ils protégeaient leur nourriture des mauvaises bactéries de la moisissure en faisant confiance aux bonnes bactéries, dont ils se servaient par exemple pour augmenter la durée de conservation de leurs aliments. Chaque culture recèle quelques plats traditionnels "cuisinés" par des microbes pleins d'attention. Citons en France la crème fraîche, en Allemagne la choucroute, les concombres marinés ou le pain au levain, en Suisse le fromage à trous, en Italie le saucisson ou les olives, en Turquie l'ayran,… – autant de spécialités qui n'existeraient pas sans les bactéries.

La cuisine asiatique est très friande de ces spécialités : la sauce de soja, la soupe miso ou le kimchi coréen en sont quelques exemples. En Inde, pensons au lassi, en Afrique, au foufou – et la liste pourrait être rallongée à l'infini. Ces plats dont la préparation fait intervenir des bactéries sont dit "fermentés". La fermentation produit souvent des acides, qui donnent par exemple au yaourt ou aux légumes fermentés un goût plus acide que l'aliment de départ. L'acidité et les bonnes bactéries protègent la nourriture des mauvaises bactéries. C'est la méthode la plus ancienne et la plus saine de conserver des aliments.

La diversité de ces spécialités illustre aussi la diversité des cultures de bactéries qui présidaient autrefois à leur fabrication. Elles n'étaient pas les mêmes dans le lait caillé d'une famille du Palatinat et dans l'ayran d'une famille d'Anatolie. Dans les pays méridionaux, on utilisait des bactéries qui aiment bien travailler à des températures estivales, tandis que dans les régions du Nord, on privilégiait les bactéries qui se contentent d'une température ambiante.

Le yaourt, le lait caillé ou d'autres produits fermentés ont été découverts par hasard. Quelqu'un a laissé le lait traîner dehors, des bactéries (venues directement de la vache ou bien présentes dans l'air au moment de la traite) ont pénétré dans le récipient, le lait s'est épaissi et, surprise! un nouvel aliment était né. Si le germe du yaourt qui avait sauté dans le lait était particulièrement goûteux, on prélevait une petite cuillère de la délicieuse préparation et on l'ajoutait à une autre portion de lait pour que ses bactéries fabriquent encore plus de yaourt. Contrairement à ce qui se passe aujourd'hui dans l'industrie agro-alimentaire, la production de yaourt était autrefois placée sous la responsabilité d'une vaste équipe composée de différentes bactéries – et pas seulement sous celle de quelques espèces sélectionnées.

La diversité des bactéries dans les aliments fermentés a beaucoup diminué. L'industrialisation a entraîné la normalisation des processus, désormais fondés sur quelques bactéries de laboratoire sélectionnées individuellement. Aujourd'hui, après la traite, on chauffe brièvement le lait pour tuer de possibles agents pathogènes. Mais dans le même temps, on élimine aussi les éventuelles bactéries du yaourt. Inutile, donc, de laisser traîner notre lait de supermarché dans l'espoir d'obtenir un jour du yaourt.

Nombre des aliments autrefois conservés grâce aux bactéries sont aujourd'hui conservés avec du vinaigre – comme la plupart des cornichons. Parfois, on fait fermenter l'aliment avec des bactéries, puis on le fait chauffer pour éliminer les germes. C'est par exemple le cas de la choucroute vendue en grandes surfaces. Pour trouver de la choucroute fraîche, il faut chercher dans des magasins de diététique.

Dès le début du xxe siècle, la communauté scientifique supposait que les bactéries jouaient pour nous un rôle protecteur fondamental. C'est à cette époque qu'Élie Metchnikoff monte sur la scène du yaourt. Prix Nobel de physiologie ou médecine en 1908, ce scientifique russe naturalisé français observe les paysans des montagnes bulgares, dont l'espérance de vie dépasse souvent les cent ans – et dans la bonne humeur, s'il vous plaît! Élie Metchnikoff imagine que leur secret réside dans les poches en cuir qui leur permettent de transporter le lait de leurs vaches. Les paysans parcourent de longues distances et, quand ils arrivent chez eux, le lait est caillé. Le scientifique est convaincu que la consommation régulière de ces produits faisant intervenir des bactéries est à l'origine de la bonne santé des paysans. Dans son livre *The Prolongation of life (La Prolongation de la vie)*, il défend une thèse selon laquelle les bonnes bactéries nous permettraient de vivre mieux et plus longtemps. Dès lors, les bactéries ne sont plus des ingrédients quelconques entrant dans la composition du yaourt, mais un facteur décisif pour notre capital santé. Malheureusement, sa découverte tombe au mauvais moment. Peu avant, les bactéries ont été identifiées comme les agents pathogènes de certaines maladies. En 1905, le microbiologiste Stamen Grigorov isole même *Lactobacillus bulgaricus,* la bactérie décrite par Élie Metchnikoff, mais il se consacre bientôt à d'autres recherches, notamment au combat contre la tuberculose. Et à partir des années 1940, parallèlement au développement des antibiotiques et à la connaissance de leur principe de fonctionnement, l'opinion générale s'accorde à dire que moins il y a de bactéries, mieux c'est.

Si la théorie d'Élie Metchnikoff et la bactérie de Stamen Grigorov ont fini par trouver le chemin de nos supermarchés, c'est à des nourrissons que nous le devons. Les mères qui n'allaitaient pas avaient en effet un problème avec le lait infantile proposé : leurs bébés souffraient plus souvent de diarrhée. Les fabricants de lait en poudre se creusèrent les méninges. Leurs ingrédients étaient pourtant identiques à ceux du lait maternel. Quelle différence pouvait-il y avoir ? Que manquait-il ?... Mais oui, des bactéries ! De celles qui s'installent volontiers sur les mamelons laiteux et sont particulièrement fréquentes dans les selles des bébés allaités : des bifidobactéries et des lactobacilles. Ce sont des bactéries dites "lactiques", qui clivent le lactose et produisent du lactate. Un chercheur japonais fabriqua donc un yaourt avec des bactéries *Lactobacillus casei Shirota,* que les mères pouvaient se procurer en pharmacie. Résultat : les bébés qui en prenaient un peu chaque jour avaient moins la diarrhée. La théorie de Metchnikoff venait ainsi d'être redécouverte par l'industrie – à travers des bactéries pour bébés et avec des objectifs plus modestes.

Dans un yaourt classique, on trouve généralement la bactérie *Lactobacillus bulgaricus.* Rien ne dit cependant que ce soit exactement celle qu'utilisaient les paysans bulgares. La bactérie mise en évidence par Stamen Grigorov porte aujourd'hui le nom de *Lactobacillus helveticus spp. bulgaricus.* Ces bactéries ne sont pas particulièrement gastrorésistantes et seule une petite proportion d'entre elles arrive vivante dans l'intestin. Pour certains effets sur le système immunitaire, c'est d'ailleurs sans importance puisque la seule vue d'enveloppes bactériennes vides suffit déjà à motiver les cellules immunitaires.

Inspiré de la recherche sur la diarrhée des nourrissons, le yaourt probiotique contient quant à lui des bactéries qui, dans la mesure du possible, doivent arriver vivantes dans l'intestin. Parmi les bactéries qui résistent au processus de digestion, citons par exemple *Lactobacillus rhamnosus, Lactobacillus acidophilus* ou *Lactobacillus casei Shirota,* dont on a parlé plus haut. En théorie, une bactérie bien vivante dans l'intestin a plus de possibilités d'action. Certaines études démontrent leur efficacité, mais l'Autorité européenne de sécurité des aliments ne les juge pas suffisantes. Les slogans publicitaires glorieux tels qu'ils ont été utilisés par Yakult ou Actimel sont donc désormais proscrits.

L'autre problème, c'est qu'on ne peut pas être sûr à 100 % que la quantité de bactéries probiotiques arrivant dans l'intestin est vraiment suffisante. Un couac dans la chaîne du froid ou une digestion particulièrement lente ou acide, et les bactéries auront vite l'air moins guilleret. Ça n'est pas grave en soi, mais dans ce cas, un yaourt probiotique ne vaudra pas forcément mieux qu'un yaourt normal. Pour faire bouger les choses dans le vaste écosystème intestinal, il faut qu'environ un milliard de bactéries (10^9) partent en croisade !

Résumons : n'importe quel yaourt peut être bénéfique, mais tout le monde ne supporte pas bien les protéines de lait ou les graisses animales en grande quantité. La bonne nouvelle, c'est que le monde des probiotiques ne s'arrête pas aux yaourts. Dans leurs laboratoires, les scientifiques testent des bactéries sélectionnées. Ils invitent des bactéries à venir prendre le thé avec des cellules intestinales installées dans des boîtes de Petri, ils nourrissent des souris avec des cocktails de microbes ou administrent à des êtres humains des gélules pleines de micro-organismes vivants. La recherche sur les probiotiques a ainsi pu dégager trois champs d'action distincts où se révèlent les superpouvoirs de nos bonnes bactéries.

1. Massage et baume
Nombre de bactéries probiotiques prennent soin de notre intestin. Véritables aides-soignantes, elles sont dotées de gènes qui leur permettent de fabriquer de petits acides gras, comme l'acide butyrique, dont elles se servent pour enduire nos villosités intestinales. Ainsi chouchoutées, les

villosités intestinales sont bien plus stables et plus grosses que celles qui n'ont pas eu droit à leur séance de soin. Plus elles sont grosses, plus notre capacité à assimiler aliments, minéraux et vitamines est bonne. Et plus elles sont stables, moins elles laissent passer de déchets. Résultat : le repas livré à notre corps comporte beaucoup de nutriments et moins de substances nocives.

2. Service de sécurité

Les bonnes bactéries défendent notre intestin – après tout, c'est leur patrie et elles ne sont pas du genre à laisser de mauvaises bactéries leur piquer la place. Elles vont par exemple s'installer juste à l'endroit où des agents pathogènes aiment venir nous faire du mal. Quand la vilaine bactérie arrive, elles sont déjà assises à sa place favorite et, le sourire railleur, s'empressent de poser leur sac à main sur le siège d'à côté pour occuper encore plus de place. Si ce signal n'est pas suffisamment clair, aucun problème : les bactéries embauchées au service de sécurité ont plus d'un tour dans leur sac. Elles peuvent aussi fabriquer de petites doses d'antibiotiques et d'anticorps avec lesquels elles repousseront les bactéries étrangères qui oseraient pointer le bout de leur nez. Elles ont également recours à différents acides, car l'acidité ne sert pas qu'à protéger le yaourt et le chou des bactéries de la décomposition : dans notre intestin, elle rend les lieux si peu accueillants que les mauvais germes préfèrent ne pas y rester. Autre possibilité : une méthode qu'on pourrait appeler la méthode "je-te-prends-ton-pain" (ceux qui ont des frères et sœurs sauront ce que j'entends par là) : certaines bactéries probiotiques semblent apprécier un sport qui consiste à systématiquement chiper la nourriture des mauvaises bactéries. Arrive un moment où les méchants en ont assez, et ils débarrassent le plancher.

3. Conseil et coaching

Enfin, dernier point et non des moindres, quand on parle de bactéries, les plus qualifiées sur la question sont… les bactéries! En travaillant en étroite collaboration avec notre intestin et nos cellules immunitaires, elles nous font passer des informations top secrètes et de précieux conseils : à quoi ressemblent les différentes membranes externes des bactéries? Quelle quantité de mucus protecteur doit être produite? Quelle quantité d'antimicrobiens (ou défensines) les cellules intestinales doivent-elles fabriquer? Le système immunitaire doit-il réagir plus activement à l'intrusion de substances étrangères ou lui faut-il au contraire rester cool et accepter la nouveauté?

Dans un intestin en bonne santé, les bactéries probiotiques sont légion. Nous profitons chaque jour et chaque seconde de leurs compétences. Parfois, il arrive cependant que nos communautés bactériennes soient mal en point, par exemple à cause d'un traitement antibiotique, d'une mauvaise alimentation, d'une maladie, du stress – j'en passe et des meilleurs. Nos aides-soignantes sont alors débordées, les services de protection ne sont pas assurés à 100 % et nos conseillers sont injoignables. Une chance que certains des résultats dégagés par la recherche en laboratoire soient déjà en pharmacie! On peut s'y procurer des bactéries vivantes qu'on embauchera comme intérimaires dans les périodes difficiles.

- "C'est bon pour lutter contre la diarrhée." : voilà la compétence numéro un des probiotiques. En cas de grippe intestinale ou de diarrhée liée à la prise d'antibiotiques, différentes bactéries disponibles en pharmacie peuvent contribuer à réduire les symptômes et à écourter d'une journée en moyenne cet épisode désagréable. En outre, elles ne présentent quasiment aucun effet secondaire – à la différence des autres antidiarrhéiques. C'est ce qui les rend particulièrement intéressantes pour les enfants ou les personnes âgées. Dans les maladies digestives telles que la colite ulcéreuse ou le syndrome de l'intestin irritable, les probiotiques peuvent espacer les épisodes diarrhéiques et inflammatoires.

- "C'est bon pour le système immunitaire." Souvent malades ? Cela peut valoir le coup de tester différents probiotiques – notamment quand les températures baissent. Si le traitement vous paraît trop cher, vous pouvez aussi manger un yaourt par jour : les bactéries ne doivent pas forcément être vivantes pour nous faire profiter de quelques effets bénéfiques légers. Plusieurs études ont montré que les rhumes étaient moins fréquents ou moins sévères avec une consommation régulière de probiotiques – notamment chez les personnes âgées et les sportifs très sollicités.

- "C'est peut-être bon pour lutter contre les allergies." Cette compétence des probiotiques n'est pas aussi bien démontrée que leur influence sur la diarrhée ou les faiblesses du système immunitaire, mais pour les parents dont les enfants présentent un haut risque d'allergies ou de dermatite atopique, les probiotiques restent malgré tout une option intéressante. Un grand nombre d'études a mis en évidence un effet protecteur net. D'autres, moins nombreuses, n'ont pas pu le démontrer, mais il faut dire que les bactéries utilisées pour les essais sont souvent différentes. Personnellement, je serais ici partisane du "mieux vaut trop que pas assez". Les probiotiques ne sont en aucun cas nocifs pour les enfants menacés d'allergies. Et dans certaines études portant sur des cas d'allergies ou de dermatite atopique déjà déclarés, les symptômes ont pu être atténués.

Au-delà des domaines relativement bien étudiés que sont la diarrhée, les maladies de l'intestin et le système immunitaire, d'autres champs de recherche ont récemment fourni des résultats prometteurs. Citons par exemple les troubles digestifs, la diarrhée du voyageur, l'intolérance au lactose, le surpoids, les troubles articulaires inflammatoires ou même le diabète.

Si l'on veut tenter le coup des probiotiques pour lutter contre l'un de ces problèmes (par exemple contre la constipation ou les ballonnements), il faut savoir que le pharmacien ne peut pas nous recommander de préparation dont l'effet a été confirmé à 100 %. Il ne peut pas aller plus vite que la recherche. C'est donc à nous d'expérimenter un peu jusqu'à trouver une bactérie qui améliore la situation. C'est simple : on regarde sur l'emballage ce qu'on est en train de tester, on suit le traitement pendant quatre semaines et si, au bout de cette période, rien n'a changé, on peut passer à autre chose et donner leur

chance à une ou deux autres bactéries. Parmi les gastroentérologues, certains sont aussi en mesure d'aiguiller leurs patients sur les bactéries qui peuvent les aider.

Les règles à suivre sont les mêmes pour tous les probiotiques : on les prend de manière régulière pendant quatre semaines et on les utilise avant la date limite de consommation (sans quoi il n'y a pas assez de bactéries vivantes pour agir sur le vaste écosystème intestinal). Avant d'acheter des produits probiotiques, on se renseigne toujours pour savoir s'ils sont vraiment conseillés dans le cas des troubles rencontrés. Les bactéries ont des gènes différents : certaines sont plus douées pour conseiller le système immunitaire, d'autres sont plus belliqueuses quand il s'agit de chasser un agent responsable de la diarrhée.

À ce jour, les probiotiques les mieux étudiés sont les bactéries lactiques (lactobacilles et bifidobactéries) et la levure *Saccharomyces boulardii.* Je l'avoue, celle-ci ne reçoit pas ici toute l'attention qu'elle mérite. Mais c'est que c'est une levure, pas une bactérie – et elle m'est donc moins sympathique. En tant que levure, elle présente cependant un atout inattaquable : les antibiotiques ne peuvent rien contre elle.

Sous antibiotiques, alors que nous chassons du paradis tout ce qui est bactérien, la levure *Saccharomyces,* elle, peut s'installer. Elle nous protège ainsi d'opportunistes moins sympathiques, sans compter qu'elle peut aussi lier les toxines. Cela dit, elle a aussi plus d'effets secondaires que les probiotiques bactériens : elle est parfois mal supportée et peut causer des exanthèmes.

Mises à part une ou deux levures, nous ne connaissons en matière de probiotiques presque que des bactéries lactiques – c'est dire tous les progrès que nous avons encore à faire ! En réalité, les lactobacilles sont généralement peu présents dans l'intestin humain adulte et les bifidobactéries ne sont sans doute pas les seuls facteurs santé à se promener dans notre gros intestin. À ce jour, seul un autre genre de bactéries probiotiques a été étudié : *E. coli 1917*.

Ce genre d'*E. coli* a été isolé à partir des excréments d'un soldat revenu du front : pendant la guerre des Balkans, tous ses camarades avaient été victimes d'une diarrhée sévère, mais pas lui. Depuis, de nombreuses études ont pu confirmer que cette bactérie pouvait être efficace en cas de diarrhée, de troubles digestifs ou de faiblesse du système immunitaire. Le soldat est mort depuis longtemps, mais sa talentueuse bactérie *E. coli* continue de se reproduire en laboratoire, puis d'être emballée avant de se retrouver sur les étagères des pharmacies et, de là, dans les intestins de nos contemporains où elle remet de l'ordre.

L'action des probiotiques, quels qu'ils soient, est encore limitée : les bactéries que nous ingérons sont sélectionnées dans un laboratoire et, dès que nous ne les prenons plus au quotidien, elles disparaissent généralement de notre intestin. Chaque intestin est unique et compte des habitués qui s'aident ou se combattent. Dans ce contexte, une bactérie soudain tombée du ciel n'aura pas vraiment son mot à dire quand il sera question d'attribuer les parcelles disponibles. Aujourd'hui, les probiotiques fonctionnent donc surtout comme une cure de soins. Quand on cesse de les prendre, c'est au tour de la flore intestinale d'assurer. Pour des résultats à plus long terme, on lorgne depuis peu du côté d'une stratégie d'équipe mixte : il s'agit de réunir plusieurs bactéries différentes qui s'entraident pour s'installer en terrain inconnu. Les unes gèrent les déchets des autres ou fabriquent de la nourriture pour leurs collègues.

Certains des produits vendus en pharmacie, parapharmacie et grandes surfaces misent déjà sur ce principe en réunissant dans une seule équipe différentes bactéries lactiques qui se connaissent bien. Effectivement, elles se montrent alors plus performantes. En revanche, l'idée d'utiliser cette méthode pour installer de manière durable des bactéries dans notre intestin a beau être séduisante, il faut avouer qu'à ce jour, elle n'a pas donné beaucoup de résultats… pour ne pas dire aucun.

En poussant à l'extrême la stratégie d'équipe mixte, on obtient au contraire des résultats impressionnants. Prenons l'exemple du traitement aujourd'hui proposé contre les infections à *Clostridium difficile*. Il s'agit d'une bactérie qui résiste bien aux antibiotiques et peut ensuite coloniser la place devenue vacante dans l'intestin. Les patients ont parfois pendant plusieurs années des diarrhées sanglantes et glaireuses que ni les antibiotiques ciblés ni les préparations probiotiques ne peuvent combattre efficacement. C'est le genre de problème qui épuise le corps, mais aussi le mental.

Dans ces situations critiques, le rôle du médecin est de se montrer inventif. Aujourd'hui, d'audacieux thérapeutes transplantent des équipes de bactéries bien rodées en même temps que toutes les autres bactéries intestinales de porteurs sains. C'est une procédure relativement simple (que la médecine vétérinaire utilise avec succès depuis plusieurs décennies pour soigner de nombreuses maladies). Il suffit d'avoir des excréments sains et leur lot de bactéries – et c'est tout. Le must de la stratégie d'équipe mixte, je vous le donne en mille, c'est la transplantation fécale. S'agissant d'une greffe médicale, on aura la chance de s'approprier un caca qui aura été "nettoyé" au préalable. Par en haut ou par en bas, ça n'a alors plus beaucoup d'importance.

Dans presque toutes les études, le taux de réussite sur des cas sévères de diarrhée à *Clostridium difficile* jusqu'ici avérés incurables est d'environ 90 %. Je vous mets au défi de trouver beaucoup de médicaments capables d'afficher de tels résultats ! En dépit de son succès, cette méthode ne peut pour l'instant être utilisée que dans des cas vraiment désespérés, car on ne sait pas encore si en transplantant les selles d'autrui, on transplante aussi d'éventuelles maladies ou des germes potentiellement dangereux. Quelques entreprises travaillent déjà sur des transplants synthétiques dans l'espoir de pouvoir garantir l'innocuité de cette thérapie. Si elles y parviennent, nous aurons déjà fait un grand pas.

Le vrai potentiel des probiotiques réside certainement dans la transplantation de bonnes bactéries capables de s'enraciner durablement. La greffe a même déjà permis d'obtenir de premiers résultats encourageants sur des cas de diabète sévère. Actuellement, on essaie aussi de déterminer si cette méthode pourrait empêcher le déclenchement d'un diabète de type 1.

Des selles au diabète – c'est peut-être pour certains un grand écart inattendu. Quand on y réfléchit, pourtant, c'est loin d'être aberrant : on ne transplante pas seulement des bactéries défensives, mais tout un organe microbien qui participe à la régulation du métabolisme et du système immunitaire. Plus de 60 % de nos bactéries intestinales nous sont encore inconnues. La recherche des espèces qui pourraient avoir des effets probiotiques est une tâche ardue, comme le fut autrefois la recherche de plantes médicinales. À la différence qu'ici, le remède vit en nous. Et que chaque jour, à chaque repas, nous influons aussi sur notre organe microbien – en bien comme en mal.

LES PRÉBIOTIQUES

C'est justement ce dont il s'agit quand on parle de pré-biotiques : favoriser les bonnes bactéries en consommant certains aliments. Au quotidien, les prébiotiques sont bien plus faciles à vivre que les probiotiques. Ils n'ont qu'une seule exigence : il faut qu'il y ait de bonnes bactéries dans l'intestin concerné. La nourriture prébiotique va favori-ser leur croissance et leur activité, de sorte qu'elles auront plus de pouvoir sur les mauvaises bactéries.

Nos bactéries étant bien plus petites que nous, elles voient la nourriture sous un tout autre angle. La moindre miette est un incroyable événement, une comète de Hal-ley remplie de délices. Nous appelons "fibres alimentaires" tout ce qui ne peut pas être assimilé dans l'intestin grêle. Et elles l'ont effectivement, la fibre alimentaire, puisqu'elles contribuent à nourrir nos bactéries dans le gros intestin. Car celles-ci aiment les fibres – pas toutes, mais certaines. Il y a des bactéries qui aiment les fibres d'asperges, d'autres qui préfèrent les fibres de viande.

Un médecin ne sait pas toujours très bien pourquoi il recommande à son patient de consommer plus de fibres. L'idée est tout simplement de fournir une alimenta-tion consistante aux bactéries, avec pour nous des effets bénéfiques à la clef. Les microbes de l'intestin vont enfin pouvoir manger à leur faim ! Bien nourris, ils produiront des vitamines et de bons acides gras ou concocteront des séances d'entraînement pour maintenir notre système immunitaire en forme. Cependant, notre gros intestin accueille aussi des agents pathogènes, qui peuvent produire à partir de certains aliments des substances telles que l'indole, le phénol ou l'ammoniaque. Vous voyez ? Ce sont ces produits qu'on retrouve dans des emballages hérissés de symboles d'avertissement orange…

C'est là que les prébiotiques jouent un rôle décisif : ce sont en effet des fibres alimentaires dont seules peuvent se nourrir les gentilles bactéries. Imaginez un peu si ce principe existait pour les humains : la cantine serait le lieu de toutes les vérités… Le sucre ménager, par exemple, n'est pas un prébiotique parce que les bactéries des caries l'apprécient aussi. Les prébiotiques ne sont que peu, voire pas du tout assimilés par les mauvaises bactéries, de sorte qu'elles ne peuvent pas s'en servir pour fabriquer des armes contre nous. Dans le même temps, les bonnes bactéries continuent de croître et de s'engaillardir, colonisant ainsi un territoire de plus en plus vaste.

Le problème, c'est que notre alimentation manque souvent de fibres – et encore plus de prébiotiques. La plupart des Européens ne totalisent que la moitié des 30 grammes de fibres alimentaires recommandés par jour. C'est si peu que l'intestin devient le théâtre d'une lutte acharnée – dont les méchantes bactéries peuvent triompher.

Pourtant, il n'est vraiment pas difficile de se faire du bien en faisant du bien à ses gentils microbes. Nous avons tous ou presque un "plat prébiotique préféré" que nous pourrions manger plus souvent. Ma grand-mère, par exemple, a toujours de la salade de pommes de terre dans son réfrigérateur, mon père fait la meilleure salade d'endives à la mandarine de la planète (un conseil : rincez brièvement les endives à l'eau chaude pour enlever l'amertume tout en gardant le croquant), et ma sœur se damnerait pour des asperges ou des salsifis en béchamel.

Ce sont là quelques-uns des plats que les bifidobactéries et les lactobacilles commanderaient sans hésiter. Nous savons aujourd'hui qu'ils ont un faible pour les liliacées, la famille des astéracées (ou composées) ou encore pour l'amidon résistant. Parmi les liliacées, il y a le poireau et l'asperge, mais aussi l'ail et l'oignon. Les composées, ce sont par exemple l'endive et le salsifis, ou encore le topinambour et l'artichaut. L'amidon résistant, quant à lui, se forme quand on laisse refroidir des pommes de terre et du riz après cuisson. L'amidon se cristallise et développe ainsi une résistance à la digestion. Qu'il s'agisse de salade de patates rustique ou de sushis délicats, la proportion d'amidon qui parvient alors intacte jusque dans la salle à manger des microbes est en tout cas plus élevée.

Si vous n'avez pas encore de plat prébiotique préféré, il suffit de faire quelques essais. Vous verrez : quand vous commencerez à consommer régulièrement tel ou tel plat, vous aurez soudain envie d'en manger encore plus souvent.

III. Quelques prébiotiques : artichaut, asperges, endive, bananes vertes, topinambour, ail, oignon, panais, salsifis, blé (complet), seigle, avoine, poireau.

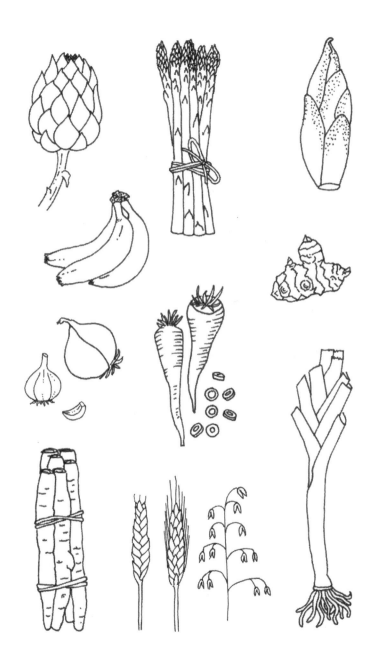

Quand on se nourrit principalement de produits pauvres en fibres – pâtes, pain blanc ou pizza –, mieux vaut éviter d'augmenter brutalement la quantité de fibres alimentaires. La communauté bactérienne déjà un peu mal en point risque sinon d'être dépassée par les événements : les microbes perdent la tête et se mettent à métaboliser tout ce qui leur tombe sous la dent. Résultat : c'est le grand festival du prout. Quand on augmente les fibres alimentaires, on le fait donc progressivement et sans exagérer la dose. Après tout, c'est d'abord pour nous que nous mangeons. Nourrir nos bactéries passe après.

Le grand festival du prout n'est pas une manifestation des plus agréables : une trop grande quantité de gaz ballonne notre intestin, et c'est plutôt inconfortable. En revanche, un petit pet par-ci par-là, c'est très bon pour la santé. Nous sommes des êtres vivants, et nous hébergeons dans nos entrailles un petit peuple dont le travail assidu produit tout un tas de choses. La terre supporte bien nos gaz d'échappement ; nous devrions supporter ceux de nos microbes et leur garantir une libre circulation. Si la mélodie est laissée à l'appréciation de chacun, l'odeur nauséabonde, elle, ne devrait pas être à l'ordre du jour. Les bifidobactéries et les lactobacilles, par exemple, ne dégagent pas de mauvaises odeurs. Et pour ceux qui se targuent dignement de ne jamais avoir de flatulences, sachez-le : un mauvais péteur est aussi un mauvais hôte qui laisse ses bactéries mourir de faim.

Si vous aimez le travail vite fait bien fait, vous pouvez aussi vous procurer des prébiotiques purs en pharmacie et parapharmacie. Il s'agit par exemple de préparations à base d'endives, dont on extrait le prébiotique "inuline", ou à base de lait, à partir duquel on isole les galacto-oligosaccharides. L'effet bénéfique de ces substances sur la santé a été testé et l'on sait qu'elles nourrissent avec un certain succès une catégorie définie de bifidobactéries et de lactobacilles.

Si les recherches sur les prébiotiques sont loin d'être aussi avancées que celles sur les probiotiques, certaines thérapies bien établies font cependant déjà appel aux prébiotiques. Prenons l'exemple des malades qui ont des problèmes de foie : ceux-ci ne peuvent plus neutraliser aussi bien les toxines produites par les mauvaises bactéries et en ressentent parfois nettement les conséquences. Les effets des toxines bactériennes varient et vont de la fatigue au coma, en passant par les tremblements. À l'hôpital, ces patients reçoivent des prébiotiques hautement concentrés. Ceux-ci favorisant les bonnes bactéries, les toxines générées dans l'intestin sont moins nombreuses. Et en règle générale, les problèmes disparaissent.

Les toxines bactériennes ne sont cependant pas l'apanage des malades du foie : elles jouent aussi un rôle chez M. et Mme Tout-le-monde, dont le foie est en pleine forme. Elles apparaissent par exemple quand les maigres fibres alimentaires disponibles sont déjà épuisées en amont du gros intestin et que les bactéries présentes en fin de parcours se jettent sur les protéines non assimilées. La viande et les bactéries ne font pas toujours bon ménage – on le voit à chaque scandale de viande avariée. Un excès de ces toxines "carnées" endommage le gros intestin et, dans les cas les plus extrêmes, peut être à l'origine de cancers. C'est en général à cet endroit que survient le cancer du côlon : dans la dernière partie de l'intestin. L'un des principaux axes de la recherche sur les prébiotiques est la prévention de ce type de cancers – avec des résultats pour l'instant prometteurs.

Si des prébiotiques comme les galacto-oligosaccharides retiennent tout particulièrement notre attention, c'est parce qu'ils sont aussi produits par notre corps. Le lait maternel comprend ainsi 90 % de galacto-oligosaccharides et 10 % d'autres fibres non digestibles, tandis que chez la vache, les galacto-oligosaccharides ne représentent que 10 % des fibres lactiques : il faut croire qu'il y a là quelque chose d'essentiel pour le petit de l'homme. Quand on prend soin d'ajouter au lait infantile un peu de galacto-oligosaccharide en poudre, il n'y a plus de différence entre la flore intestinale des bébés nourris au lait artificiel et celle des bébés allaités. Quelques études laissent en outre entendre que les bébés ainsi nourris développent moins d'allergies et de dermatites atopiques que les bébés nourris avec un lait en poudre classique. Depuis 2005, l'adjonction de galacto-oligosaccharides au lait infantile est autorisée – mais elle n'est pas obligatoire.

L'intérêt pour les galacto-oligosaccharides a encore grandi depuis et, entre-temps, on a déjà pu démontrer un autre effet en laboratoire : les galacto-oligosaccharides se fixent directement sur les cellules intestinales – principalement là où les agents pathogènes aiment sinon s'accrocher à nos basques. Ils fonctionnent ainsi comme de petits boucliers protecteurs. Incapables de se tenir, les mauvaises bactéries vont, au pire, déraper et aller faire des glissades plus loin. Dans le prolongement de ces découvertes, de premières études se penchent aujourd'hui sur la possibilité de prévenir la diarrhée du voyageur grâce aux galacto-oligosaccharides.

Dans nos laboratoires de recherche, l'inuline a déjà plus de bouteille que les galacto-oligosaccharides. De par son goût légèrement sucré et sa consistance gélatineuse, elle est parfois utilisée dans l'industrie agro-alimentaire pour remplacer le sucre ou le gras. Quand nous parlons de sucre, nous pensons généralement à une molécule bien précise issue de la betterave – or, il existe des centaines de sucres différents. Quand nous avons lancé la production industrielle de sucre, si notre choix s'était alors arrêté sur l'endive comme matière première, les bonbons ne seraient pas des péchés contre nos dents. Ce qui est sucré n'est pas forcément mauvais : le problème, c'est plutôt que nous ne consommons que la version qui nuit à notre santé.

Face à des produits vantés comme "sans sucre" ou "non gras", nous sommes souvent sceptiques. Les édulcorants comme l'aspartame sont susceptibles d'être cancérigènes, d'autres édulcorants emblématiques de l'industrie agro-alimentaire "light" sont aussi utilisés dans les porcheries pour engraisser les cochons. Notre méfiance est donc justifiée. Néanmoins, un produit qui contient de l'inuline en remplacement du sucre et de la graisse peut être plus sain qu'un autre qui affiche la dose complète de graisse animale et de sucre. Au rayon des produits allégés, cela vaut donc le coup de lire les étiquettes en détail : dans certains cas, nous pouvons nous faire plaisir sans nous faire de mal, et nos bactéries auront elles aussi leur petite récompense.

L'inuline ne se fixe pas aussi bien sur nos cellules que les galacto-oligosaccharides. Dans une vaste étude très bien conçue, il n'a pas pu être démontré d'effet protecteur contre la diarrhée du voyageur – en revanche, les participants prenant de l'inuline ont rapporté qu'ils se sentaient beaucoup mieux. Dans le groupe témoin qui n'avait reçu qu'un placebo, ce sentiment de bien-être n'avait pas été évoqué. L'inuline peut être produite sous des formes plus ou moins longues, ce qui est très pratique pour bien répartir les bonnes bactéries. Les chaînes courtes sont dévorées par les bactéries à l'entrée du gros intestin, tandis que les chaînes longues seront avalées à la sortie.

Baptisé ITF_{MIX}, ce prébiotique de longueur variable donne de bons résultats là où l'équation du succès fait appel au facteur "surface augmentée". C'est par exemple le cas de l'assimilation du calcium : ici, on a besoin de bactéries qui permettent partout son passage à travers la paroi de l'intestin. Lors d'une expérience sur un groupe de petites filles, ITF_{MIX} a permis d'augmenter l'assimilation du calcium de jusqu'à 20 %. Une bonne nouvelle pour nos os et une possible protection contre l'ostéoporose liée au vieillissement.

Le calcium est un bon exemple parce qu'il montre bien le champ d'action des prébiotiques (et leurs limites) : premièrement, pour pouvoir obtenir un effet quelconque, il faut quand même d'abord ingérer assez de calcium ; et deuxièmement, les prébiotiques sont sans effet si le problème vient d'autres organes. À la ménopause, nombre de femmes voient leurs os se fragiliser. Les ovaires font leur grande crise existentielle. Ils doivent faire le deuil de la production hormonale et apprendre peu à peu à savourer la tranquillité de la retraite. Privés d'hormones, les os, eux, crient famine ! Mais quand on parle ici d'ostéoporose, aucun prébiotique ne peut plus infléchir le cours des choses.

Que cela ne nous amène pas à penser que les prébiotiques n'ont aucune importance ! Notre alimentation compte parmi les facteurs qui influent le plus sur nos bactéries, et les prébiotiques sont les outils les plus efficaces dont nous disposions pour favoriser les bonnes bactéries – celles qui sont déjà dans notre intestin et qui entendent bien y rester. Les gens fidèles à leurs habitudes comme ma grand-mère accroc à sa salade de pommes de terre encouragent sans le savoir les meilleurs éléments de leur organe microbien. À ce propos, vous ai-je déjà dit que son légume préféré – à part les pommes de terre – était le poireau ? Autrefois, quand tout le monde était malade à la maison, elle était la seule à s'activer dans la cuisine en souriant et à nous jouer des airs entraînants au piano. Quelle part de responsabilité ses microbes avaient-ils dans cette santé de fer ? Nous ne le savons pas encore, mais le lien est envisageable.

Pour résumer : les bonnes bactéries sont bonnes pour nous. Nous devrions les nourrir de manière à ce qu'elles puissent croître et se multiplier partout dans notre gros intestin. Pour cela, les pâtes ou le pain fabriqués dans une usine à partir de bouillie de farine blanche compactée ne suffisent pas. Il faut aussi parfois de vraies fibres qui proviennent de vrais légumes ou de la chair des fruits. Elles peuvent même être sucrées et goûteuses, et peu importe qu'elles proviennent d'asperges fraîches, du riz des sushis ou des rayons de la pharmacie. Nos bactéries apprécient ce geste et nous remercient en travaillant de leur mieux.

Vues au microscope, les bactéries sont de petits points lumineux sur fond de ténèbres. Mais toutes ensemble, elles sont plus que cela : c'est une véritable communauté que chacun d'entre nous héberge. La plupart de ses membres sont tranquillement installés dans les muqueuses et donnent des cours au système immunitaire, prennent soin de nos villosités intestinales, mangent ce dont nous n'avons pas besoin ou fabriquent des vitamines. D'autres sont logés à proximité des cellules intestinales, les piquent de temps en temps ou fabriquent des toxines. Quand le bon et le mauvais vivent en bonne intelligence, le mauvais peut nous rendre plus forts, et le bon prendre soin de nous et de notre santé.

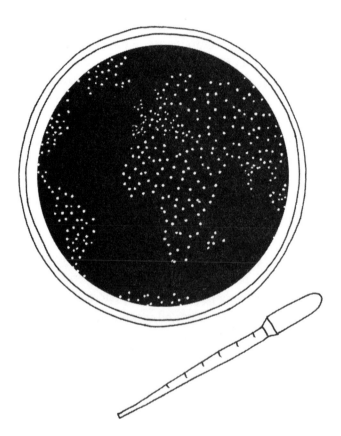

REMERCIEMENTS

Ce livre ne serait pas sans ma sœur Jill. Sans ton esprit libre, rationnel et curieux, je serais souvent tombée en panne dans ce monde où l'obéissance et la conformité sont plus simples que le courage et la volonté de faire des erreurs productives. Même si tu es toujours très occupée, tu as toujours été là pour revoir les textes avec moi et m'apporter de nouvelles idées. Tu m'as appris à travailler de façon créative. Quand je vais mal, je me rappelle que nous sommes faites du même bois, deux mêmes crayons utilisés différemment.

Je remercie Ambrosius ; il m'a prise sous son aile pour me préserver de trop de travail. Je remercie ma famille et mon parrain ; ils m'entourent comme une forêt entoure un arbre et restent bien ancrés dans la terre même quand la tempête survient. Je remercie Ji-Won ; elle m'a si souvent nourrie pendant que je travaillais à ce livre – de ses petits plats et de ses attentions. Je remercie Anne-Claire et Anne ; elles m'ont aidée à résoudre les questions les plus ardues.

Merci à Michaela et Bettina, dont l'esprit incisif a donné naissance à ce projet. Sans études, je n'aurais pas eu les connaissances requises, aussi me faut-il remercier tous mes bons professeurs ainsi que l'Allemagne, qui finance mon université. À

335

tous ceux qui ont œuvré pour ce livre : les attachés de presse, les représentants de la maison d'édition, les fabricants, les graphistes, le marketing, les correcteurs, les libraires, les facteurs et jusqu'à celui ou celle qui lit ces mots : merci!

SOURCES PRINCIPALES

Les sources indiquées concernent principalement les données pour lesquelles peu d'informations figurent dans les manuels classiques.

PARTIE 1

BANDANI, A. R., "Effect of Plant a-Amylase Inhibitors on Sunn Pest, Eurygaster Integriceps Puton (Hemiptera : Scutelleridae), Alpha-Amylase Activity", *Commun Agric Appl Biol Sci*, 2005, 70 (4), p. 869-873.

BAUGH, R. F. *et al.*, "Clinical Practice Guideline : Tonsillectomy in Children", *Otolaryngol Head Neck Surg*, janvier 2011, 144 (Suppl. 1), p. 1-30.

BENGMARK, S., "Integrative Medicine and Human Health – The Role of Pre-, Pro- and Synbiotics", *Clin Transl Med*, 28 mai 2012, 1 (1), p. 6.

BERNARDO, D. *et al.*, "Is Gliadin Really Safe for Non-Coeliac Individuals ? Production of Interleukin 15 in Biopsy Culture from Non-Coeliac Individuals Challenged with Gliadin Peptides", *Gut*, juin 2007, 56 (6), p. 889 et suiv.

BODINIER, M. *et al.*, "Intestinal Translocation Capabilities of Wheat Allergens Using the Caco-2 Cell Line", *J Agric Food Chem*, 30 mai 2007, 55 (11), p. 4576-4583.

BOLLINGER, R. *et al.*, "Biofilms in the Large Bowel Suggest an Apparent Function of the Human Vermiform Appendix, *J Theor Biol*, 21 décembre 2007, 249 (4), p. 826-831.

CATASSI, C. *et al.*, "Non-Celiac Gluten Sensitivity : The New Frontier of Gluten Related Disorders", *Nutrients*, 26 septembre 2013, 5 (10), p. 3839-3853.

KIM, B. H. et GADD, G. M., *Bacterial Physiology and Metabolism*, Cambridge, Cambridge University Press, 2008.

KLAUSER, A. G. *et al.*, "Behavioral Modification of Colonic Function. Can Constipation Be Learned?", *Dig Dis Sci*, octobre 1990, 35 (10), p. 1271-1275.

LAMMERS, K. M. *et al.*, "Gliadin Induces an Increase in Intestinal Permeability and Zonulin Release by Binding to the Chemokine Receptor CXCR3", *Gastroenterology*, juillet 2008, 135 (1), p. 194-204.

LEDOCHOWSKI, M. *et al.*, "Fructose- and Sorbitol-Reduced Diet Improves Mood and Gastrointestinal Disturbances in Fructose Malabsorbers", *Scand J Gastroenterol*, octobre 2000, 35 (10), p. 1048-1052.

LEWIS, S. J. et HEATON, K. W., "Stool Form Scale as a Useful Guide to Intestinal Transit Time", *Scand J Gastroenterol*, septembre 1997, 32 (9), p. 920-924.

MARTÍN-PELÁEZ, S. *et al.*, "Health Effects of Olive Oil Polyphenols : Recent Advances and Possibilities for the Use of Health Claims", *Mol. Nutr. Food Res*, 2013, 57 (5), p. 760-771.

PAUL, S., *Paläopower – Das Wissen der Evolution nutzen für Ernährung, Gesundheit und Genuss,* Munich, C. H. Beck-Verlag, 2013 (2ᵉ édition).

Sikirov, D., "Etiology and Pathogenesis of Diverticulosis Coli : A New Approach", *Med Hypotheses*, mai 1988, 26 (1), p. 17-20.

Sikirov, D., "Comparison of Straining During Defecation in Three Positions : Results and Implications for Human Health", *Dig Dis Sci*, juillet 2003, 48 (7), p. 1201-1205.

Thorleifsdottir, R. H. *et al.*, "Improvement of Psoriasis after Tonsillectomy Is Associated with a Decrease in the Frequency of Circulating T Cells That Recognize Streptococcal Determinants and Homologous Skin Determinants", *J Immunol*, 2012, 188 (10), p. 5160-5165.

Varea, V. *et al.*, "Malabsorption of Carbohydrates and Depression in Children and Adolescents", *J Pediatr Gastroenterol Nutr*, mai 2005, 40 (5), p. 561-565.

Wisner, A. *et al.*, "Human Opiorphin, a Natural Antinociceptive Modulator of Opioid-Dependent Pathways", *Proc Natl Acad Sci USA*, 21 novembre 2006, 103 (47), p. 17979-17984.

PARTIE 2

Agiulera, M. *et al.*, "Stress and Antibiotics Alter Luminal and Walladhered Microbiota and Enhance the Local Expression of Visceral Sensory-Related Systems in Mice", *Neurogastroenterol Motil*, août 2013, 25 (8), p. e515-e529.

Bercik, P. *et al.*, "The Intestinal Microbiota Affect Central Levels of Brain-Derived Neurotropic Factor and Behavior in Mice", *Gastroenterology*, août 2011, 141 (2), p. 599-609.

Bravo, J. A. *et al.*, "Ingestion of *Lactobacillus* Strain Regulates Emotional Behavior and Central GABA Receptor Expression in a Mouse via the Vagus Nerve", *Proc Natl Acad Sci USA*, 20 septembre 2011, 108 (38), p. 16050-16055.

Bubenzer, R. H. et Kaden, M., www.sodbrennen-welt.de (accessible en novembre 2014).

Castrén, E., "Neuronal Network Plasticity and Recovery from Depression", JAMA *Psychiatry*, 2013, 70 (9), p. 983-989.

Craig, A. D., "How Do You Feel – Now? The Anterior Insula and Human Awareness", *Nat Rev Neurosci*, janvier 2009, 10 (1), p. 59-70.

Enck, P. *et al.*, "Therapy Options in Irritable Bowel Syndrome", *Eur J Gastroenterol Hepatol*, décembre 2010, 22 (12), p. 1402-1411.

Furness, J. B. *et al.*, "The Intestine as a Sensory Organ : Neural, Endocrine, and Immune Responses", *Am J Physiol Gastrointest Liver Physiol*, 1999, 277 (5), p. G922-G928.

Huerta-Franco, M. R. *et al.*, "Effect of Psychological Stress on Gastric Motility Assessed by Electrical Bio-Impedance", *World J Gastroenterol*, 28 septembre 2012, 18 (36), p. 5027-5033.

Kell, C. A. *et al.*, "The Sensory Cortical Representation of the Human Penis : Revisiting Somatotopy in the Male Homunculus", *J Neurosci*, 22 juin 2005, 25 (25), p. 5984-5987.

Keller, J. *et al.*, "S3-Leitlinie der Deutschen Gesellschaft für Verdauungs- und Stoffwechselkrankheiten (DGVS) und der Deutschen Gesellschaft für Neurogastroenterologie und Motilität (DGNM) zu Definition, Pathophysiologie, Diagnostik und Therapie intestinaler Motilitätsstörungen", *Z Gastroenterol*, 2011, 49, p. 374-390.

Keywood, C. *et al.*, "A Proof of Concept Study Evaluating the Effect of ADX10059, a Metabotropic Glutamate Receptor-5 Negative Allosteric Modulator, on Acid Exposure and Symptoms in Gastro-Oesophageal Reflux Disease", *Gut*, septembre 2009, 58 (9), p. 1192-1199.

Krammer, H. *et al.*, "Tabuthema Obstipation : Welche Rolle spielen Lebensgewohnheiten, Ernährung, Prä- und Probiotika sowie Laxanzien ?", *Aktuelle Ernährungsmedizin*, 2009, 34 (1), p. 38-46.

Layer, P. *et al.*, "S3-Leitlinie Reizdarmsyndrom : Definition, Pathophysiologie, Diagnostik und Therapie. Gemeinsame Leitlinie der Deutschen Gesellschaft für Verdauungs- und Stoffwechselkrankheiten (DGVS) und der Deutschen Gesellschaft für Neurogastroenterologie und Motilität (DGNM)", *Z Gastroenterol*, 2011, 49, p. 237-293.

Ma, X. *et al.*, "Lactobacillus Reuteri Ingestion Prevents Hyperexcitability of Colonic DRG Neurons Induced by Noxious Stimuli", *Am J Physiol Gastrointest Liver Physiol*, avril 2009, 296 (4), p. G868-G875.

Mayer, E. A., "Gut Feelings : The Emerging Biology of Gut-Brain Communication", *Nat Rev Neurosci*, 13 juillet 2011, 12 (8), p. 453-466.

Mayer, E. A. *et al.*, "Brain Imaging Approaches to the Study of Functional GI Disorders : A Rome Working Team Report", *Neurogastroenterol Motil*, juin 2009, 21 (6), p. 579-596.

Moser, G. (dir.), *Psychosomatik in der Gastroenterologie und Hepatologie*, Vienne, New York, Springer, 2007.

Naliboff, B. D. *et al.*, "Evidence for Two Distinct Perceptual Alterations in Irritable Bowel Syndrome", *Gut*, octobre 1997, 41 (4), p. 505-512.

Palatty, P. L. *et al.*, "Ginger in the Prevention of Nausea and Vomiting : A Review", *Crit Rev Food Sci Nutr.*, 2013, 53 (7), p. 659-669.

Reveiller, M. *et al.*, "Bile Exposure Inhibits Expression of Squamous Differentiation Genes in Human Esophageal Epithelial Cells", *Ann Surg*, juin 2012, 255 (6), p. 1113-1120.

REVENSTORF, D., *Expertise zur wissenschaftlichen Evidenz der Hypnotherapie.* Tübingen, 2003. En ligne : www.meg-tuebingen.de/downloads/Expertise.pdf (accessible en novembre 2014).

SIMONS, C. C. *et al.*, "Bowel Movement and Constipation Frequencies and the Risk of Colorectal Cancer Among Men in the Netherlands Cohort Study on Diet and Cancer", *Am J Epidemiol*, 15 décembre 2010, 172 (12), p. 1404-1414.

STREITBERGER, K. *et al.*, "Acupuncture Compared to Placebo-Acupuncture for Postoperative Nausea and Vomiting Prophylaxis : A Randomised Placebo-Controlled Patient and Observer Blind Trial", *Anaesthesia*, février 2004, 59 (2), p. 142-149.

TILLISCH, K. *et al.*, "Consumption of Fermented Milk Product with Probiotic Modulates Brain Activity", *Gastroenterology*, juin 2013, 144 (7), p. 1394-1401.

PARTIE 3

AGGARWAL, J. *et al.*, "Probiotics and their Effects on Metabolic Diseases : An Update", *J Clin Diagn Res*, janvier 2013, 7 (1), p. 173-177.

ARNOLD, I. C. *et al.*, "*Helicobacter Pylori* Infection Prevents Allergic Asthma in Mouse Models through the Induction of Regulatory T Cells", *J Clin Invest*, août 2011, 121 (8), p. 3088-3093.

ARUMUGAM, M. *et al.*, "Enterotypes of the Human Gut Microbiome", *Nature*, 12 mai 2011, 474 (7353), 1, p. 174-180.

BÄCKHED, F., "Addressing the Gut Microbiome and Implications for Obesity", *International Dairy Journal*, 2010, 20 (4), p. 259-261.

Balakrishnan, M. et Floch, M. H., "Prebiotics, Probiotics and Digestive Health", *Curr Opin Clin Nutr Metab Care*, novembre 2012, 15 (6), p. 580-585.

Barros, F. C., "Cesarean Section and Risk of Obesity in Childhood, Adolescence, and Early Adulthood : Evidence from 3 Brazilian Birth Cohorts", *Am J Clin Nutr*, 2012, 95 (2), p. 465-70.

Bartolomeo, F. Di., "Prebiotics to Fight Diseases : Reality or Fiction?", *Phytother Res*, octobre 2013, 27 (10), p. 1457-1473.

Bischoff, S. C. et Köchling, K., "Pro- und Präbiotika", *Zeitschrift für Stoffwechselforschung, klinische Ernährung und Diätetik*, 2012, 37, p. 287-304.

Borody, T. J. *et al.*, "Fecal Microbiota Transplantation : Indications, Methods, Evidence, and Future Directions", *Curr Gastroenterol Rep*, 2013, 15 (8), p. 337.

Bräunig, J., *Verbrauchertipps zu Lebensmittelhygiene, Reinigung und Desinfektion*, Berlin, Bundesinstitut für Risikobewertung, 2005.

Brede, C., *Das Instrument der Sauberkeit. Die Entwicklung der Massenproduktion von Feinseifen in Deutschland 1850 bis 2000*, Munster, Waxmann, 2005.

Caporaso, J. G. *et al.*, "Moving Pictures of the Human Microbiome", *Genome Biol*, 2011, 12 (5), p. R50.

Carvalho, B. M. et Saad, M. J., "Influence of Gut Microbiota on Subclinical Inflammation and Insulin Resistance", *Mediators Inflamm*, 2013, vol. 2013, art. 986734.

Charalampopoulos, D. et Rastall, R. A., "Prebiotics in Foods", *Current Opinion in Biotechnology*, 2012, 23 (2), p. 187-191.

Chen, Y. *et al.*, "Association Between Helicobacter Pylori and Mortality in the nhanes iii Study", *Gut*, septembre 2013, 62 (9), p. 1262-1269.

DEVARAJ, S. *et al.*, "The Human Gut Microbiome and Body Metabolism : Implications for Obesity and Diabetes", *Clin Chem*, avril 2013, 59 (4), p. 617-628.

DOMINGUEZ-BELLO, M. G. *et al.*, "Development of the Human Gastrointestinal Microbiota and Insights from High-throughput Sequencing", *Gastroenterology*, mai 2011, 140 (6), p. 1713-1719.

DOUGLAS, L. C. et SANDERS, M. E., "Probiotics and Prebiotics in Dietetics Practice", *J Am Diet Assoc*, mars 2008, 108 (3), p. 510-521.

EPPINGER, M. *et al.*, "Who Ate Whom? Adaptive Helicobacter Genomic Changes That Accompanied a Host Jump from Early Humans to Large Felines", *PLoS Genet*, juillet 2006, 2 (7), p. e120.

FAHEY, J. W. *et al.*, "Urease from Helicobacter Pylori Is Inactivated by Sulforaphane and Other Isothiocyanates", *Biochem Biophys Res Commun*, 24 mai 2013, 435 (1), p. 1-7.

FLEGR, J., "Influence of Latent Toxoplasma Infection on Human Personality, Physiology and Morphology : Pros and Cons of the Toxoplasma – Human Model in Studying the Manipulation Hypothesis", *J Exp Biol*, 1er janvier 2013, 216 (part. 1), p. 127-133.

FLEGR, J. *et al.*, "Increased Incidence of Traffic Accidents in Toxoplasma-Infected Military Drivers and Protective Effect RhD Molecule Revealed by a Large-Scale Prospective Cohort Study", *BMC Infect Dis*, 26 mai 2009, 9, p. 72.

FLINT, H. J., "Obesity and the Gut Microbiota", *J Clin Gastroenterol*, novembre 2011 ; 45 (Suppl.), p. 128-132.

FOUHY, F. *et al.*, "High-Throughput Sequencing Reveals the Incomplete, Short-Term Recovery of Infant Gut Microbiota following Parenteral Antibiotic Treatment with

Ampicillin and Gentamicin", *Antimicrob Agents Chemother*, novembre 2012, 56 (11), p. 5811-5820.

FUHRER, A. *et al.*, "Milk Sialyllactose Influences Colitis in Mice Through Selective Intestinal Bacterial Colonization", *J Exp Med*, 20 décembre 2010, 207 (13), p. 2843-2854.

GALE, E. A. M., "A Missing Link in the Hygiene Hypothesis?", *Diabetologia*, 2002, 45 (4), p. 588-594.

GANAL, S. C. *et al.*, "Priming of Natural Killer Cells by Nonmucosal Mononuclear Phagocytes Requires Instructive Signals from the Commensal Microbiota", *Immunity*, 27 juillet 2012, 37 (1), p. 171-186.

GIBNEY, M. J. et BURSTYN, P. G., "Milk, Serum Cholesterol, and the Maasai – A Hypothesis", *Atherosclerosis*, 1980, 35 (3), p. 339-343.

GLEESON, M. *et al.*, "Daily Probiotic's (Lactobacillus Sasei Shirota) Reduction of Infection Incidence in Athletes", *Int J Sport Nutr Exerc Metab*, février 2011, 21 (1), p. 55-64.

GOLDIN, B. R. et GORBACH, S. L., "Clinical Indications for Probiotics : An Overview", *Clinical Infectious Diseases*, 2008, 46 (Suppl. 2), p. S96-S100.

GORKIEWICZ, G., "Contribution of the Physiological Gut Microflora to Health and Disease", *J Gastroenterol Hepatol Erkr*, 2009, 7 (1), p. 15-18.

Gouvernement fédéral allemand, "Antwort der Bundesregierung auf die Kleine Anfrage der Abgeordneten Friedrich Ostendorff, Bärbel Höhn, Nicole Maisch, weiterer Abgeordneter und der Fraktion BÜNDNIS 90/DIE GRÜNEN" – Imprimé 17/10017. "Daten zur Antibiotikavergabe in Nutztierhaltungen und zum Eintrag von Antibiotika und multiresistenten Keimen in die Umwelt." – Imprimé 17/10313, 17 juillet 2012. En ligne : http://dip21.

bundestag.de/dip21/btd/17/103/1710313.pdf (accessible en novembre 2014).

GREWE, K., *Prävalenz von Salmonella ssp. in der primären Geflügelproduktion und Broilerschlachtung – Salmonelleneintrag bei Schlachtgeflügel während des Schlachtprozesses,* Hanovre, École vétérinaire de Hanovre, 2011.

GUSEO, A., "The Parkinson Puzzle", *Orv Hetil,* 30 décembre 2012, 153 (52), p. 2060-2069.

HERBARTH, O. *et al.,* "Helicobacter Pylori Colonisation and Eczema", *Journal of Epidemiology and Community Health,* 2007, 61 (7), p. 638-640.

HULLAR, M. A. et LAMPE, J. W., "The Gut Microbiome and Obesity", *Nestle Nutr Inst Workshop Ser,* 2012, 73, p. 67-79.

JERNBERG, C. *et al.,* "Long-Term Impacts of Antibiotic Exposure on the Human Intestinal Microbiota", *Microbiology,* novembre 2010, 156 (part. 11), p. 3216-3223.

JIN, C. et FLAVELL, R. A., "Innate Sensors of Pathogen and Stress : Linking Inflammation to Obesity", *J Allergy Clin Immunol,* août 2013, 132 (2), p. 287-294.

JIRILLO, E. *et al.,* "Healthy Effects Exerted by Prebiotics, Probiotics, and Symbiotics with Special Reference to Their Impact on the Immune System", *Int J Vitam Nutr Res,* juin 2012, 82 (3), p. 200-208.

JONES, M. L. *et al.,* "Cholesterol-Lowering Efficacy of a Microencapsulated Bile Salt Hydrolase-Active Lactobacillus Reuteri NCIMB 30242 Yoghurt Formulation in Hypercholesterolaemic Adults", *British Journal of Nutrition,* 2012, 107 (10), p. 1505-1513.

JUMPERTZ, R. *et al.,* "Energy-Balance Studies Reveal Associations Between Gut Microbes, Caloric Load, and Nutrient

Absorption in Humans", *Am J Clin Nutr*, 2011, 94 (1), p. 58-65.

KATZ, S. E., *The Art of Fermentation : An In-Depth Exploration of Essential Concepts and Processes from Around the World*, Chelsea Green Publishing, Chelsea, 2012.

KATZ, S. E., *Wild Fermentation : The Flavor, Nutrition, and Craft of Live-Culture Foods Reclaiming Domesticity from a Consumer Culture*, Chelsea Green Publishing, Chelsea, 2011.

KOUNTOURAS, J. *et al.*, "Helicobacter Pylori Infection and Parkinson's Disease : Apoptosis as an Underlying Common Contributor", *Eur J Neurol*, juin 2012, 19 (6), p. e56.

KRZNARICA, Željko *et al.*, "Gut Microbiota and Obesity", *Dig Dis Sci*, 2012, 30, p. 196-200.

KUMAR, M. *et al.*, "Cholesterol-Lowering Probiotics as Potential Biotherapeutics for Metabolic Diseases", *Exp Diabetes Res*, 2012, 2012, 902917.

MACFARLANE, G. T. *et al.*, "Bacterial Metabolism and Health-Related Effects of Galactooligosaccharides and Other Prebiotics", *J Appl Microbiol*, février 2008, 104 (2), p. 305-344.

MANN, G. V. *et al.*, "Atherosclerosis in the Masai", *American Journal of Epidemiology*, 1972, 95 (1), p. 26-37.

MARSHALL, B. J., "Unidentified Curved Bacillus on Gastric Epithelium in Active Chronic Gastritis", *Lancet*, 4 juin 1983, 1 (8336), p. 1273 et suiv.

MARTINSON, V. G. *et al.*, "A Simple and Distinctive Microbiota Associated with Honey Bees and Bumble Bees", *Mol Ecol*, février 2011, 20 (3), p. 619-628.

MATAMOROS, S. *et al.*, "Development of Intestinal Microbiota in Infants and its Impact on Health", *Trends Microbiol*, avril 2013, 21 (4), p. 167-173.

MOODLEY, Y. *et al.*, "The Peopling of the Pacific from a Bacterial Perspective", *Science*, 23 janvier 2009, 323 (5913), p. 527-530.

MORI, K. *et al.*, "Does the Gut Microbiota Trigger Hashimoto's Thyroiditis ?", *Discov Med*, novembre 2012,14 (78), p. 321-326.

MUSSO, G. *et al.*, "Gut Microbiota as a Regulator of Energy Homeostasis and Ectopic Fat Deposition : Mechanisms and Implications for Metabolic Disorders", *Current Opinion in Lipidology*, 2010, 21 (1), p. 76-83.

NAGPAL, R. *et al.*, "Probiotics, their Health Benefits and Applications for Developing Healthier Foods : A Review", FEMS *Microbiol Lett*, septembre 2012, 334 (1), p. 1-15.

NAKAMURA, Y. K. et OMAYE, S. T., "Metabolic Diseases and Pro- and Prebiotics : Mechanistic Insights", *Nutr Metab (Lond)*, 19 juin 2012, 9 (1), p. 60.

NICOLA, J. P. *et al.*, "Functional Toll-like Receptor 4 Conferring Lipopolysaccharide Responsiveness is Expressed in Thyroid Cells", *Endocrinology*, janvier 2009, 150 (1), p. 500-508.

NIELSEN, H. H. *et al.*, "Treatment for Helicobacter Pylori Infection and Risk of Parkinson's Disease in Denmark", *Eur J Neurol*, juin 2012, 19 (6), p. 864-869.

NORRIS, V. *et al.*, "Bacteria Control Host Appetites", *J Bacteriol*, février 2013, 195 (3), p. 411-416.

OKUSAGA, O. et POSTOLACHE, T. T., "Toxoplasma Gondii, the Immune System, and Suicidal Behavior", dans DWIVEDI, Y. (dir.), *The Neurobiological Basis of Suicide*, CRC Press, Boca Raton, Floride, 2012, p. 159-194.

OTTMAN, N. *et al.*, "The Function of our Microbiota : Who Is Out There and What Do They Do ?", *Front Cell Infect Microbiol*, 9 août 2012, 2, p. 104.

PAVLOLVÍC, N. *et al.*, "Probiotics-Interactions with Bile Acids and Impact on Cholesterol Metabolism", *Appl Biochem Biotechnol*, 2012, 168, p. 1880-1895.

PETROF, E. O. *et al.*, "Stool Substitute Transplant Therapy for the Eradication of *Clostridium Difficile* Infection :'RePOO-Pulating'the Gut", *Microbiome*, 9 janvier 2013, 1 (1), p. 3.

READING, N. C. et KASPER, D. L., "The Starting Lineup : Key Microbial Players in Intestinal Immunity and Homeostasis", *Front Microbiol*, 7 juillet 2011, 2, p. 148.

ROBERFROID, M. *et al.*, "Prebiotic Effects : Metabolic and Health Benefits", *Br J Nutr*, août 2010, 104 (Suppl. 2), p. S1-S63.

SANDERS, M. E. *et al.*, "An Update on the Use and Investigation of Probiotics in Health and Disease", *Gut*, 2013, 62 (5), p. 787-796.

SANZA, Y. *et al.*, "Understanding the Role of Gut Microbes and Probiotics in Obesity : How Far Are We?", *Pharmacol Res*, mars 2013, 69 (1), p. 144-155.

SCHMIDT, C., "The Startup Bugs", *Nat Biotechnol*, avril 2013, 31 (4), p. 279-281.

SCHOLZ-AHRENS, K. E. *et al.*, "Prebiotics, Probiotics, and Synbiotics Affect Mineral Absorption, Bone Mineral Content, and Bone Structure", *J Nutr*, mars 2007, 137 (3 Suppl. 2), p. 838S-846S.

SCHWARZ, S. *et al.*, "Horizontal versus Familial Transmission of Helicobacter Pylori", *PLoS Pathog*, octobre 2008, 4 (10), p. e1000180.

SHEN, J. *et al.*, "The Gut Microbiota, Obesity and Insulin Resistance", *Mol Aspects Med*, février 2013, 34 (1), p. 39-58.

STARKENMANN, C. *et al.*, "Olfactory Perception of Cysteine-S-Conjugates from Fruits and Vegetables", *J Agric Food Chem*, 22 octobre 2008, 56 (20), p. 9575-9580.

STOWELL, S. R. *et al.*, "Innate Immune Lectins Kill Bacteria Expressing Blood Group Antigen", *Nat Med*, mars 2010, 16 (3), p. 295-301.

TÄNGDÉN, T. *et al.*, "Foreign Travel Is a Major Risk Factor for Colonization with Escherichia Coli Producing CTX-M-Type Extended-Spectrum β-Lactamases : A Prospective Study with Swedish Volunteers", *Antimicrob Agents Chemother*, septembre 2010, 54 (9), p. 3564-3568.

TEIXEIRA, T. F. *et al.*, "Potential Mechanisms for the Emerging Link Between Obesity and Increased Intestinal Permeability", *Nutr Res*, septembre 2012, 32 (9), p. 637-647.

TORREY, E. F. *et al.*, "Antibodies to Toxoplasma Gondii in Patients With Schizophrenia : A Meta-Analysis", *Schizophr Bull*, mai 2007, 33 (3), p. 729-736.

TREMAROLI, V. et BÄCKHED, F., "Functional Interactions Between the Gut Microbiota and Host Metabolism", *Nature*, 13 septembre 2012, 489 (7415), p. 242-249.

TURNBAUGH, P. J. et GORDON, J. I., "The Core Gut Microbiome, Energy Balance and Obesity", *J Physiol*, 2009, 587 (17), p. 4153-4158.

de VRESE, M. et SCHREZENMEIR, J., "Probiotics, Prebiotics, and Synbiotics", *Adv Biochem Engin/Biotechnol*, 2008, 111, p. 1-66.

de VRIESE, J., "Medical Research. The Promise of Poop", *Science*, 30 août 2013, 341 (6149), p. 954-957.

VYAS, U. et RANGANATHAN, N., "Probiotics, Prebiotics, and Synbiotics : Gut and Beyond", *Gastroenterol Res Pract*, 2012, 2012, 872716.

WEBSTER, J. P. *et al.*, "Effect of Toxoplasma Gondii upon Neophobic Behaviour in Wild Brown Rats, Rattus norvegicus", *Parasitology*, juillet 1994, 109 (part. 1), p. 37-43.

WICHMANN-SCHAUER, H., *Verbrauchertipps : Schutz vor Lebensmittelinfektionen im Privathaushalt*, Bundesinstitut für Risikobewertung, Berlin, 2007.

WU, G. D. *et al.*, "Linking Long-Term Dietary Patterns with Gut Microbial Enterotypes", *Science*, 7 octobre 2011, 334 (6052), p. 105-108.

YATSUNENKO, T. *et al.*, "Human Gut Microbiome Viewed Across Age and Geography", *Nature*, 9 mai 2012, 486 (7402), p. 222-227.

ZIPRIS, D., "The Interplay Between the Gut Microbiota and the Immune System in the Mechanism of Type 1 Diabetes", *Curr Opin Endocrinol Diabetes Obes*, août 2013, 20 (4), p. 265-270.

Ouvrage réalisé par l'atelier graphique Actes Sud reproduit et achevé d'imprimer en avril 2015
par Normandie Roto Impression S.A.S à Lonrai pour le compte des éditions Actes Sud, Le Méjan,
place Nina-Berberova, 13200 Arles
Dépôt légal 1ʳᵉ édition : avril 2015
N° impr. : 1502016
(Imprimé en France)